Uferblicke

Michael Stoffregen-Büller

Uferblicke

Geschichten rund um den Wannsee

Dittrich

Für HILKE – die mir das große Glück am Kleinen Wannsee schenkte

Lektorat: Lydia Fuchs
Herstellung: Christina Noack
Printed in Germany
ISBN 978-3-947373-39-0

www.dittrich-verlag.de

Bibliografische Information der Deutschen Nationalbibliothek
Die Deutsche Nationalbibliothek verzeichnet diese Publikation in der Deutschen Nationalbibliografie; detaillierte bibliografische Daten sind im Internet über http://dnb.d-nb.de abrufbar.

Inhalt

Jungfernsee

Die Pfaueninsel

Schauplatz Havel

Großer Wannsee

Landgänge

Anhang

Vorwort zur Neuauflage

Die Idee: Ein kleines Kajütmotorboot folgt den großen Fahrgastschiffen auf ihrer weithin bekannten »*Sieben-Seen-Rundfahrt*« über die Berliner Havel- und Wannsee-Gewässer. Was für die Passagiere der Ausflugsdampfer ein Zwei-Stunden-Vergnügen ist, wird für das Privatboot zu einer zweitägigen Entdeckungsreise bei der die vorüberziehenden Uferbilder eingehend betrachtet, befragt und beschrieben werden.

Das Ergebnis: Ein vor fünf Jahren zum ersten Mal in einem der ältesten deutschen Verlage, der 1713 in Berlin gegründeten »Nicolaischen Verlagsbuchhandlung« veröffentlichtes Buch, das so erfolgreich war, dass sich Anfragen nach einer zweiten Auflage häuften. Doch unter dem Namen »Nicolai Publishing & Intelligence« hat sich das im Jahr 2016 verkaufte Unternehmen neuen Ufern zugewendet, Berlin-Bücher passen nicht mehr ins Programm, man will künftig lieber »*Brücken zwischen der analogen und digitalen Welt bauen*«.

Erfreulicherweise hat sich nun der Verlag »Dittrich« der UFERBLICKE angenommen, und so ist eine Neuauflage entstanden, die zwar korrigiert und um die in der Erstausgabe von vielen Lesern vermisste Übersichtskarte bereichert wurde, sonst aber unverändert blieb. Die Wasser der Seen stehen ja fast still und auch die Havel fließt träge dahin, an ihren Ufern hat sich in den letzten Jahren sichtbar nichts Wesentliches verändert.

Es gibt nur wenige erwähnenswerte Ausnahmen: Den nach Durchqueren des vierten Sees als »*einer der schönsten Biergärten Berlin & Brandenburgs*« bezeichneten »Bürgershof« an der Glienicker Lake gibt es seit Oktober 2017 nicht mehr. Der Eigentümer dieses höchst idyllisch am Wasser gelegenen, traditionsreichen Ausflugsziels mit Blick auf das gegenüberliegende Schloss Babelsberg hat nach jahrelangen Auseinandersetzungen mit der Stadt Potsdam über die Gestaltung des Areals das Handtuch geworfen und die Gastronomie aufgegeben. Jetzt sollen dort zwei Mehrfamilienhäuser entstehen.

Wenige hundert Meter weiter, nach Passieren der berühmten Glienicker Brücke, ist am Südufer des Jungfernsees dagegen Gelungenes zu besichtigen. Die im Krieg zerstörte, ursprünglich im norwegischen Drachenstil errichtete »*Ventehalle*« der ehemaligen »*Kaiserliche Matrosenstation Kongsnaes*« ist wieder denkmalgerecht aufgebaut. Nach fast zehnjährigen, durch alle Instanzen ausgefochtenen Rechtstreitigkeiten mit den gegen das Bauvorhaben protestierenden Nachbarn, konnte der Investor schließlich im März 2017 doch noch den Richtkranz auf das kleine, pittoreske Holzgebäude am Ufer setzen, und ein Jahr später die Einweihung des leeren Gebäudes feiern. Die Suche nach einem geeigneten Pächter für das geplante Restaurant dauert an.

Am Großen Wannsee ist dagegen ein Bauwerk verschwunden, das ein Schandfleck war: die Ruine des »Hotels Wannseeblick«. Geblieben ist neben der Wannseebrücke und dem Mastenwald des »*Potsdamer Yachtclubs*« (PYC) eine große, sandige Brachfläche, die den meisten Passagieren auffällt, wenn die Schiffe zum Schluss der Rundfahrt im großen Bogen an die Anlegebrücke unterhalb des S-Bahnhofs Wannsee fahren. Auf dem freigeräumten Grundstück will ein Investor sechsstöckig bauen. Unverständlicherweise erhielt er dafür vom Bezirk Steglitz-Zehlendorf die Genehmigung, obwohl das Gebäude die nachbarliche Firsthöhe des PYC um acht bis zehn Meter überragen würde. Der Verein klagte mit Erfolg bis zum OVG-Berlin. Die Richter befanden beim Ortstermin: »Eine solche Baumasse passt nicht in das landschaftlich reizvolle Gesamtbild des Gebietes.« Und nachdem dieses Urteil im August 2018 erfreulicherweise auch vom Bundesverwaltungsgericht in Leipzig als letzter Instanz bestätigt wurde, ist zu hoffen, dass die Harmonie der Uferlinie nun nicht mehr zerstört werden kann..

Die Umrundung der Wannsee-Insel ist ein Erlebnis. Nirgendwo sonst gibt es eine Wasserszenerie, in der sich Natur und Architektur auf so einzigartige Weise verbinden, ein Stück Erde, das glücklicherweise seit 1991 als »Potsdam-Berliner Kulturlandschaft« zu großen Teilen zum behüteten UNESCO-Welterbe gehört.

Die »*Sieben-Seen-Rundfahrt*« ist ein Ausflug, bei dem nicht nur landschaftliche Schönheit, sondern auch fast zweihundert Jahre deutscher und europäischer Vergangenheit mit all ihren Höhe- und Tiefpunkten zu besichtigen sind. Es dürfte die geschichtsträchtigste Dampferfahrt der Welt sein.
In jeder, Mitte April beginnenden und bis Mitte Oktober dauernden Saison gibt es die Chance, diese ungewöhnliche »See-Reise« mit den Schiffen der »Stern und Kreis-Reederei« zu unternehmen. Doch zuvor sind Sie, liebe Leserinnen und Leser, eingeladen, auf einem kleinen Boot, dessen Name gleich im ersten Kapitel verraten wird, über die sanft gekräuselten Havel- und Wannseewellen mitzufahren. Willkommen an Bord!

M.S.-B. Kleiner Wannsee – im Oktober 2019

Kleiner Wannsee

Das Boot am Steg, Ruderclubs und Kleistgrab

Es ist ein langgestreckter, schmaler See, der eher wie ein Fluss aussieht. Von den dicht bewachsenen, unterschiedlich stark ansteigenden Ufern können die Bewohner der hinter Bäumen verborgenen Villen während der Sommersaison wie in einem Amphitheater auf die Ausflugsdampfer blicken.

Am Nordufer liegt ein kleines Kajütmotorboot am Kopf eines Steges vor einem mehrstöckigen, von einer großen Weide halb verdeckten Gebäude aus den späten 60er-Jahren des vorigen Jahrhunderts. Das Boot, unweit von Schwerin als Werftauftrag gebaut, unterscheidet sich von den meisten modernen Motorbooten auf den Berlin-Potsdamer Gewässern. Kehlungen am weißen Rumpf machen den Eindruck einer Beplankung, Seitenaufbauten und Deckshaus sind aus Mahagoni, so wie auch der gesamte Innenausbau mit seinen zwei Kojen. Es ist ein gemütliches Schiffchen zum Wasserwandern, das Liebhaberherzen erwärmen kann. In der Bucht von Moorlake getauft, hat es den Namen eines ausgesprochen hässlichen nordatlantischen Knochenfisches erhalten: SEEHASE.

Das Boot am Steg ist der ideale Balkon, ein Logenplatz, von dem aus das Geschehen auf dem Kleinen Wannsee in Ruhe betrachtet werden kann, die Prozession der Fahrgastschiffe der *Stern und Kreisschiffahrt,* vom Großen Wannsee kommend, und die der Potsdamer *Weißen Flotte* in Gegenrichtung, ein ständig an- und abschwellender Strom von unterschiedlichen Schiffstypen, von Größen, Formen und Antrieben. Motorjachten, Segelboote mit gelegtem Mast, Ruder-, Paddel-, motorisierte Schlauchboote, Flöße mit Hüttenaufbau und schwerfällige Hausboote.

Die großen Fahrgastschiffe der Berliner und Potsdamer Reedereien transportieren auf den Sieben-Seen-Rundfahrten in jeder Saison Zehntausende Passagiere, die bei dieser geschichtsträchtigsten Dampferfahrt der Welt die Ufer an sich vorüberziehen lassen, aber von der Schönheit und historischen Bedeutung wohl nur einen flüchtigen Eindruck gewinnen können.

Das kleine Privatboot, die SEEHASE, soll im Kielwasser der Ausflugsdampfer die Wannseeinsel umrunden. Was die Großen in zwei Stunden schaffen, dafür wird sie zwei Tage brauchen und dabei ihre Vorteile nutzen. Sie ist unabhängig, kann langsam fahren, still liegen, Kreise ziehen und ankern. Zeit also, bei Uferblicken genauer hinzusehen und Fragen zu stellen:

Der Kleine Wannsee – Blick nach Südwesten

Das Boot am Steg – im Hintergrund: Kleistgrab und der Berliner Ruder-Club

was war da, wer hat das gestaltet und gebaut, wer lebte und lebt heute dort? Mit dem »Blick vom Bootsdeck« wird von Preußen, dem Deutschen und »Dritten Reich« die Rede sein, von der DDR wie der 40-jährigen Zwangsteilung des Landes und der Rettung des fast Verlorenen in letzter Stunde, also von der Wiedergewinnung von Schönheit im vereinten Deutschland. Es ist eine 16 Kilometer lange Reise zu den Schlössern, Parks und Märchenvillen, zu den gebauten Symbolen königlicher Italiensehnsüchte, die bis in die Gegenwart, allen Kriegsgefährdungen zum Trotz, bewahrt werden konnten, eben jenes Gesamtkunstwerk von Natur und Architektur, das »Preußisches Arkadien« genannt wird.

Bevor die Fahrt beginnt, muss noch geklärt werden, was ist das überhaupt für eine Insel, die da umrundet werden soll, wie ist sie entstanden, wie wurde sie zu einem derart außergewöhnlichen Ort.

Am Anfang ist genug Zeit für einen Blick auf das gegenüberliegende Ufer, auf die fast geschlossene grüne Wand alter Bäume mit zwei reetgedeckten Bootshäusern. Zur Linken leuchten zwischen Trauerweiden die unter Denkmalschutz stehenden, aus den Jahren 1907 und 1922 stammenden weißen Gebäude des Schülerruderverbandes, in denen die Boote von 38 Ruder-Arbeitsgemeinschaften Berliner Gymnasien lagern. Zwölf halbrunde, dunkelblaue Tore und die Holzkonstruktion der Giebelfronten wirken wie Speicherhäuser nordischer Hafenstädte. Mit ihren an den Firsten weit herausragenden, schlangenkopfverzierten, Reichtum und Segen verheißenden gekreuzten Stangen erinnern sie an sorbische Bauten im Spreewald. Unter den drei Giebeln der Bootshäuser ist in altertümlich deutscher Frakturschrift zu lesen: »Vom Wasser haben wir's gelernt: das Wandern«, während auf der Stirnseite des halb hinter Zweigen verborgenen Daches des ältesten, damals von den Eltern der Schüler mit Spenden finanzierten Hauses der aufmunternde Satz steht: »Wie bist du doch so schön, o du weite, weite Welt.«

In direkter Nachbarschaft, neben dem einzigen öffentlichen Zugang auf der Südseite des Sees, ein kleines Waldstück, das an ein burgartiges Bauwerk grenzt, auf dessen schiefergedecktem Turm ein roter, sechszackiger Stern leuchtet.

Es ist das Hauptquartier des 1880 gegründeten *Berliner Ruder-Clubs*, einer der ältesten und erfolgreichsten Rudervereine Deutschlands. Dass der Club, der einst seinen Spree-Standort nahe der Oberbaumbrücke wegen des Ausbaus städtischer Hafenanlagen verlassen musste, dieses stattliche Haus am Kleinen Wannsee im Mai 1909 beziehen konnte, verdankt er einem Mann von einigem Einfluss: dem Verleger, Druckereibesitzer und Geheimen Königlichen Kommerzienrat Georg W. Büxenstein, der Geldnoten für die Reichsbank herstellte und Hofbuchdrucker des Prinzen Friedrich Karl von Preußen war. Als glühender Bewunderer Seiner Majestät, Wilhelm II., durfte er diesen sogar zur Jagd auf sein im neugotischen Stil erbautes Schloss am Großen Storkower See einladen.

Die Nähe des Ruderfans und Vereinsvorsitzenden zum Hause Hohenzollern ist noch heute beim Betreten des Clubs zu spüren. Trotz mehrjähriger Nachkriegsnutzung durch amerikanische Besatzungstruppen ist die wunderbar reich verzierte dunkle Holztäfelung unversehrt erhalten. Sie verrät mit ihren Wikinger-Ornamenten skandinavische Einflüsse, offensichtlich eine Geste an den letzten Kaiser, der ja die jährlichen Nordlandfahrten mit seiner Staatsjacht HOHENZOLLERN so liebte. Und noch heute gibt es das Kaiserpreiszimmer mit tresorartigen Glasvitrinen, in denen, indirekt beleuchtet, von preußischen Monarchen gestiftete prachtvolle Silberpokale stehen, während an den Wänden großformatige Ölgemälde von Wilhelm I., Friedrich III. und Wilhelm II. in kronengeschmückten Goldrahmen hängen. Der 630 Mitglieder zählende Club ist stolz auf diese Tradition, auf die einmalig schönen, stilvollen Clubräume, aber mehr noch auf die lange Liste von Wettkampfsiegen, von Medaillen bei Weltmeisterschaften und Olympischen Spielen.

Eingerahmt von diesen beiden Ruderclubs, ist die ansteigende offene Waldparzelle mit dem 30 Meter breiten Uferstreifen der Ort, durch den der Kleine Wannsee für immer auf die Landkarte der Literaturgeschichte geriet. Denn hier erschoss am 21. November 1811 der 34-jährige Dichter Heinrich von Kleist zuerst seine unheilbar kranke Begleiterin Henriette Vogel, dann sich selbst. Hier wurden beide bestattet, hier steht auf halber Höhe, umgeben von alten Eichen, das Grabdenkmal.

Seit 1811 blieb das Gelände unberührt. Nur Bauern aus Stolpe, die ihre Kühe mit Erlaubnis des Königs zum Weiden in den Grunewald treiben durften, passierten ab und zu den Platz. Im Februar 1859 kaufte Prinz Friedrich Karl von Preußen das Bauerngut Neu-Zehlendorf, das ab 1865, als Anerkennung für seine als Oberbefehlshaber errungenen Siege im Krieg gegen Dänemark, Rittergut Düppel heißen durfte. Zu diesem Besitz gehörten auch die Gewässer des Stolper Lochs (Kleiner Wannsee).

Einige Jahrzehnte später verkaufte Prinz Friedrich Leopold von Preußen, der Sohn und Erbe Friedrich Karls, die Liegenschaften am Südufer an die *Landgesellschaft Wannsee*, die das Gelände parzellierte und ab 1905 an der neu angelegten Bismarckstraße erste Häuser errichten ließ. Zuvor hatte der Prinz dem Deutschen Reich das 1490 Quadratmeter große Grundstück mit dem Kleistgrab geschenkt, während das Siedlungsunternehmen der Gemeinde Wannsee zusätzliche 2380 Quadratmeter mit der Grundbuch-Absicherung übergab, die Ruhestätte »für alle Zeiten« als unberührte Waldinsel zu bewahren. Noch heute gewährt Kleists Grabstätte seinen Besuchern eine Lücke in der geschlossenen Villenbebauung, einen Zugang zum See als Platz für Bäume und Stille.

Am 21. November 2011 – aus Anlass des 200. Todestages Heinrich von Kleists – versammelte sich am Dichtergrab eine beachtliche Menschenmenge. An ihrer Spitze Bundestagspräsident Norbert Lammert, der Berliner Kulturstaatssekretär André Schmitz, der ehemalige Gartenbaudirektor Klaus-Henning von Krosigk, der Direktor des Kleist-Museums in Frankfurt (Oder) Wolfgang de Bruyn und eine zierliche Dame, der an diesem Tag alle zu danken hatten. Denn die Neugestaltung des Grabes und der Parkanlage mit einem eigens angelegten Erinnerungspfad, der den letzten Gang Kleists und Henriette Vogels von ihrer Unterkunft im Gasthof *Stimmings Krug* über die Friedrich-Wilhelm-Brücke bis zum Ort des Todes nachvollzieht, ist zu erheblichen Teilen ein Geschenk der Berliner Verlegerin Ruth Cornelsen, die sich als Mäzenin mit ihrer 1996 gegründeten Stiftung beispielhaft für Erhalt und Entwicklung der Berlin-Potsdamer Kulturlandschaft einsetzt.

Nach dem Jubiläumsjahr wurde etwas ganz Neues gewagt: Das Akustische Kleist-Denkmal, ein Audio-Guide, mit dem kopfhörerbewehrte Besucher auf einer 15 Hör-Stationen umfassenden Wegeführung vom S-Bahnhof Wannsee und der Dampferanlegestelle über die Königstraßen-Brücke in die Nähe des verschwundenen *Stimmingschen Kruges* und dann am Seeufer entlang, hügelan bis zum Grab geleitet werden. Während des fast zweistündigen literarischen Spaziergangs wird eine Annäherung an Kleists Leben und Schreiben versucht. Man erfährt von seiner Zerrissenheit und Schwärmerei, dem Ringen um Klarheit und Erkenntnis, von seiner Unbedingtheit und Verzweiflung.

Der Ortsteil Wannsee liegt im äußersten Südwesten Berlins an der Grenze zu Potsdam. Das Hauptgebiet besteht aus einer zwölf Quadratkilometer großen, zu zwei Dritteln dicht bewaldeten künstlichen Insel, die über fünf Brücken zu erreichen ist. Hier leben etwa 7000 Menschen, die meisten mit dem Bewusstsein, dies in einem der schönsten Stadtteile der bundesdeutschen Metropole zu tun. Die ursprünglich seit 1898 selbstständige Landgemeinde Wannsee verlor bereits 1920 ihre Unabhängigkeit an Berlin und gehört, nach einer weiteren Verwaltungsreform im Jahr 2001, heute zum Bezirk Steglitz-Zehlendorf.

Jahrtausende war dieses Gebiet eine von der heutigen Unterhavel und einer Kette unverbundener kleiner Seen halbkreisförmig eingefasste, durch die letzte Eiszeit geformte hügelige Landmasse, auf deren Sand- und Mergelboden allenfalls Heide und Kiefern gediehen. Nach dem Durchzug von Nomadenstämmen und ersten Besiedlungen entstanden die Dörfer Stolpe und Klein-Glienicke, deren Bewohner sich mühevoll von Fischfang und Ackerbau ernährten.

Im 17. Jahrhundert entdeckte der brandenburgische Kurfürst das wildreiche Terrain als Jagdrevier und ließ 1682 ein altes Gutshaus am Ufer der Glienicker Lake zu einem Jagdschlösschen umbauen, für das ein Hofgärtner eine Gartenanlage mit Orangerie anlegen musste, zu der auf dem nahegelegenen Böttcherberg auch Wein-Terrassen gehörten, die in guten Jahren eine Ernte von 100 Tonnen erbrachten. Später, in der ersten Hälfte des 19. Jahrhunderts, kam es dann in unmittelbarer Nachbarschaft zu neuen herrschaftlichen Bauaktivitäten preußischer Prinzen, die der Gegend einigen Glanz verliehen.

Dichter und Bankier, zwei Männer mit Visionen und eine neue Insel bei Berlin

Im sonnigen Herbst des Jahres 1861 saß ein 42-jähriger Mann an der Abbruchkante einer fast 25 Meter hohen, steil abfallenden Düne und blickte beglückt auf »diese schönste Stelle, wo die ohnehin breite Havel sich weit in das Land hineinbuchtet und den Wannensee bildet«. Der Wanderer, der an diesem Tag dem steinernen Berlin den Rücken gekehrt hatte und mit seinem Begleiter über Zehlendorf durch die Havelforsten bis an den großen See marschiert war, empfand den Reiz des Augenblicks: »Der Zauber der Farbe schmeichelt sich in unsere Sinne ein, das weite tiefe Blau trifft unser Auge wie eine Erquickung«.

In der nahen Hauptstadt war der Naturschwärmer kein Unbekannter. Seit einem Jahr als Korrespondent für die Berliner *Kreuz-Zeitung* tätig, galt der ausgebildete Apotheker und Vater dreier Kinder als hoffnungsvolles literarisches Talent. Er hatte Gedichte wie Balladen veröffentlicht und drei Reisebücher, Früchte eines längeren England- und Schottlandaufenthaltes. Erst vor wenigen Wochen war der Band *Die Grafschaft Ruppin* erschienen, Auftakt einer Reihe, die unter dem Titel *Wanderungen durch die Mark Brandenburg* zur Chronik des alten Preußen werden sollte.

Von seiner hohen Warte überblickte Theodor Fontane die Weite des großen Sees, »uns zu Füßen weiter nach links hin dehnt sich das Stolper Loch (Kleiner Wannsee), ein unterbundener Havelarm, der nun ohne Zirkulation und Leben daliegt – ein Teich wider Willen, dessen moroses Ansehen zu sagen scheint, daß er einst bessere Tage gesehn. Aber diese Trübe, die wir um seinetwillen beklagen, kommt der Landschaft zugute, und See und Röhricht geben ein anziehendes Bild.« Über die versumpfte Verbindung beider Seen führt die den Beginn einer schnurgeraden Schneise markierende Friedrich-Wilhelm-Brücke, die das gesamte Gebiet in zwei Hälften teilt. Es ist die Berlin-Potsdamer Chaussee, die das Berliner Stadtschloss mit Sanssouci und Neuem Palais in Potsdam als Achse zwischen beiden Residenzen verbindet. Auf dieser Landstraße, die ab 1792 unter Friedrich Wilhelm II. als erstes Teilstück einer »Steinbahn« in der Mark Brandenburg mit Schotterunterbau befestigt wurde, rollten die Karossen der Könige, die Kutschen des Hofes, trabten Kuriere mit ihren Depeschen, und bis zur Eröffnung der Berlin-Potsdamer Eisenbahnstrecke im Herbst 1838 verkehrten hier mehrfach am Tag vierspännige Schnellpostkutschen, die den Abschnitt eines Handelsweges nutzten, der vom Brügger Hafen bis ins russische Nowgorod führte.

Von der Höhe der Haveldüne sah Theodor Fontane hinter der Brücke auf der rechten Straßenseite die roten Dächer von *Stimmings Krug* mit den ausgedehnten Fachwerkgebäuden und Stallungen der königlichen Umspannstation für die Pferdefuhrwerke. Der Gasthof – einst beliebtes Ausflugsziel der Berliner beim Besuch der »wilden Tiere« im kleinen Zoo auf der Pfaueninsel – hatte mit der Konkurrenz der Dampfzüge zu kämpfen, die besten Tage waren Vergangenheit und auch der zweifelhafte Ruhm, dass hier Heinrich von Kleist vor 50 Jahren die letzte Nacht vor seinem Freitod verbrachte, lockte keine neuen Gäste.

Der Journalist Fontane schrieb nach seiner Wanderung einen Artikel in der *Kreuz-Zeitung*, der am 4. Dezember 1861 unter der Titelzeile »Am

Wannensee« erschien. Darin preist er die Pracht des sich vor seinen Augen ausbreitenden unberührten Waldgebietes: »Die Tannen erscheinen schöner und edler hier als irgendwo anders und stehen da, als fühlten sie sich als die eingeborenen Herren dieses Landes. Auch den Wannensee umstehen alte, kostbare, knorrige Exemplare.« Und zum Schluss wagt er eine hellsichtige Voraussage: »An dieser Stelle, auf dem Plateau am Wannensee (wenn unsere Wünsche in Erfüllung gehen), werden sich innerhalb einiger Jahre die Sommerwohnungen vieler unserer Residenzler erheben; hierin werden die Villas verpflanzt werden, denen es an der Lisière des Tiergartens bereits zu städtisch zu werden beginnt.«

Auch wenn es noch mehr als ein gutes Jahrzehnt bis zur Bebauung des idyllischen Aussichtsplatzes auf der Anhöhe des Ostufers dauern sollte, Fontane hatte das richtige Gespür für die Entwicklungen und Bedürfnisse der im Zuge der Industrialisierung sprunghaft wachsenden Großstadt Berlin.

Vielleicht hatte auch der leitende Direktor der vor fünf Jahren gegründeten preußischen Privatbank *Berliner Handelsgesellschaft* diesen Artikel in der stramm konservativen *Kreuz-Zeitung* – die ja eigentlich *Neue Preußische Zeitung* hieß und nur wegen des Eisernen Kreuzes auf der Titelseite so genannt wurde – am 4. Dezember 1861 in seinem Stadtbüro gelesen.

Jedenfalls nahm der bereits mit knapp 40 Jahren aus eigener Kraft vermögende Bankier Carl Heinrich Wilhelm Conrad für die nächste Sommerfrische in den Gastzimmern des *Stimmingschen Kruges* Quartier und war mit seiner Frau Emilie von der Stille und Schönheit der Seenlandschaft weit vor den Toren der Stadt so begeistert, dass er beschloss, den trotz einiger Tanzveranstaltungen langsam verödenden Gasthof und die dazugehörenden rund 80 Hektar Wald- und Heideland zu erwerben. Dieser 1863 für 25000 Taler abgeschlossene Kauf war nicht die übereilte Tat eines begeisterten Natur- oder Segelfreundes, der die Erholungsmöglichkeiten der Gewässer erkannt hatte, sondern eine wohlbedachte Entscheidung, hinter der eine Vision stand. Wilhelm Conrad wollte auf der Landspitze des Dreiecks »Stolper Loch – Wannensee« eine Villenkolonie gründen, ein Sommerrefugium für Wohlhabende, ein nach seinen Vorstellungen geplantes Paradies im Grünen, für das er betuchte Mitglieder der Berliner Gesellschaft zu erwärmen hoffte. Außerdem plante Conrad den Bau einer eigenen Villa an der Stelle des Gasthofs nahe der Friedrich-Wilhelm-Brücke als eine persönliche, selbstbewusste Demonstration. Am anderen Ende der Chaussee, fünf Kilometer

Richtung Potsdam, standen direkt an der Glienicker Brücke das alte Jagdschloss des Großen Kurfürsten und das kleine Schloss des Prinzen Carl von Preußen. Beide Brücken bildeten eine Art Tor-Bastion. Im Westen residierten seit zwei Jahrhunderten die Hohenzollern, der Adel, im Osten sollte nach Conrads Willen künftig das Großbürgertum, sollten Bankiers, Fabrikanten, Forscher und Künstler aus Preußens Hauptstadt in den Sommermonaten Flagge zeigen. Wilhelm Conrad ging mit Elan ans Werk. Als Bankier verfügte er über die finanziellen Mittel, zudem über »Geist und feine Sitten«, die nötige Fantasie und Tatkraft, um sich den Traum einer »idealen Villen- und Landhauskolonie« an den Seeufern vor den Toren Berlins zu erfüllen. Erster Schritt: Conrad gewann für sein Projekt den Königlichen Hofgärtner Gustav Meyer. Der hatte in Potsdam gearbeitet und als Meisterschüler und Mitarbeiter des genialen Garten- und Landschaftsgestalters Peter Joseph Lenné gehofft, nach dessen Tod im Jahr 1866 die Nachfolge antreten zu dürfen. Als sich die Aussicht auf Beförderung zerschlug, hatte er bis zu seiner 1870 erfolgten Berufung zum ersten Gartendirektor Berlins die Zeit, sich um Conrads Pläne zu kümmern. Gustav Meyer zu beauftragen, sollte sich als kluge Entscheidung erweisen, denn der Mann war ein Könner. Meyer entwarf auf dem inzwischen durch Zukäufe auf 320 preußische Morgen erweiterten Heideland einen Straßen- und Bebauungsplan, zu dem auch die Anlage von Gärten und öffentlichen Flächen gehörte. Gemeinsam wurden Besiedlungsrichtlinien entworfen, die Conrads Handschrift trugen, der seine ehrgeizigen Vorstellungen durchzusetzten wusste. Alles war geregelt: die Größe der Grundstücke wie die Breite der Straßen; Bürgersteige mussten Sandwege sein, um Naturnähe zu erhalten; es durften nur villenartige Wohngebäude errichtet werden und auch die Abstände waren genau festgelegt, ebenso die Höhe der Einfriedungen und die Form der Bepflanzung. Der Bau von Privatbadehäusern am Seeufer, von Latrinen oder Mistgruben blieb verboten. Gebot war aber, dass für Grundstücke, die nicht direkt am Ufer lagen, eine Sichtschneise von mindestens zehn Fuß Breite (3,14 m) freigehalten werden musste, damit »man über diese Flächen hinweg aus den ungeöffneten Fenstern des Parterregeschosses auf den davorliegenden See sehen kann.«

1869 waren die Vorarbeiten abgeschlossen. Parzellierung und Vermarktung konnten beginnen. Als Erstes ließ Wilhelm Conrad *Stimmings Krug* abreißen und als Anschauungsobjekt die eigene Villa am Eingang zur neuen Kolonie errichten. Dann entwickelte er eine zu jener Zeit originelle Idee: etwa zehn kleine Sommerhäuser sollten gebaut und als Lockangebote während der Saison vermietet werden, um Interessenten zum Kauf oder zur Ansiedlung zu verführen. Gleichzeitig warb Conrad als Mitglied des erst wenige Jahre zuvor nach britischem Vorbild gegründeten *Clubs von Berlin* für die neu entstehende Villensiedlung an den beiden Seen. In den Reihen des im Volksmund »Millionenclub« genannten exklusiven Herrenzirkels befanden sich genau die Kandidaten, die Conrads Vision verwirklichen sollten: Industrielle, Bankiers, wohlhabende Kaufleute und arrivierte Künstler, die Geld und Geschmack hatten, sich schöne Sommerhäuser bauen zu lassen. 1872 erhielt die Kolonie den Namen *Colonie Alsen*, benannt nach der Insel Alsen, die im Deutsch-Dänischen Krieg von 1864 bei Eroberung durch preußische Truppen eine Rolle gespielt hatte. Als Monarchist und Bewunderer des damaligen Feldherrn Prinz Friedrich Karl von Preußen, der außerdem Eigentümer der benachbarten Liegenschaften war, wollte Conrad ein zugkräftiges Zeichen setzen.

In den Folgejahren entfaltete der Bankier eine staunenswerte Aktivität. Rastlos und einfallsreich ging er daran, das Gesicht seiner Kolonie zu formen. Conrad war kein Spekulant, sondern anspruchsvoller Gestalter. 1873 kaufte er am Ende der Wiener Weltausstellung zwei architektonisch eigenwillige Bauwerke, den hölzernen Schwedischen Pavillon und den Pavillon der Nationen, der nur Kaiserpavillon genannt wurde, weil dort während der Weltausstellung der russische Zar und die Kaiser von Österreich und Deutschland mehrfach zusammen gespeist hatten. Conrad ließ beide Gebäude in Wien abreißen, an den Wannsee transportieren und dort am Westufer und am Ostufer neben dem gerade entstehenden Bahnhof wieder aufbauen. Als Aufsichtsratsvorsitzender der *Berlin-Potsdam-Magdeburger-Eisenbahn* hatte er es 1874 geschafft, die für die Entwicklung der Kolonie unverzichtbare Eisenbahnverbindung zur Berliner Innenstadt herzustellen; eine Strecke, die viele für überflüssig hielten und als »Millionärsbahn« oder »Wahnsinnsbahn auf Conrädern« verspotteten.

Wilhelm Conrad kümmerte sich nicht nur um die Infrastruktur, sondern vorausschauend auch um das leibliche Wohl der erwarteten zahlungskräftigen Siedler. Sie sollten im Kaiserpavillon und in einem neben dem Schwedischen Pavillon am gegenüberliegenden Ufer geplanten Restaurant *carne pura* stilvoll dinieren. Außerdem sorgte er für einen symbolträchtigen Blickfang. Im Eröffnungsjahr der Eisenbahnverbindung gab Conrad den Auftrag, eine Zinkkopie des im Hof des Berliner Zeughauses stehenden *Flensburger Löwen* anzufertigen, der auf dem höchsten Punkt der Kolonie, in einem öffentli-

Vermarktungsplan für die Colonie Alsen um 1910

chen, die »Schweiz« genannten Park, als patriotischer Schmuck aufgestellt werden sollte. Dieses gut dreieinhalb Meter hohe, von einem dänischen Bildhauer geschaffene Bronzestandbild eines sitzenden Löwen war ursprünglich als Denkmal für den 1850 in der Schlacht bei Idstedt erfochtenen königlich-dänischen Sieg über die schleswig-holsteinischen Truppen im damals dänischen Flensburg aufgestellt und drei Jahre nach dem Revanche-Sieg der vereinigten Preußen und Österreicher im Zweiten Deutsch-Dänischen Krieg von 1864 als Trophäe nach Berlin gebracht worden. Für die Colonie Alsen sollte dieses Monument ein Bekenntnis zur Einheit des Deutschen Reiches sein und eine weitere Huldigung für Prinz Friedrich Karl von Preußen, den siegreichen Feldherrn von Düppel und Alsen.

Trotz aller Anstrengungen, die Besiedelung der neuen Kolonie am südwestlichen Stadtrand kam zuerst nur schleppend in Gang. Bis in die 1880er-Jahre blieb das große Areal im Dreieck der Seen spärlich bebaut. Doch Conrad ließ sich nicht entmutigen. Ein Wasserwerk wurde errichtet, das eigene Elektrizitätswerk und ein Postamt. Der Koloniegründer stiftete sogar Kirche und Friedhof.

Sommer 1906 – Eröffnung des Teltow-Kanals

»Gebt mir Sand, Wasser und Gold und ich werde euch ein Paradies auf Erden schaffen«, soll Wilhelm Conrad einmal gesagt haben. Als er am Heiligen Abend 1899 als 77-Jähriger, für seine Verdienste mit dem Titel Geheimer Kommerzienrat geehrt, in der Villa Alsen am Großen Wannsee verstarb, war der Traum eines bürgerlichen Arkadiens als Gegenstück zum adligen Glienicke Wirklichkeit geworden. Auf Grundstücken von 2500 bis 20000 Quadratmetern standen wundervolle Villen und Landhäuser in unterschiedlichsten Baustilen und Größen, umgeben von fantasievoll angelegten und sorgsam gepflegten Privatgärten, wie es sie in Preußen bis dahin nicht gegeben hatte. Die *Colonie Alsen* war die erste, schönste und zugleich vornehmste Villenkolonie Berlins, ein im Deutschen Reich einmaliges Bauprojekt.

Am 2. Juni 1906 schlug für die aus der Colonie Alsen und dem Dorf Stolpe gebildete Landgemeinde Wannsee eine denkwürdige Stunde. Gegen 11 Uhr näherte sich bei strömendem Regen, von Potsdam kommend, in feierlich langsamer Fahrt die Kaiserliche Jacht ALEXANDRIA II. An Bord: Seine Majestät Wilhelm II. mit Gemahlin, Prinzen des Hauses Hohenzollern, hohe Würdenträger und geladene Ehrengäste. Der Augenblick, in dem der Bug des Schiffes ein zwischen dem Dorf Klein-Glienicke und dem Babelsberger Ufer gespanntes weiß-rotes Atlasband durchschnitt, ist die Geburtsstunde der »Insel Wannsee«.

Die kurze Fahrt durch das 300 Meter lange, neu gebaute Kanalstück von der Glienicker Lake in den Griebnitzsee war die offizielle Inbetriebnahme eines »Jahrhundertbauwerks«, die Krönung eines höchst ehrgeizigen Projekts, bei dem sich sechs Jahre lang mehrere Tausend Arbeiter durch den märkischen Sand gegraben hatten, um das Ziel zu erreichen, das die *Vossische Zeitung* am Vortag der Feierlichkeiten bündig beschreibt: »Der Teltow-Kanal ist bestimmt, den Elbe-Oder-Verkehr um Berlin herumzuleiten, ihm die Engen und Schleusen, den Zeitverlust, auch den Umweg über Spandau zu ersparen und die Spree zu entlasten.«

Reichsweit wurde der neue, 38,4 Kilometer lange Kanal als wasserbautechnische Großtat bewundert und von Eingeweihten wegen der schwindelerregend hohen Kosten bestaunt. Aus den ursprünglich veranschlagten 25 Millionen waren am Ende fast 48 Millionen Reichsmark geworden. Auch damals konnte offenbar niemand bei einem Großprojekt die Kosten im Zaum halten.

Vor elf Jahren hatte die Einweihung des Kaiser-Wilhelm-Kanals, der mehr als doppelt so lange, fast dreifach so teure Wasserweg zwischen der Nord- und Ostsee, für weltweites Aufsehen gesorgt. Die Eröffnung eines Stadtkanals, bei dem die Fertigstellung eines vier Kilometer langen Teilstücks sogar noch ausstand, war natürlich nicht mit der epochalen Bedeutung eines meerverbindenden Bauwerks zu vergleichen, doch auch auf dem neuen Teltowkanal ruhte das Wohlwollen Seiner Majestät. Huldvoll nahm er, in einen wärmenden Umhang gehüllt, am Bug seiner Jacht stehend, zur Kenntnis, dass »brausende Hochrufe und jubelndes Hurra erschallten«, das eine »vieltausendköpfige Menschenmenge« trotz des unwirtlichen Wetters ausbrachte. Die ALEXANDRIA, gefolgt von den »Festschiffen Wannsee und Steglitz«, fuhr in Richtung Griebnitzsee unter der neuen, dem Zeitgeschmack entsprechend reich mit verschnörkelten Kandelabern und Wappenadlern dekorierten Parkbrücke hindurch, die der Kaiser als Geschenk zum Ausgleich für die durch den Kanalbau erlittenen Terrainverluste zu Füßen seines Schlosses Babelsberg erhalten hatte. Im Griebnitzsee wartete die kleine Flotte der *Kreisschiffahrt Teltow*, deren Fahrgastschiffe sich zur Flaggenparade formiert hatten, um im Kielwasser des Kaisers zu einem »technischen Wunderwerk erster Klasse«, zur neu erbauten Kleinmachnower Schleuse zu dampfen. Nach drei Kilometern erreichte das Geschwader das See-Ende und hätte, einfach geradeaus fahrend, in den Großen Wannsee weiterlaufen können. Doch auf der Schleuseninsel fieberte eine große Menschenmenge dem Monarchen entgegen. Festlich gekleidete Staats- und Kanalbeamte, Vertreter preußischer Ministerien, der Wirtschaft und der Kreisverbände – sie alle wollten das Kaiserpaar auf der ALEXANDRIA erleben. Die schwenkte denn auch plan- und protokollgemäß nach Steuerbord, unter der Eisenbahnbrücke der Strecke Berlin – Potsdam hindurch, in den 33 Meter breiten Teltowkanal, und ließ die Einfahrt zu dem bereits seit einigen Wochen regelmäßig von den Fahrzeugen der vor drei Jahren gegründeten *Teltower Kreisschiffahrt* befahrenen Prinz-Friedrich-Leopold-Kanal an Backbord liegen.

Um den 1903 begonnenen Bau dieses Wasserweges hatte es im Vorfeld erhebliche Auseinandersetzungen gegeben. Ausgelöst durch die Öffnung der Durchfahrt zur Potsdamer Havel bei Klein-Glienicke erschien es ein Gebot der Stunde, auch den Großen Wannsee mit dem Griebnitzsee zu verbinden. Dafür mussten Durchstiche der Landbrücken zwischen dem Großen und Kleinen Wannsee, Pohlesee, Stölpchensee und Griebnitzsee erfolgen. Doch keiner der Anlieger wollte die notwendigen Kosten übernehmen. Erst nach langen Debatten gelang die Einigung, wie Regierungsbaumeister Becker im *Teltower Kreiskalender* von 1905 schreibt, »als die drei Hauptuferbesitzer, nämlich Se. Königliche Hoheit Prinz Friedrich Leopold, der Königliche Forstfiskus und die Gemeinde Wannsee sich zur Schulterung der Kosten verpflichtet und der Kreis Teltow die dauernde Unterhaltung übernommen hatte.«

Wie der Bau des Teltowkanals ein Werk des Kreises war, also eine freie, vom Staat unabhängige Unternehmung, so musste auch der »Nebenkanal« aus eigenen Mitteln finanziert werden. Die Gemeindevertretung von Wannsee, die eine Kostenbeteiligung am Prinz-Friedrich-Leopold-Kanal ursprünglich strikt ablehnte, hatte eingelenkt und der Aufnahme eines Darlehens zur Finanzierung des fälligen Anteils in Höhe von 250 000 Reichsmark zugestimmt.

Als Erstes war die Zufahrt vom Großen in den Kleinen Wannsee ausgeschachtet und dabei die dicht über dem Wasserspiegel liegende alte Friedrich-Wilhelm-Brücke abgebrochen worden. Nach umfangreichen Erdaufschüttungen überspannte eine neue, modernere Brücke mit schön verziertem Eisengeländer den kurzen Durchstich und wurde auf den Namen des Schlossherrn von Klein-Glienicke Prinz-Friedrich-Leopold-Brücke getauft.

Die neu entstandene Wannseeinsel – Pharus-Plan von 1906

Anschließend entstanden zwei weitere, nur jeweils 300 und 600 Meter lange Kanalstücke, die es den Dampfschiffen ermöglichten, über eine malerische Seenkette vom Großen Wannsee bis in die Glienicker Lake zu fahren, also auch im Uhrzeigersinn direkt bis zur Potsdamer Havel zu gelangen, und damit die neu entstandene Wannseeinsel zu umrunden. Weil die verantwortlichen Herren der *Teltower Kreisschiffahrt* den Reiz der Strecke und die Chancen eines lukrativen Ausflugsgeschäfts schnell erkannten, hatten sie sich sofort das alleinige Recht der Personenbeförderung auf dieser für den Güterverkehr gesperrten Route gesichert.

Am Tag der Teltowkanal-Einweihung, am 2. Juni 1906, ließen sich auch die Ratsmitglieder in Wannsee von der allgemeinen Begeisterung anstecken. Das Gemeindegebiet, erstmals gänzlich von Wasser umflossen! Mit dem Zertrennen des Seidenbandes durch die Kaiserliche Jacht war Wannsee eine INSEL.

Ein Festakt zu Wasser als kleiner Meilenstein in der brandenburgischen Geschichte und gewichtiger Eintrag in der Ortschronik. Vergessen die Bedenken und Einwände, vergeben die heftigen Diskussionen und Widerstände. Alle hatten inzwischen begriffen, wo der Vorteil für die Landgemeinde Wannsee lag: Die neue Dampferanlegestelle in Bahnhofsnähe würde künftig für stadtmüde Berliner zu einem äußerst attraktiven Ausflugsziel.

Auch heute noch steht sie hoch im Kurs, die bei Touristen aus aller Herren Länder so beliebte *Sieben-Seen-Rundfahrt*, die mit der Werbebotschaft vermarktet wird: »Genießen Sie die Idylle der Havelseen, der traditionsreichen Seenkette, die nicht nur die Berliner wie ein Magnet anzieht.«

Villen am Wasser

Oscar Begas und Arnold von Siemens

Es ist alles an Bord. Das kleine Boot schiebt sich rückwärts aus der schmalen Box, nimmt langsam Fahrt voraus auf und ist bereits nach hundert Metern an der ersten der vier Stationen angekommen, die im Kleinen Wannsee angefahren werden sollen.

Das selbstgesteuerte Schiffchen als Privileg für den zweiten Blick, als Chance, mehr zu sehen als Passagiere auf den Ausflugsdampfern und Bilder entstehen zu lassen, die nicht nur das gegenwärtig Sichtbare, sondern auch das Entschwundene, Untergegangene lebendig machen.

Die SEEHASE zieht also am Nordufer einige Vollkreise, wird gestoppt und liegt dann bei völliger Windstille vor einer Steganlage mit einigen modernen Motorjachten. Nach abgestellter Maschine wohltuende Stille und genügend Distanz zum Ufer, um das erste Bild in Ruhe zu betrachten: Eine in der Mitte durch eine zum Wasser führende Betontreppe geteilte Hangwiese, links und rechts je ein Baum, und auf dem oberen Plateau zwei in den Jahren 2010/11 gebaute identische Häuser, die Makler als Luxusvillen anpreisen würden, die aber ebenso in einer guten Wohngegend von Karlsruhe oder Bielefeld stehen könnten. Umlaufende Terrassenbalkons, große, bodentiefe Fenster, ausgebaute, mit grauen Platten belegte Dächer. Was erzählt dieses Terrain, was wird hier mal gestanden haben?

1870/1871 – in den Jahren des deutsch-französischen Krieges, der Reichsgründung und Krönung Wilhelms I. zum Kaiser wurde mit der Adresse Kleine Seestraße Nummer 2 auf diesem damals 8000 Quadratmeter-Grundstück, zu dem 11270 Quadratmeter See gehörten, zwölf Meter hoch über dem Wasserspiegel ein repräsentatives Landhaus im florentinischen Stil errichtet. Zur Gesamtanlage gehörten Gärtnerhaus, Stallgebäude, Gewächshäuser, Kegelbahn und unten am Ufer ein Boots- und Badehaus. Es war die zweite in der neu gegründeten Colonie Alsen gebaute Sommerresidenz. Die erste stand schräg gegenüber, völlig einsam auf der anderen Seite der Königstraße, die Villa Alsen des Koloniegründers Wilhelm Conrad.

Mit Beginn der Besiedlung war aus dem Stolper oder Stolpschen Loch der Kleine Wannsee geworden, denn wie sollten Kaufinteressenten für einen See gewonnen werden, der einen derart düsteren, unschönen Namen trägt? Zeitgleich erhielt der westliche Teil des Gewässers den Namen Pohlesee.

Der erste Bauherr am Kleinen Wannsee war ein über die Grenzen Berlins hinaus bekannter Künstler: der Maler Oscar Begas. Sein jüngerer Bruder, der Bildhauer Reinhold Begas, dessen Schillerdenkmal heute auf dem Gendarmenmarkt zu besichtigen ist, sollte noch etwas berühmter werden. Doch zum Zeitpunkt des Einzugs am See hatte der 43-jährige Oscar Begas einen frühen Höhepunkt seiner Karriere als Porträt- und Historienmaler erreicht. Seine Arbeiten entsprachen dem Geschmack der Zeit, er war in höchsten Kreisen gefragt, besaß die Gunst des Kaisers, durfte den Kronprinzen malen und auch ein Bildnis des alten Generalfeldmarschalls Moltke.

Ein besonderer Glücksfall für das ansehnliche Grundstück am Kleinen Wannsee war die Gartenleidenschaft von Marie Luise Begas, die mit Hingabe die in Terrassen angelegten Pflanzungen gestaltete. Über den frühen Tod ihres Mannes im Jahr 1883 hinaus, formte sie ihren Garten zu einem kleinen Paradies und wetteiferte, wie Quellen berichten, mit ihrer Nachbarin Emmy Conrad »in der Pflege des feinsten Tafelobstes einschließlich Wein und Ananas.« Der Garten wurde schließlich so bekannt, dass ihn sogar die »Protektorin der Gartenkunst, Ihre Königliche und Kaiserliche Hoheit die Kronprinzessin« besichtigte, die anschließend sagte: »Hier kann man doch überall eine saftige Frucht, überall eine schöne Rose oder sonstige Blume pflücken. Hier ist überall das Schöne mit dem Nützlichen vereint.«

In Schmidlins *Gartenbuch* von 1883 heißt es: »Wir haben vielfach Gelegenheit gehabt, das Wachsthum und die vorzüglichen Kulturen in einem so gelegenen echt deutschen Hausgarten am kleinen Wannsee bei Potsdam zu bewundern. Unten hart am Ufer des Sees Gemüse aller Art in einer Vollkommenheit wie wir's kaum jemals gesehen; weiter herauf, am terrassierten Abhang, Melonen (im Freien) Feigen, Trauben, Pfirsiche und anderes Obst von einer Schönheit und Schmackhaftigkeit, wie es in den heißeren Klimaten nicht besser sein kann ... Hat in diesem Fall nun auch die außerordentlich günstige Lage einen großen Einfluss auf das vorzügliche Gelingen aller dieser Kulturen gehabt, so ist andererseits auch nicht zu verkennen, mit welcher Liebe und Aufmerksamkeit, mit welcher Umsicht und Aufopferung der Besitzer selbst und seine ganze Familie mitgewirkt haben.«

Und vier Jahrzehnte später schrieb der Arzt Georg Brasch in seinem *Wannseebuch*: »Zustatten kam dem Hause die herrliche geschützte Südlage, wohl die schönste am Kleinen Wannsee und mancher wird sich an die blaue Pracht der Glycinien erinnern, welche die große freskengeschmückte Halle einhüllten in einer Üppigkeit, wie man sie wohl in Südtirol findet.«

Im Jahr 1904 verkaufte die Familie Begas den gesamten Besitz an den Kunstsammler Albrecht Guttmann, der sofort damit begann, ein großes, gastfreundliches Haus zu führen, in dem sich bei geselligen Abenden auch die inzwischen auf der Wannseeinsel lebenden Maler einfanden. Der damals berühmteste war der 63-jährige Anton von Werner, Direktor der *Hochschule für Bildende Künste*, der mit seinen naturgetreuen, in Riesenformaten gemalten Darstellungen bedeutender historischer Ereignisse, wie der *Kaiserproklamation in Versailles am 18. Januar 1871*, allgemeines Aufsehen erregt hatte und das Privileg besaß, Wilhelm II. in Sachen Kunst zu beraten.

Als Gast im Hause Guttmann konnte Anton von Werner auf seine Gegner treffen, auf die Gründer der *Berliner Secession*, die sich 1898 aus Protest gegen den konservativ-reaktionären akademischen Berliner Kunstbetrieb und damit vor allem gegen ihn, den übermächtigen Kaisergünstling, der eisern am Alten festhielt, zusammengeschlossen hatten: Philipp Franck, Max Liebermann und Walter Leistikow. 1906 war Franck von Halensee auf die Wannseeinsel gezogen, in die er sich verliebt hatte und deren Landschaften er in Gemälden und Aquarellen festhielt. Franck, der als Professor an der *Königlichen Kunstschule* zu Berlin lehrte, träumte von der Gründung einer Künstlerkolonie Wannsee und war hocherfreut, als sein Freund Max Liebermann die Reize der Gegend entdeckte und mit dem Plan zu spielen begann, sich am Wannsee anzusiedeln. Walter Leistikow, der dritte im Bunde, dessen für die *Große Berliner Kunstausstellung* von 1898 eingereichtes, aber von der Jury abgelehntes Landschaftsgemälde zum Auslöser für die Abspaltung, die Gründung der *Secession*, wurde, verbrachte auf Einladung Guttmanns bis zu seinem Freitod im Jahre 1908 die Sommermonate in der Seestraße Nummer 2. Leistikows Märkische Seenlandschaften und Grunewald-Bilder fand der Kaiser scheußlich und bedachte sie mit der Bemerkung: »Er hat mir den ganzen Grunewald versaut«.

Nach einer Versteigerung der Guttmann-Kunstsammlung im Jahr 1917 erfolgte zwei Jahre später der Verkauf des Anwesens, dessen langsamer Abstieg damit begann. Es fehlte die aufopfernde Betreuung der Rosenrabatten, Melonenkulturen, der Obst- und Weinspaliere. 1930 wurde die Villa im Bauhaus-Stil von Bruno Paul, einem der damals einflussreichsten Architekten, zu einem modernen Wohnhaus umgebaut, das den Zweiten Weltkrieg mit leichten Schäden überstand. Eine Zeit lang unbewohnt, diente das auf der Denkmalliste stehende Gebäude in den 1980er-Jahren als Asylantenheim und stand dann wieder leer. Nach einem Brand kam es, fast über Nacht,

Auf dem Kleinen Wannsee – Beginn der Inselumrundung

zum Totalabriss, der über Jahre nur ein gähnendes Loch und Wildnis übrig ließ. Einziges, bescheidenes Zeugnis des früheren Glanzes: Das direkt an der Straße Am Kleinen Wannsee stehende Gärtnerhaus.

Die SEEHASE nimmt wieder Fahrt auf, läuft weiter am Nordufer, an Trauerweiden mit tief ins Wasser hängenden Ästen entlang und wird an Steuerbord beim Anblick einer auf dem höchsten Punkt eines parkartigen Grundstücks stehenden, rosafarbenen Villa mit vorspringenden Terrassen und weißen Säulen langsamer. Dieses herrschaftliche, von 2010 bis 2012 mit hohem Aufwand restaurierte Gebäude stammt in dieser Form aus dem Jahr 1914 und ist der Nachfolgebau einer abgebrochenen Villa von 1872. Damaliger Eigentümer: Einer der prominentesten Berliner Architekten, der Geheime Baurat Walther Kyllmann, der die berühmte *Kaisergalerie* an der Ecke Unter den Linden, Friedrichstraße sowie einige Villen auf der Wannseeinsel entworfen hat und gleichzeitig Vorsitzender des Aufsichtsrats der *Spree-Havel-Dampfschiffahrts-Gesellschaft* war. Bis zu seinem Tod im Jahr 1913 konnte Kyllmann vom Herrenzimmer auf die florierende Personenbeförderung auf dem See herunterblicken.

Die Villa Siemens – am Bootshafen die *Electra,* um 1900

Eine riesige Trauerweide verdeckt die Grenze zum Nachbargrundstück, die nur durch eine aus Bruchsteinen gemauerte, in den See vorspringende kleine Aussichtplattform erkennbar wird. Wie bei einem Anlegemanöver fährt die SEEHASE dicht an eine etwa 150 Meter lange Ufermauer heran, weil nur so hinter einem Wall von Eichen, Kiefern, Blutbuchen und mächtigen Platanen zumindest der untere Teil eines schlossartigen Gebäudes zu sehen ist: Roter Backstein, sandsteinumrahmte Fenster, Säulen, Erker und Balkons mit schmiedeeisernen Ziergittern. Es ist die in den Jahren 1886 bis 1889 im Renaissancestil als Sommerresidenz errichtete *Villa Siemens*, die ganz den Geschmack der Gründerzeit widerspiegelt, in der die große Geste Mode war und die Architektur alle Stilformen zitierte und unbekümmert mischte: Romanik, Gotik, Renaissance und Barock bis hin zum Klassizismus. Zur hochnoblen Villa mit entsprechender Wagenauffahrt gehörte ein Wirtschaftsgebäude im englischen Landhausstil und an der Seestraße, direkt gegenüber, ein sich bis zur Königstraße erstreckender großer Obst- und Gemüsegarten mit Tennisplatz und einem von der Pariser Weltausstellung mitgebrachten chinesischen Teepavillon.

Bei Besuchern und geladenen Gästen erregte der kunstvoll auf dem aus 15 Metern Höhe zum See abfallenden Grundstück angelegte Park Bewunderung. Von der mit Säulen, Rundbögen und Ornamenten reich verzierten, wappengeschmückten Gartenhalle gelangte man über Treppen, Terrassen und verschlungen angelegte Wege an einem Belvedere – einem mit verspieltem Dachaufsatz gekrönten Aussichtsturm – vorbei zum Bootshaus. Dort überraschte ein kleiner Hafen, dessen säulengestützter Wandelgang an Venedig erinnern sollte. Im Sommer lag hier – wie konnte es bei dieser Familie auch anders sein – das erste deutsche Elektroboot, das 30 Personen Platz bot und sich zum Staunen der Passagiere absolut lautlos bewegte. 80 Akkumulatoren trieben für drei bis vier Stunden die elektrische Maschine des Fahrzeugs an, das den Namen ELECTRA trug und bei Schaulustigen an den Ufern für Verwirrung sorgte: Wo war der Schornstein, wo waren Ruder oder Stangen zum Staken – wie bewegte sich das geheimnisvolle Schiffchen vorwärts?

Erbauer und Eigentümer der mit Abstand größten Villa der Colonie Alsen: Arnold von Siemens und seine Frau Ellen, Tochter des berühmten Physikers Hermann von Helmholtz. Beide stammten aus Familien, deren Väter gerade geadelt worden waren, der eine, Werner Siemens, 1888 von Wilhelm II. für seine Verdienste als Erfinder, Industrieller und Begründer der deutschen Elektrotechnik, der andere, 1883 von Wilhelm I.. als herausragender Wissenschaftler.

Vielleicht war der große Auftritt am Kleinen Wannsee auch ein Tribut an den neuen Stand, wollte man sich doch mit den Familien des sogenannten »Blutadels« messen. Allerdings soll der damals über 70-jährige Werner von Siemens den allzu großspurigen Aufwand seines Sohnes missbilligt haben.

Trotz allem – in der prächtigen Villa, die erst 1898 zum ständigen Wohnsitz wurde, entfaltete sich in den Sommermonaten reges gesellschaftliches Leben. Alle waren sie zu Gast, Mitglieder des Hochadels und Herrenhauses, Bankiers, Militärs, Minister, Fabrikanten, Wissenschaftler und prominente Künstler – die Elite des wilhelminischen Reiches in seiner Blütezeit; auch der Kaiser und die Kaiserin gaben dem Haus am Kleinen Wannsee die Ehre.

Arnold von Siemens leitete von 1890 bis zu seinem Tod im Jahr 1918 die *Siemens & Halske AG* mit Sitz in Berlin. Doch er spielte nicht nur den reichen Schlossherrn am Wannsee, sondern engagierte sich beispielhaft für das Wohl seiner Werksangehörigen, ließ Erholungsheime einrichten, schuf eine großzügige Altersversorgung und half vielen, die in Not gerieten. Sein ältester Sohn und Erbe, Hermann von Siemens, folgte dem Vorbild des Vaters und sollte der letzte Hausherr der schönen Villa auf der Haveldüne werden.

Das Ende des Zweiten Weltkriegs war auch für die Familie Siemens das Ende des herrschaftlichen Wohnens am See. Am 20. April 1945 hatte die Rote Armee die Außenbezirke von Berlin erreicht und die Stadt fünf Tage später eingeschlossen. Während die russischen Soldaten Nikolassee und Zehlendorf schnell besetzen konnten, trafen sie bei der Wannseeinsel auf heftigen Widerstand. Hierhin hatten sich Wehrmachtskräfte aus Potsdam zurückgezogen und, zum »Endkampf« bereit, alle Brücken gesprengt. Zehn Tage lang kam es zu erbitterten Gefechten mit auf deutscher Seite 900 Gefallenen, unter ihnen Zivilisten, die in den allerletzten Stunden des Krieges ihr Leben verloren. Erst am 2. Mai 1945, am selben Tag wie Berlin, kapitulierte auch Wannsee.

Während dieser Kämpfe, bei denen die Angreifer am Südufer des Kleinen Wannsees standen und die Insel mit Stalinorgeln beschossen, wurde die Siemens-Villa vom direkt gegenüberliegenden, dem Schauspieler Heinrich George gehörenden Grundstück aus getroffen. Von dort feuerten zwischen den Bäumen stehende Panzer ihre Granaten auf das weithin sichtbare Steildach mit den auffälligen Ziergiebeln, Spitz- und Zwiebeltürmen.

Hermann von Siemens, der 1986 als 101-Jähriger in München starb, war noch vor der Kapitulation nach Süddeutschland geflohen und wurde dort von den Amerikanern gefangengenommen und bis 1948 interniert. Durch Kriegsschäden, Plünderungen und Notbelegungen hatte die Wannseevilla stark gelitten. Als 1949 der Firmensitz nach München verlegt wurde, schloss das eine private Rückkehr der Familie in das von den vier Siegermächten besetzte Berlin aus. Da ergriff der Pastor der Baptistengemeinde von Berlin-Schöneberg die Gunst der Stunde. Er hatte gehört, dass alle Versuche, die leer stehende Villa zu verkaufen oder zu verpachten, fehlgeschlagen waren und bat deshalb die in München lebenden Hermann und Charlotte von Siemens um Überlassung des Gebäudes für die Pflege von an Kinderlähmung erkrankten Jugendlichen. Angesichts der katastrophalen Raumnot und beeindruckt vom Engagement und Aufbauwillen des Bittstellers, schenkte das Ehepaar Siemens ihren Familiensitz mit dem 24 000-Quadratmeter-Grundstück der Evangelisch-Freikirchlichen Gemeinde. Diese eröffnete 1950 ein Jugend-Hospital, das man zwei Jahre später in *Immanuel-Krankenhaus* umbenannte. Um Platz zu gewinnen, wurde der stark beschädigte Dachstuhl abgetragen und durch einen zweigeschossigen, schlicht-zweckmäßigen Aufbau ersetzt. 35 Jahre später, im April 1987, konnte das Krankenhaus einen Neubau auf dem Gelände der früheren Obstgärten und Tennisplätze auf der anderen Straßenseite beziehen. Heute ist das Immanuel-Krankenhaus eine Schwerpunktklinik für Rheumatologie, deren Patienten und Gäste die schönen Wege des großen Parks am Wasser entlangwandern dürfen. Dabei können sie unterhalb der Freitreppen eine hinter Säulenvorbauten versteckte, erst 1913 gebaute Tuffsteingrotte entdecken, in der früher höfisch anmutende Wasserspiele sprudelten. Ein Rundgang zu Füßen der Siemens-Villa vermittelt, trotz aller Umgestaltungen, noch immer den Eindruck von großbürgerlich-adliger Repräsentationskultur zu Zeiten des wilhelminischen Kaiserreiches.

Ein Jahrhundertschauspieler: Heinrich George

Die SEEHASE löst sich von der Kaimauer, kreuzt das Fahrwasser und fährt direkt auf das Südufer zu. Im Blick zurück wächst mit jedem Meter der Nachkriegsaufbau der Siemens-Villa über die Baumwipfel und enthüllt seine Hässlichkeit. Auf der Sitzbank liegen die Abbildung eines Aquarells von 1895 und eine alte, kolorierte Postkarte. Der Vergleich ist betrüblich – so bizarr die weithin sichtbare turmbekrönte Dachlandschaft mit den hoch aufragenden Spitzen der Wetterfahnen einst auch war, die Aufstockung der 1950er-Jahre hat ein geköpftes Gebäude hinterlassen.

Bei Ansteuerung der gegenüberliegenden Seeseite wird hinter einer hohen Blautanne und einigen Birken ein architektonisches Juwel sichtbar: Die 1923 im Stil eines italienischen Landhauses erbaute *Villa Schoenberg*, deren kubische Form mit flach geneigtem Walmdach, dorischen Säulen und Freitreppen die Eleganz klassizistischer Bauten widerspiegelt. Durch das Gegenlicht der hochstehenden Sommersonne mit den Schattenmustern einzelner Bäume auf der weiten, parkartigen Rasenfläche wird die Wirkung des harmonischen Zusammenspiels von Garten und maßvoll dimensioniertem Gebäude noch gesteigert.

Auf der Ablage über dem Steuerrad liegt aufgeklappt ein großformatiger, über 300 Seiten starker, reich illustrierter Band mit dem Titel *Gartendenkmale in Berlin – Privatgärten* aus dem Jahr 2009, in dem die 146 unter Denkmalschutz gestellten Privatgärten der Stadt ausführlich dokumentiert sind, die meisten in den Ortsteilen Zehlendorf, Dahlem, Grunewald und Wannsee. Allein hier sind es 24 Gärten, davon neun am Kleinen Wannsee. Auf eine dieser Oasen fährt die SEEHASE so langsam zu, dass gefahrlos zumindest der erste, fachlich formulierte Absatz gelesen werden kann: »Auf dem langgezogenen Grundstück wurde die Villa weit nach hinten an den Abhang des Kleinen Wannsees gerückt. Somit entstand ein tiefer Vordergarten, in dem eine repräsentative Vorfahrt angelegt wurde. Der zunächst in gerader Linie auf die Mittelachse des Hauses zielende Zugang wird beiderseits von gewaltigen Eiben in Bienenkorbform, die sich mit Beeten mit Hochstammrosen abwechseln, symmetrisch geformt. Die streng axiale Gestaltung lässt an italienische Vorbilder der Barockzeit denken.« Auf den Fotos ist das vom Boot aus Verborgene zu sehen: Balustraden, Brunnen, Sandsteinfiguren und eine kleine Steinbrücke mit schmiedeeisernem Geländer, die über einen Graben zum Bootshaus führt.

Das eigentliche Ziel ist nicht der schmale Badesteg der *Villa Schoenberg*, sondern die Ansammlung einiger, zwischen Pfählen vertäuter Boote. Im Schatten alter Erlen liegt dort, fast mit Landberührung, das ein Jahr ältere Schwesternschiff der SEEHASE, dessen Eigner es DULCINEA getauft hat, auf den Namen der imaginären Herzensdame Don Quijotes. Mit wenigen Metern Abstand macht die SEEHASE, obwohl das an einem Privatsteg nicht zulässig ist, an zwei freien Pfählen fest. Aber der Ort und das Objekt der Betrachtung erfordern Regungslosigkeit und Ruhe.

Auf der früher einmal großen, freien Seeuferwiese stehen seit 1987 fünf moderne, anderthalbgeschossige Wohnhäuser unterhalb einer alten Villa, die nur von der oben verlaufenden Bismarckstraße zu sehen ist. Spaziergänger bleiben dort häufiger vor der Nummer 34 stehen, nicht, um den in Jugendstilformen gestalteten hübschen Eingang zu bewundern, sondern weil sie wissen, dies war das Haus des berühmten Bühnen- und Filmschauspielers Heinrich George, Vater von Götz George, der hier mit seinem älteren Bruder Jan die ersten Kindheitsjahre verbrachte.

Das 1913 gebaute Haus an der Bismarckstraße kaufte Heinrich George von der Dollar-Gage, die ihm ein dreimonatiges Hollywood-Engagement bei *Metro-Goldwyn-Mayer* eingebracht hatte. Im Sommer 1931 zog er mit der Schauspielerin Berta Drews und dem neugeborenen Sohn Jan-Albert am Kleinen Wannsee ein. In ihrer 1986 erschienenen Autobiografie mit dem Titel *Wohin des Wegs* beschreibt Berta Drews die aufwändig umgebaute Villa mit spürbarem Stolz: »Über eine Steintreppe erreicht man aus dem Vorgarten die weite Diele, die mit Fliesen belegt den Blick auf das hohe Treppenhaus freigibt. Gemälde und Radierungen, dicke Teppiche und alte Leuchter vermitteln eine anheimelnde Behaglichkeit. Zwei Türen führen von hier in die Halle, die Wohnraum, Eßzimmer und Bar durch eine gewachsene Unregelmäßigkeit des Mauerwerks auf das glücklichste vereinigt. Mittelalterliche Skulpturen aus Stein, riesige Kirchenlampen, die nur schwer zu finden waren, ein langer Refektoriumstisch, der vor der Längsseite mit der hohen Bücherwand seinen Platz findet und bedeckt ist mit kostbaren Mappen und Erinnerungsstücken. Der Wintergarten mit hohen Fenstern zum Garten, der Halle vorgebaut, ist intimen Mahlzeiten in kleinem Kreis vorbehalten. Unter hängenden, exotischen Pflanzen mit dem massiven Rundtisch aus dem 15. Jahrhundert wird dies einer der behaglichsten Plätze im Haus. Der Blick fällt auf den zum Ufer abfallenden Rasen mit seinem alten Baumbestand und dem üppigen Obstbaumstreifen zur Rechten. Dieser reicht bis zu einem hölzernen Pavillon. Daneben ein kleiner Zierteich. Dann Birken und tiefhängende Weiden, die das Ufer säumen.«

Die George-Villa wurde schnell zu einem der angesagten gesellschaftlichen Treffpunkte Berlins. Der Ruhm des Hausherrn, der auch noch den Ruf eines großzügigen Gastgebers besaß, wirkte anziehend und die Liste der prominenten Besucher in der Bismarckstraße ist lang. Sie umfasst alle bedeutenden Akteure der damaligen Theater- und Filmszene der Reichshauptstadt: von Hans Albers, Asta Nielsen, Fritz Lang bis zu Erwin Piscator, Heinz Hilpert oder Emil Jannings. Zu den Schauspielern kamen die Schriftsteller, Drehbuchautoren und Maler wie Max Beckmann und Otto Dix.

1933, im Jahr von Hitlers Machtübernahme, heirateten Heinrich George und Berta Drews und drehten gemeinsam zwei Filme: *Schleppzug M17* und *Hitlerjunge Quex*, einer der ersten Propagandafilme des Regimes, in dem bereits heroisch »für die Kameraden, für die heißgeliebte Fahne und den Führer gestorben« wurde. Vier Jahre später übernahm George zusätzlich zur Filmarbeit die Intendanz des Schillertheaters und beschäftigte, trotz des politischen Risikos, einige »unerwünschte Künstler«. Im Juli 1938 wurde der zweite Sohn Götz geboren, aus dem einmal einer der bekanntesten deutschen Film- und Fernsehschauspieler werden sollte. Auch in jenem Jahr war die Kunst- und Theaterwelt Berlins zu Gast bei dem nicht nur körperlich mächtigen Heinrich George, der es liebte, in der eigenen Bar zu empfangen und den Gästen die Flaschenschiffe und exotischen Kuriositäten zu zeigen, die sein Vater während der Seefahrerzeit bei der Handelsmarine gesammelt hatte. Sogar während des Krieges wurde das offene Haus, trotz aller Einschränkungen, weitergeführt. Man fühlte sich sicher am See, die Geschwader der Alliierten luden ihre Bomben eher über dem Berliner Stadtzentrum und den Industriegebieten ab. Über das Kriegsende schreibt Berta Drews in Tagebuchform. Unter dem 27. April 1945 – fünf Tage vor der Kapitulation – heißt es: »Die Russen haben Berlin erreicht. In Wannsee sprengt man die Brücken. Die Bewohner der Ufer werden aufgefordert, ihre Boote zur Werft zu bringen, damit sie verbrannt werden. George weiß, was das bedeutet: Man will die ›Insel‹ Wannsee verteidigen. Dann wird unser Ufer Kampflinie! Gegenüber liegt der große Besitz Werner von Siemens'. George bittet um einen Raum für uns und versteckt unser Boot, um die Familie rüberfahren zu können.

28. April 1945 – Proviant und Nachtzeug ist gepackt; wir können das Haus verlassen. ›Rasch ins Boot‹! Wir stoßen ab. Nach etwa zehn Schlägen sehe ich Gestalten auf unserer großen Wiese, die schräg zum Wasser geht. Russen! Sie schmeißen sich hin und beginnen zu schießen. – ›Ganz ruhig bleiben!‹ – Jan steht am Ufer und erwartet uns. Ich rufe ihm zu, er soll sich hinlegen. Er zieht uns durch das Schilf an Land. Ein großer Raum steht uns zur Verfügung. Wir sitzen auf Betten und horchen auf die Geräusche von draußen. – Verstärkter Beschuß.«

Die Familie blieb nur eine Nacht in der Siemens-Villa, landeinwärts gab es mehr Schutz vor den Geschossen der Stalinorgeln. Vier Tage später dann das Ende: »Der Ring um uns wird immer enger. George beobachtet unser Ufer. Die Behelfsbrücken der Russen sind fertig. Die Insel ist genommen. Der Krieg ist aus! Frühmorgens fahren wir übers Wasser zurück in unser geplündertes, verwüstetes Haus.«

Nach den Russen kamen Ende Juli 1945 die Amerikaner. Sie beschlagnahmten die Villa, die innerhalb weniger Stunden geräumt werden musste und überließen Berta Drews mit ihren beiden Söhnen nur einige Kellerräume. Heinrich George war zu diesem Zeitpunkt bereits seit mehreren Wochen Gefangener des sowjetischen Geheimdienstes NKWD im Lager Hohenschönhausen. Er starb ein Jahr später, herz- und lungenkrank und durch schlechte Ernährung völlig entkräftet, im Alter von nur 52 Jahren im September 1946 an den Folgen einer Blinddarmentzündung im russischen Speziallager Nr. 7 in Sachsenhausen.

Die Amerikaner gaben das durch die Besetzung schwer mitgenommene Haus 1948 frei. Sechseinhalb Jahrzehnte später erinnert sich Jan George, der nach einem bewegten Berufsleben als Regieassistent, Schauspieler und

Fotograf heute als über 80-Jähriger mit seiner Frau unweit des Wittenbergplatzes lebt: »Die Heizung war kaputt. Wir hatten nicht das Geld, das zu reparieren und haben Bolleröfen in die Zimmer reingestellt und dann war es eiskalt mit gefrorenem Fußboden im Bad. Es war sehr ungemütlich, aber im Sommer wunderschön. Nur die Winter waren heftig. 1956 haben wir das Haus dann endlich an einen Holzhändler aus Hannover verkauft. Es war sehr schwer, dafür einen Kunden zu kriegen. Das Wirtschaftswunder lief in Westdeutschland und nicht in Berlin. Später hat das ein Architekt übernommen, der hat leider dieses ganze schöne Grundstück verschandelt und hat das vollgebaut.«

Im September 2012 wurde Jan George noch einmal an die Vergangenheit erinnert. Für ARD und ARTE entstand ein Doku-Drama über Karriere und Tragik des »Jahrhundertschauspielers« unter dem Titel *George*, das in einigen Szenen am Originalschauplatz in der Villa am Kleinen Wannsee gedreht werden sollte. Um authentisch zu sein, wurde Jan George von der Filmproduktionsfirma gebeten, die bei ihm noch vorhandenen geerbten Möbel seiner Eltern für die Dreharbeiten zur Verfügung stellen: »Meine ganze Einrichtung. Die alte George-Einrichtung haben wir da hingeschafft. Ich war ausgeräumt. Ich war für eine Woche ohne Möbel. Wir haben das so einigermaßen wieder hingekriegt. Wir haben die Bilder machen lassen so gut es ging. Wenigstens die prominenten Bilder, damit die von Dix und Beckmann da hängen konnten. Und wir haben es so aussehenlassen wie es früher war.«

Dargestellt wurde Heinrich George von seinem 74-jährigen Sohn Götz. Nach Ausstrahlung des Films im Juli 2013 war das Echo zwiespältig. Kritiken befanden, dass »der Erweckungsversuch des Schauspielergenies Heinrich George« gescheitert sei, wenn auch grandios. Und DIE ZEIT urteilte über Götz George: »Er macht dem Vater das Geschenk eines großen posthumen Freispruchs, er spielt ihn als unschuldigen Künstler, der von den Zeitläuften überrollt wurde.«

Zurück auf den See und in die Gegenwart. Motor an – Leinen los, ein letzter Blick auf Schrägdächer und weiße Fassaden der bungalowartigen Häuser mit der kleinen Steganlage. Die SEEHASE fährt wieder zum gegenüberliegenden Ufer auf die Siemens-Villa zu. Dabei ist auf Ruderboote ohne Steuermann zu achten, die mit beträchtlicher Geschwindigkeit kaum hörbar heranschießen und selbst nicht ausweichen können. Wegen der weitgehend windgeschützten

Lage und des geringen Wellengangs ist der Kleine Wannsee ein ideales Revier für die drei am Südufer angesiedelten Ruderclubs, deren Boote sich bei gutem Wetter zu Dutzenden auf dem Wasser tummeln, häufig von Trainern in schnellen, kleinen Motorbooten begleitet, die den Sportlern an Skulls und Riemen lautstark Anweisungen zurufen.

Hermann Ende, Heinz Rühmann und der Eiserne Gustav

Bei Querung des Fahrwassers die Frage: Wie mag die Uferlinie vor 70 Jahren ausgesehen haben, als es noch die Häuser mit verspielten Türmen, Erkern und Loggien gab und die Siemens-Villa als Wahrzeichen der Wannseeinsel alles überragte?

Direkt voraus, links neben der Siemens-Villa, gibt eine breite Schneise zwischen einer Gruppe von Birken und Kiefern die Sicht auf eine Untat der 1950er-Jahre frei, als eine der schönsten Villen am Kleinen Wannsee von Baggern abgeräumt wurde. Heute sieht man auf dem 6000 Quadratmeter großen Grundstück Kleiner Wannsee 6 zwei Flachdachhäuser, die von 1990 bis 2004 vom NOK für den Betrieb des *Deutschen Olympischen Instituts* und den *Weltrat für Sportwissenschaften* genutzt wurden, bevor die Stadt Berlin als Eigentümer die Immobilien an private Interessenten verkaufte. Auf diesem Seegrundstück errichtete im Jahr 1870 der Architekt Hermann Ende für sich und seine Familie eine Villa im Stil der italienischen Renaissance. Weil er bei steigender, schließlich auf elf angewachsener Kinderzahl immer wieder anbaute, entstand ein eigenwilliger Gebäudekomplex, der mit geschwungenen Stufengiebeln, Aufsätzen und Rundbögen nach Eröffnung der Rundfahrtroute für die Dampfer-Passagiere, zusammen mit der nachbarlichen Siemens-Villa, zu einer der Sehenswürdigkeiten gehörte. So ungewöhnlich wie das Haus war auch der Bauherr Hermann Ende. Professor an der *Berliner Bauakademie*, Präsident der *Akademie der Künste* und Architekt mit einer bemerkenswerten Liste von Erfolgen: Villen in Tiergarten, in Neubabelsberg und auf der Wannseeinsel, das Grand Hotel de Rome, wichtige Bauten im Berliner Zoo, Banken und Museen. Krönung seiner Arbeit waren Aufträge im Fernen Osten. Für die japanische Regierung baute er in Tokio den Justizpalast und den Gerichtshof.

Obwohl das Privathaus am Kleinen Wannsee zwei Weltkriege weitgehend heil überstanden hatte, wurde es dem Erdboden gleichgemacht. Abgesehen von ein paar Schwarz-Weiß-Fotos lebt die Erinnerung nur noch im Bericht des Zeitzeugen Georg Brasch weiter, der die Villa 1925 in seinem Aufsatz *Entstehung der Villenkolonie Wannsee* beschrieben hat, in dem die versunkene Welt großbürgerlicher Wohnkultur und Lebensart noch einmal lebendig wird:

»Der Eingang wie zu einem Märchenschloß über den efeuumsponnenen kleinen Gartenhof mit Säulen und Springbrunnen, Freitreppe und Terrasse. Und innen jeder Raum eine Überraschung, sei es durch einen Ausblick auf den See, einen lauschigen Erker, Vitrinen mit den schönsten venezianischen Gläsern oder ein besonders wirkungsvoll aufgestelltes Kunstwerk der Antike oder Renaissance. Dann die Stufen hinab in den prächtigen Festsaal, der bequem Platz für 100 Personen bot und geheimnisvolle Stufen hinauf zu der in ernster Abgeschlossenheit liegenden Bibliothek mit ihrem durch Kirchenfenster gedämpften Licht. Schließlich durch den geräumigen Wintergarten hindurch auf die große Gartenterrasse und herunter nach dem Ufer des Kleinen Wannsees. Und in jedem dieser Räume flutete ein geselliges Leben, das jedem, der daran teilnehmen durfte, unvergeßlich bleiben wird. Vom Familienfest im kleinen Kreis bis zum großen Empfang, bei dem die erlesenste Gesellschaft und die ganze Künstler- und Gelehrtenwelt der Hauptstadt sich traf – über allem lag der Zauber einer von der Persönlichkeit des Hausherrn ausströmenden feinen und freien geselligen Kultur.«

Die SEEHASE Läuft jetzt langsam, dem nach Südwesten weisenden Bogen des Sees folgend und dicht am Ufer, an einem weiteren Beispiel für den Umgang mit gebauten Zeitzeugnissen vorbei. Auch auf diesem Grundstück stand eine ansehnliche, gegen Ende des 19. Jahrhundert in den zu jener Zeit modischen Formen der Neorenaissance erbaute Villa mit Remisen und Gewächshäusern, die in den 70er-Jahren des 20. Jahrhunderts abgebrochen wurde, damit eine gewinnbringende, von der *Neuen Heimat* vermarktete Terrassenanlage entstehen konnte.

Doch Nostalgie-Lamento ist wenig hilfreich. Die Nutzung der »alten Kästen« war und ist schwierig, wer hat schon eine größere Kinderschar, wer kann und will sich Hauspersonal von der Köchin bis zum Chauffeur leisten?

Die Sehnsucht nach schönem, prestigeträchtigem Wohnen gab es schon vor der Wiedervereinigung, als die Wannseeinsel noch an der Außengrenze der politischen Insel Berlin lag. Auch damals war der Spekulationsdruck erheblich. Neureiche drängten ans Wasser. Immer wieder kam es zu widerrechtlichen Aktionen. So am Südufer, als im Jahr 1985 auf den zusammengelegten Grundstücken eines Berliner Möbelhändlers zwei alte Villen, die auf einer Liste des Landeskonservators zur Überprüfung auf Erhaltungswürdigkeit standen, ohne Genehmigung abgerissen wurden. Das war kein Einzelfall und offenbarte einmal mehr die Ohnmacht der Behörden, die selbst mit der Androhung von Bußgeldern bis zu 100 000 DM zur illegalen Tat entschlossene »Investoren« nicht abschrecken konnten.

Erfreulicherweise verdeckt der üppige Baumbestand in den Ufergärten die eine oder andere Verfehlung. Selbst bei geringer Fahrt muss man genau hinschauen, um in den Lücken Ausmaß und Form der Bebauung zu erkennen, zumal hübsche Bootshäuser und das Treiben auf dem Wasser ablenken. So läuft die SEEHASE in wenigen Augenblicken an der nur kurz sichtbaren *Villa Oppenheim*, einem zweigeschossigen Gebäude mit dunklen Fensterläden, vorbei, das durch neuzeitliche Anbauten etwas entstellt ist. So wie viele der großen Häuser auf der Wannseeinsel hat auch dieses eine zeittypische Geschichte. 1914 für einen wohlhabenden jüdischen Kaufmann errichtet, der zu Beginn der 1930er-Jahre in die Schweiz emigrieren musste, wurde das Haus während des Krieges von der Gestapo beschlagnahmt und nach einem Restitutionsverfahren 1951 an den *Verband Berliner Ballspielvereine* verkauft. Heute ist die Villa am See Landesleistungszentrum des *Berliner Fußball-Verbandes.*

Das eigentliche Ziel ist jedoch das Nachbargrundstück, die vierte und letzte Station auf dieser Etappe. Noch einmal soll die Spur eines prominenten Schauspielers aufgenommen werden, der hier, Am Kleinen Wannsee 15, gelebt hat.

Hier wirft die SEEHASE auf anderthalb Meter Wassertiefe Anker und dreht mit dem Bug in den leichten Südwestwind, sodass freie Sicht auf das mit Steinen befestigte Ufer entsteht. An Pfählen liegt mit dem Heck zum Fahrwasser ein mittelgroßes Motorboot mit kleiner Radaranlage und ausgewehter weißer Flagge. Dahinter, auf der leicht welligen Wiese, moderne Kunst aus Stahl, vier Quadrate an einer Stange.

Im Hintergrund, von hohen Laubbäumen flankiert, ein dreigeschossiges, mit gelben Klinkersteinen verblendetes, großes Wohnhaus mit Doppelgiebel und dunklem Schieferdach, das Ende der 1980er-, Anfang der 1990er-Jahre von dem bekannten Berliner Architekten und Mies-van-der-Rohe-Preisträger Jürgen Sawade für einen Bauunternehmer und Immobilienspekulanten erbaut wurde, der damals zu den reichsten und mächtigsten Männern der Stadt zählte. Nur ein Blick von der Straßenseite durch Stäbe eines hohen Eisenzauns vermittelt einen Eindruck vom baulichen Aufwand. Vor dem Gewächshaus zwei kleinere, symmetrisch angeordnete spitzgiebelige Glashäuser, über die mit einem Autoaufzug eine unterirdische, fast 1000 Quadratmeter große Garage erschlossen wird, in der sich jahrelang eine Ferrari-Sammlung befand. Im Jahr 2012 wurde das Haus verkauft. An den metallenen Torpfosten die Initialen KJR – bei derartigen Anwesen gibt es keine Namensschilder.

Das Gebäude steht genau an der Stelle, an dem sich bis Ende April 1945 das Haus des »Lieblings der deutschen Kinogeschichte«, des »großen Leinwandstars und bekanntesten deutschen Schauspielers« befand: Heinz Rühmann. Der konnte sich damals den Besitz am See von den reichlich fließenden Filmgagen leisten und heiratete im Juli 1939 auf dem Standesamt Wannsee in zweiter Ehe die Wiener Schauspielerin Hertha Feiler.

In seiner Autobiografie *Das war's* beschreibt Rühmann den Anfang und zugleich das Ende des Wohnens am Kleinen Wannsee: »Wir zogen in das Haus am Wannsee, das ich ein Jahr zuvor gekauft hatte. Ein Holzbau im skandinavischen Stil, mit großem Garten bis ans Wasser, den Hertha hegte und pflegte, bis wir im Krieg in den Blumenbeeten Kohl anpflanzten. Es war ein schöner Besitz mit wunderbarem, altem Baumbestand. Im Kampf um Berlin ist das Haus durch Stalinorgelbeschuß bis auf die Grundmauern niedergebrannt.« Zwanzig Seiten später kommt Rühmann noch einmal auf das Kriegsende zurück: »Über unser privates Schicksal beim Endkampf um Berlin spreche ich nicht gern. Vielen, sehr vielen ist Schlimmeres widerfahren. Als ich mir meine Notizen über diese Apriltage 1945 jetzt wieder durchsah, fand ich, daß neben dem Bitteren auch viel Humor in einigen Nebensächlichkeiten steckt. Die Situation hatte etwas von Shakespearschen Stücken, in denen die Komik erst zur Geltung kommt, weil sie vor tragischem Hintergrund steht. So ist es heute für mich nur noch komisch, daß zehn deutsche Soldaten auf unser Grundstück kamen und der Leutnant ernsthaft sagte: ›Wir sind die HKL, die Hauptkampflinie.‹ Vor ein paar Jahren hatte sie von Narvik bis Athen gereicht, 3000 Kilometer Luftlinie. Jetzt war unser Garten, keine 300 Meter breit, die HKL. Einer der Soldaten kam ganz enttäuscht aus unserem Vorratskeller, fragte: ›Haben Sie denn nichts Saures beim Eingemachten?‹ Wir hatten nicht. Solche Nebensächlichkeiten bleiben haften, genau wie die Erinnerung, daß Hertha, als wir aus dem brennenden Haus rannten, in ihrer Aufregung nur eine Handtasche mitgenommen hatte. Inhalt: drei Kerzen. Das Holzhaus brannte innerhalb weniger Minuten wie eine Fackel. Den Beschuß hatten wir der elfköpfigen HKL zu verdanken, die als erste das Feuer eröffnete. Der Russe erwiderte vom gegenüberliegenden Ufer des Wannsees. Von allen Häusern am Wannsee wurde nur unseres zerstört.«

Zwölf Jahre später kam Heinz Rühmann, inzwischen in München heimisch, wieder an den Kleinen Wannsee. Obwohl auch er während der Nazizeit als populärer Publikumsliebling die »Volkgenossen« mit Schwänken und Lustspielen von der tristen Wirklichkeit des Krieges ablenkte und so der Propaganda des Regimes zu Diensten war, hatte er weit mehr Glück als Heinrich George. Die Entnazifizierung klappte so reibungslos, dass Rühmann schon nach kurzem Auftrittsverbot wieder auf die Bühne und vor die Kamera durfte. Als er 1957 die Wannseeinsel betrat, war er bereits wieder der umschwärmte Star, der nach dem Krieg 17 Filme gedreht hatte, zuletzt *Charleys Tante* und den großen Publikumsrenner *Der Hauptmann von Köpenick*.

Rühmann wollte sich aber nicht die traurigen Reste auf seinem ehemaligen Grundstück am See ansehen, sondern die Hauptrolle in dem Berolina-Film *Der Eiserne Gustav* spielen, also jenen legendären Droschkenkutscher verkörpern, der ohne Zweifel die weithin bekannteste und originellste Figur des Ortes Wannsee ist.

Die wahre Geschichte dieses Mannes ist mit einigen Sätzen erzählt: Weil der in Stolpe wohnende Gustav Hartmann in den Jahren nach dem Ersten Weltkrieg mit seiner Droschke zu jeder Jahreszeit und bei jedem Wetter täglich bis zur Ankunft des letzten Zuges aus Berlin bis weit nach Mitternacht vor dem Bahnhof Wannsee ausharrte, erhielt er von seinen Kollegen den anerkennenden Beinamen »Eiserner Gustav«. Im November 1927 tauchte an Hartmanns Standplatz hoch zu Ross eine Französin auf, die nach dem Weg zum Brandenburger Tor fragte und dabei erzählte, sie sei allein von Paris bis an den Wannsee geritten. Der damals 68-jährige Hartmann war schwer beeindruckt und beschloss: »Was eine Frau schafft, das kann ich auch.« Der Droschkenkutscher plante die 1000-Kilometer-Fahrt von Berlin nach Paris mit einigem Geschick. Als er beim Ullstein-Verlag pfiffig um Unterstützung bei Beschaffung der notwendigen Papiere bat, erkannten die zustän-

Hochdekoriert – der Eiserne Gustav und Grasmus

digen Herren die publizistischen Möglichkeiten einer solchen Reise. Zehn Jahre nach Kriegsende würde der »verrückte Droschkenkutscher aus Wannsee« an den Schlachtfeldern und Gefallenendenkmälern vorbeifahren, sodass man die Unternehmung als Friedensbotschaft vermarkten könnte. Unter der Bedingung, einen Berichterstatter mitzunehmen, erhielt Hartmann Hilfe bei der Beschaffung der Dokumente und eine Förderung von 1 000 Reichsmark.

Am 2. April 1928 spannte der »Eiserne Gustav« seinen Fuchswallach Grasmus zum Start der großen Fahrt vor die offene Victoria-Kutsche, im Fond den 27-jährigen Reporter Hans Hermann Theobald, der unterwegs seine Beiträge für die *Berliner Morgenpost* und *B. Z. am Mittag* telegrafisch übermitteln sollte. Zwei Monate später, am 4. Juni 1928 und, wie geplant, am Tag seines 69. Geburtstages, erreichte Gustav Hartmann Paris. Hatte die Fahrt durch Dörfer und Kleinstädte schon Aufsehen erregt, die Ankunft in der Hauptstadt wurde zum wahren Triumphzug. An der Spitze einer Kolonne französischer Pferdedroschken und eskortiert von berittener Polizei, kutschierte er durch Menschenmassen, die den alten, rauschebärtigen Mann mit blumengeschmücktem Zylinder begeistert empfingen. Auch in den Tagen danach wurde Gustav Hartmann gefeiert: Die Pariser Kollegen ernannten ihn zum Ehrendroschkenkutscher, er wurde in die Oper und zu einem Rundflug über der Seine-Metropole eingeladen, der deutsche Botschafter gab ihm zu Ehren ein Galafrühstück. Und bei der Rückkehr nach Berlin, am 12. September 1928, durfte der inzwischen von der rührigen Presse zum Helden und Botschafter des Friedens gemachte »Eiserne Gustav«, von einer riesigen Menge umjubelt, mit dem tüchtigen Grasmus im Geschirr durch das Brandenburger Tor rollen.

Nach diesem Abenteuer bestieg Gustav Hartmann nie wieder einen Kutschbock. Während der Sommersaison wanderte er jeden Tag zu Fuß von Stolpe an den Anleger der Dampferflotte unterhalb des Bahnhofs Wannsee, um dort Ansichtspostkarten zu verkaufen. Motiv: der »Eiserne Gustav« auf dem Kutschbock der mit Fähnchen geschmückten Droschke Nummer 120. Für die Ausflügler wurde der weißbärtige Alte mit dem grauen Zylinder und den zahllosen Plaketten und Medaillen am Kutscherrock schnell zu einer Attraktion, konnten sie doch eine lebende Legende bestaunen, einen eigenartigen Mann, der bereitwillig von seiner großen Reise erzählte.

Einen Tag vor dem Heiligen Abend 1938 starb Gustav Hartmann im Alter von 79 Jahren. Er hatte gerade noch das Erscheinen des Buches erlebt, das seinen Ruhm dauerhaft begründen sollte: *Der Eiserne Gustav* von Hans Fallada. Der nannte seinen »Eisernen Gustav« Hackendahl und wies zu Beginn seines Werkes ausdrücklich drauf hin: »Alle Gestalten dieses Buches, einschließlich des eisernen Gustav, sind Geschöpfe der freien Phantasie. Nirgend soll auf reale Personen auch nur angespielt werden. Der Verfasser hat lediglich Geschehnisse, wie sie in jeder Tageszeitung aufgezeichnet stehen, als Grundstoff benutzt.«

Trotzdem gerät die Enkelin Gustav Hartmanns, die 89-jährige Ursula Buchwitz-Wiebach, die heute in dem mit einer Gedenkplakette bezeichneten Haus ihres Großvaters in der Wannseer Alsenstraße lebt, auch sieben Jahrzehnte später noch in leichte Rage: »Im Fallada-Roman war er ja eigentlich ein Tyrann, ein unsympathischer Mensch, und die Familie da, die der Fallada gedichtet hat, das war ja ne schlimme Familie. Der eine Sohn, der hat geklaut, der andere hat ne Bucklige geheiratet, und der eine ist gefallen und einer war Nazi, die Tochter ging auf den Strich und der Schwiegersohn war Zuhälter. Es war eine schreckliche Familie und die meisten Leute, die denken immer, das ist die Familie vom Eisernen Gustav Hartmann aus Wannsee. Aber das stimmt nicht, wir waren eine ganz solide Familie.«

Doch die Fallada-Version, in der es vor allem um den Überlebenskampf kleiner Leute, um gesellschaftliche Verwerfungen und Ohnmacht des Einzelnen geht, sollte sich durchsetzen. Der Roman wurde in mehrere Sprachen übersetzt und zur Vorlage für Filmdrehbücher. 1978 strahlte das Deutsche Fernsehen eine siebenteilige Serie aus, bei der Wolfgang Staudte Regie führte und Gustav Knuth den »Eisernen Gustav« spielte.

Die am 5. Dezember 1958 im Berliner Marmorhaus uraufgeführte Verfilmung mit Heinz Rühmann beurteilt die Enkelin milder: »Da war ja der

Eiserne Gustav noch als lieber, netter Mensch dargestellt.« Aber auch da stimmte so gut wie nichts, weder das Jahr noch das Motiv der Fahrt. Gustav Hartmann ist nicht von Berlin nach Paris kutschiert, um gegen die erdrückende Konkurrenz der Benzintaxis zu demonstrieren und auch nicht, um die deutsch-französische Aussöhnung voranzubringen. Den vielzierten Satz: »Wat Stresemann nich jeschafft hat, det werde ick machen«, hat er wohl so nie gesagt. Ursula Buchwitz-Wiebach, die ihren Großvater als damals 15-Jährige in Erinnerung hat, bringt es auf den Punkt: »Er hat vor dem Ruhestand einfach noch mal was Dolles erleben wollen.«

Heinz Rühmann schreibt, der Linie des Drehbuchs folgend, in seiner Autobiografie: »Eine schöne Rolle für mich, mit viel ›Sauerkraut‹ im Gesicht, aber eben doch mehr ein epischer Stoff, da des Eisernen Gustavs Reise nichts weiter als der rührende Versuch war, mit Sentimentalität gegen den Fortschritt zu protestieren.«

In der Straße Am Kleinen Wannsee wurden in einem inzwischen abgerissenen Eckhaus mit Stallungen nahe der Siemens-Villa einige Szenen des Films gedreht, bei denen Rühmann mit Maske dem »Eisernen Gustav« so täuschend ähnlich sah, dass die Enkelin bei ihrer Begegnung »am liebsten Opa zu ihm gesagt hätte«.

Beiden – dem Schauspieler und dem Kutscher – sind in Berlin Denkmäler gesetzt worden, dem einen aus Bronze, dem anderen aus Gusseisen. Heinz Rühmann steht mit 1,67 Meter in Original-Lebensgröße vor dem Film-Museum in der Potsdamer Straße und wenige Hundert Meter entfernt, auf der Mittelpromenade, jenseits der Landwehrkanalbrücke, die Figur von Gustav Hartmann auf einem Granitfindling. Mit kokardengeschmücktem Zylinder, Kutschermantel, übergroßen Händen und reich mit Orden und Plaketten dekorierter Brust blickt der nun tatsächlich »Eiserne« Richtung Philharmonie und Sony-Center. Auf dem Sockel ist zu lesen, dass er mit seiner über 2000 Kilometer langen, 165 Tage dauernden »Tour de France« die deutsch-französische Freundschaft belebt und das Zeitalter der Pferdedroschken beendet hat. Vor Aufstellung des Denkmals im Jahr 2001 gab es zähe Verhandlungen. Die Deutsche Bahn lehnte den Standort auf dem Hartmann-Platz vor dem Bahnhof Wannsee ab, Alternativen im Stadtzentrum, vom Brandenburger Tor bis zum Nikolaiviertel, zerschlugen sich. So steht der »Eiserne Gustav« einsam, fremd und verloren im Berliner Verkehrsgewühl und wartet auf die Heimkehr an den Wannsee.

Staatsjacht im Privatbesitz – die *Albin Köbis*

Auf dem Kleinen Wannsee lichtet die SEEHASE den Anker und verlässt die Beobachtungsposition vor dem ehemaligen Rühmann-Grundstück. Sie läuft weiter dem See-Ende entgegen und passiert dabei auf ihrer Steuerbordseite ein auch für Berlin ungewöhnliches Ensemble, bei dem nicht die drei zwischen 1905 und 1917 gebauten Villen das Herausragende sind, sondern ihre Gärten. Die heutigen Eigentümer der benachbarten Villen Baudouin, Ulrich und von Diest haben mit Unterstützung der Berliner Gartendenkmalpflege für eine Restaurierung ihrer Grünanlagen gesorgt und damit ein Stück Gartenkunst beispielhaft bewahrt.

Zu verdanken ist diese Wiedergewinnung von Naturschönheit auch dem damaligen Gartenbaudirektor Klaus-Henning von Krosigk, der bis zu seiner Pensionierung im Jahr 2011 gleichzeitig Leiter der Baudenkmalpflege des *Landesdenkmalamtes Berlin* war. Er gilt als Begründer der Gartendenkmalpflege in der Bundesrepublik, ein Pionier, der es schon 1978 geschafft hatte, in Berlin als einzigem Bundesland ein amtliches Ressort für eine aktive Gartenpflege einzurichten. Rückblickend sagt von Krosigk: »Wir haben damals mit Erstaunen festgestellt, dass es in Berlin nicht nur um das bauliche Erbe ging, auch nicht nur um das grüne Erbe der Volksparks und Schlossgärten, sondern auch um den privaten Garten und es ist gar keine Frage, dass es gerade im Havelraum ganz im Westen von Berlin hinreißende Ufergärten gibt, die man heute wieder in ihrer alten Schönheit erleben kann.«

Vom Wahrheitsgehalt dieser Behauptung kann sich jedermann bei einer Ausflugsfahrt über den Kleinen Wannsee überzeugen. Wie bei einer Filmkamerafahrt gleitet die SEEHASE an der grünen Uferkulisse entlang. Trauerweiden und Kastanien, lichte Birken im Kontrast mit Schwarzkiefern, Linden, Lärchen und Rhododendronbüschen. Die drei alten Häuser stehen kaum sichtbar im Hintergrund, ihre Bewohner lassen der Natur den Vortritt und verzichten auf völlig ungehinderten Seeblick, den sie dafür von den direkt am Ufer stehenden Bänken aus genießen können.

Im Anschluss an die Villa von Diest wird die Bebauung kleinteiliger, enger. Fast ein Dutzend Häuser unterschiedlichster Bauart stehen am Ende des Sees auf einem Areal, das einmal zusammenhängend über 20000 Quadratmeter umfasste und noch heute *Richters Eck* heißt, benannt nach Cornelie Richter, der jüngsten Tochter Giacomo Meyerbeers, des weltläufigsten und einflussreichsten Komponisten seiner Zeit. Nach dem Tod ihres Mannes, des »Malerfürsten« Gustav Richter, machte die schwerreiche Cornelie Richter das Haus Wehrhorn von 1890 bis zum Ausbruch des Ersten Weltkrieges während der Sommersaison zu einem glanzvollen geistigen Treffpunkt, mit Debatten und Diners, zu dem sich die gesellschaftliche Elite der Reichshauptstadt einfand. Die Gäste bewunderten den von ihr mit Eifer gepflegten großen Garten, ebenso den kleinen, auf einem Schilfvorsprung stehenden griechischen Tempel, der vom ehemaligen Palais Raczynski stammte, das 1883 für den Bau des Reichstagsgebäudes abgerissen worden war. Vor etwa 40 Jahren geriet der Besitz am Wehrhorn in die Hände eines Bauunternehmers, der die Bagger anrücken ließ und ohne Genehmigung alle Wirtschaftsgebäude, Pferdeställe und Gewächshäuser abreißen ließ und das Grundstück gewinnbringend aufteilte.

Am Ufer fällt ein Bootshaus auf, das auch an der Themse bei Richmond stehen könnte, ein ungemein anziehend wirkendes kleines Häuschen mit Ziegeldach, grün-gelbem Fachwerk, Sprossenfenstern, und so hoch auf Pfähle gebaut, dass ein Boot in das darunterliegende Tor einfahren kann. Der eigentliche Blickfang ist aber eine auffallend große, elegante Motorjacht in perfektem Pflegezustand. Schneeweißer Rumpf, Mahagoni-Aufbauten, klassische Linien, hellbraune Persenning. Näherkommend sind der Name ALBIN KÖBIS am Heck und beim langsamen Umfahren die polierten

Chrombuchstaben und Zahlen am Steuerhaus zu lesen: Länge: 21,18 Meter, Breite: 4,22 Meter.

Die ALBIN KÖBIS hat eine besondere Geschichte. Sie wurde als DDR-Staatsjacht im Auftrag von Wilhelm Pieck 1952 auf der VEB-Werft in Berlin-Köpenick unter Verwendung kostbarer Tropenhölzer mit luxuriöser Inneneinrichtung gebaut. Bei dem Staatsbesuch von Fidel Castro im Jahr 1972 soll sie, mit dem »Máximo líder« und Erich Honecker an Bord, eine Brücke gerammt haben. Bis zur Wende gehörte das Boot dem Ministerrat der DDR, danach, der Berliner Wasserschutzpolizei übergeben, wurde es verkauft, ging unter, wurde gehoben und fand schließlich einen Liebhaber, der die Jacht unter Einsatz beträchtlicher Mittel aufwendig restaurieren ließ und ihr den alten, politisch bedeutungsvollen Namen zurückgab: *Albin Köbis* – ein junger Heizer der Kaiserlichen Marine, der 1917 als Rädelsführer einer Meuterei hingerichtet und daher in der DDR als Vorkämpfer der Novemberrevolution von 1918 verehrt wurde.

Im Vergleich mit diesem edlen, von zwei 120-KW-Motoren gut in Fahrt gehaltenen Wasserfahrzeug ist die kleine SEEHASE ein spartanisch ausgestatteter Winzling. Mit »Maschine zurück« gewinnt sie vom früheren Symbol sozialistischer Repräsentationskultur Abstand und wendet im großen Bogen Richtung Pohlesee. Ein letzter Blick zurück über das quirlende Kielwasser auf den langgestreckten See mit seinen schwingenden Uferlinien. Was für eine grüne Pracht zu beiden Seiten, welch ein herrliches Bild: Wasser, Boote, und entfernt das Heck eines Fahrgastschiffes der *Weißen Flotte* aus Potsdam, das auf die Durchfahrt zum Großen Wannsee zuhält, auf eine Brücke, die einmal den Namen eines preußischen Königs trug.

Pohlesee, Stölpchensee und Griebnitzsee

Im Kielwasser der Fahrgastflotten

Nach Umrundung der Steuerbord liegenden Halbinsel Wehrhorn öffnet sich die Aussicht auf den kreisrund wirkenden Pohlesee. Der Kontrast zum Kleinen Wannsee ist überraschend. Statt Betriebsamkeit, Urbanität und abwechslungsreicher Eindrücke ganz plötzlich ländliche Stille. Die Ufer sind flach, im Süden unbebaut, im Nordwesten und Norden stehen zwar Häuser, aber keines fesselt den Blick. In den Bordunterlagen kein Hinweis auf Besonderheiten oder Schauplätze von Bedeutung.

Mit einer Ausnahme. Unmittelbar nach Passieren der Landzunge erscheint zur Rechten ein auffallend großes, herrschaftliches Gebäude im englischen Landhausstil. Roter Klinker, heller Sandstein, Sprossenfenster und ein Mansarddach mit zentralem Giebel über dem halbrunden Säulenvorbau einer Terrasse, deren Freitreppe auf die Rasenfläche zum Ufer führt. Es ist die noch zur *Colonie Alsen* gehörende frühere Villa des Berliner Bankiers Jörger, die dieser sich um 1905 auf dem ausgedehnten Seegrundstück von den damals vielbeschäftigten Villenarchitekten Breslauer & Salinger als Sommersitz mit Kutscherhaus und Pferdeställen erbauen ließ. Carl Jörger soll dort im Mai 1945 von Russen erschossen worden sein, als er sich schützend vor seinen Weinkeller stellte.

1947 gründeten die Amerikaner in den leer stehenden Räumlichkeiten das »camp of wannsee« als Beitrag zur Demokratisierung Deutschlands. Vier Jahre später konnte die Erbengemeinschaft der Bankiersfamilie das Anwesen aus Mitteln des McCloy-Fonds zurückkaufen und machte es in einer großzügigen Versöhnungsgeste zu einer Jugendbildungsstätte. Das ist die Villa auch heute noch, inzwischen unter Denkmalschutz gestellt und in den letzten Jahren umfangreich restauriert. Seit Januar 2013 wird dort unter dem in *Stiftung wannseeFORUM* geänderten Namen weitergearbeitet. Politisch und künstlerisch interessierte Jugendliche, aber auch Erwachsene können sich im Tagungshaus am Pohlesee weiterbilden.

Beim See-Rundblick fällt als Landmarke nur der auf der vierthöchsten Erhebung Berlins, dem 103 Meter hohen Schäferberg, stehende Fernmeldeturm ins Auge. Bis zur Wiedervereinigung wurde der von 1961 bis 1964 erbaute, 212 Meter hohe Richtfunkturm mit einer Gegenstelle im Harz zur Übertragung von Telefongesprächen zwischen West-Berlin und der Bundesrepublik

Auf dem Pohlesee – Kurs Kanaleinfahrt

genutzt. Heute strahlt er digitale und analoge Radio- und Fernsehprogramme der Region aus.

Mit flotter Fahrt hält die SEEHASE auf die schmale, von hohem Laubwald gebildete dämmerige Schneise des kurzen Kanals zu, an dessen Ende schon das hellere Wasser des Stolper oder Stölpchensees aufscheint.

Es ist ein sonniger Sommertag. Am Bug flattert die Gösch, ein kleiner Dreieckswimpel mit dem Berliner Bären im Wind, so wie der weiß-rote Stander der Kreuzerabteilung des *Deutschen Seglerverbandes* an der Steuerbord-Saling des leicht in Richtung Heck gebogenen Holzmastes. An den Bordwänden rauscht kaum hörbar das Wasser entlang und hinterlässt einen schimmernden Dreieckskeil. Nur das eigene Motorgeräusch stört die Stille. Auf dem Rund des Pohlesees ist kein anderes Boot unterwegs. Die dunkelblaue Seefläche wirkt wie leergefegt und auch am Ufer des mit Kiefern bewaldeten Düppeler Forstes ist kein Mensch zu sehen. Unterhalb des anderthalb Kilometer landeinwärts entfernten Fernsehturms eine größere Marina, eine Zusammenballung von Freizeitschiffen, deren weiße Rümpfe und Aufbauten in der Sonne leuchten. Nichts rührt sich an Bord oder auf den Stegen. Vor Einfahrt in den Kanal ist bei verringerter Fahrt Zeit, die Boote zu mustern, die sich die meiste Zeit ungenutzt in den Leinen wiegen.

Der Kanal ist schnell durchfahren. Die schmale Alsenbrücke mit dem gelbschwarzen Pegelbalken zur Wasserstandsanzeige bleibt zurück und der Stölpchensee, kaum größer als der Pohlesee, ist angesteuert. Um aus dem Fahrwasser der Ausflugsschiffe herauszukommen, läuft die SEEHASE ein Stück Richtung Westufer und lässt den Anker fallen.

Der Stölpchensee ist ein etwa 250 mal 500 Meter großes Rechteck in Nord-Südlage. Im Süden die Einfahrt zum Prinz-Friedrich-Leopold-Kanal und an der Schmalseite im Norden liegt Stolpe, die eigentliche Keimzelle der Wannseeinselbesiedelung. Stolpe wurde im Jahr 1299 zum ersten Mal urkundlich als altes wendisches Fischerdorf erwähnt, in dem der Fischfang über Jahrhunderte eine wichtige Rolle spielte. In einem Bericht aus dem Jahr 1887 heißt es, dass der Fang lohnend sei, »namentlich der von Aalen, Hechten, Schleien, Barschen und Plötzen.« Auch 130 Jahre später ist der im Frühjahr als gutes Laichgebiet für Hechte geltende See noch ein ergiebiges Fischgewässer. Heute werden vor allem Karpfen, Brassen, Aale und Rapfen geangelt. Doch dafür interessieren sich die meisten Passagiere der Fahrgastschiffe und Besatzungen von Freizeitbooten nicht. Ihnen ist auch nicht bewusst, dass sie über ein Gewässer mit höchst ungewöhnlichem Sonderstatus fahren. Dieser See befindet sich nämlich im Besitz einer Eigentümergemeinschaft von sieben Privatpersonen und drei im Süden Berlins angrenzenden Landkreisen.

Seit 250 Jahren verteidigen Stolper Familien ihre Eigentumsrechte am Stölpchensee. Im Jahr 1764 hatten ihre Vorfahren, sogenannte Kossäten (landlose Kleinbauern), in Potsdam bei der Königlich Kurmärkischen Kriegs- und Domänenkammer den Antrag gestellt, Höfe und Inventar als Eigentum sowie Äcker und Weiden in Erbpacht, dazu die Fischereirechte auf dem »Stolpersee und in der Griebnitz« übernehmen zu dürfen. Fünf Jahre später entschied Friedrich II.: »Die Stolper Bauern sollen freie Eigentümer sein.« Eine bemerkenswerte Anordnung des Königs, denn die Leibeigenschaft wurde in Preußen erst vier Jahrzehnte später, 1807, durch die Stein-Hardenbergschen Reformen, vollständig beseitigt.

Seit Übertragung der Rechte am See kämpften Generationen von Erben um den Erhalt dieses Privilegs, das immer wieder in Gefahr geriet. In zum Teil jahrelangen Prozessen mussten sich das *Königliche Amts- und Landgericht* in Potsdam und das *Kammergericht Berlin* mit der Frage beschäftigen, ob Fischerei und See zusammengehören und ob Stolper Neubürgern Anteile am See zustünden. Selbst nach dem Zweiten Weltkrieg hat es der Berliner Magistrat nicht geschafft, in die alten Rechte einzugreifen.

Die heutige Eigentümergemeinschaft, zu der durch Anteilskauf auch neue Mitglieder stoßen können, verwaltet ihren im Grundbuch eingetragenen Seebesitz gemeinsam. Sie vergibt im Jahr ein knappes Dutzend Angelscheine an Privatpersonen – Berufsfischerei ist nicht erlaubt, nur die sogenannte »Küchenfischerei«, also das Angeln für den eigenen Kochtopf – und sie erhebt Pacht- oder Nutzungsgebühren für Stege, Rampen und Uferbefestigungen. »Das Eigentum am See bringt durch diese Sondernutzungen eine gewisse Rendite, die jährlich an die Eigentümer ausgeschüttet wird«, sagt Lutz M. Schneider, der seit 1988 bestellte Vertreter und Verwalter der Eigentümergemeinschaft. »Die Verwaltertätigkeit selbst wird geringfügig entschädigt, eher symbolisch in Anbetracht der in den letzten Jahren durch Grundstücksverkäufe an den Ufern anspruchsvoller und umfangreicher gewordenen Arbeit. Aber der Blick über den See entschädigt, weil er durch das Wissen um eine zweieinhalb Jahrhunderte währende Tradition ein gutes Gefühl vermittelt.«

Auf dem Echolot kann die Tiefe abgelesen werden. Mit anderthalb bis zwei Metern ist der See über weite Teile sehr flach, der Grund verschlammt und beim Rundblick erscheint die dunkle, moorige Oberfläche bei Windstille wie ein stehendes Gewässer. Im Jahr 1903 waren die Kanalbauer allerdings fest davon überzeugt, mit den beiden Durchstichen einen »wirksamen Spülstrom« aus dem Großen Wannsee in die »ehedem bereits stark versumpfte Seenkette bis zur Glienicker Lake« zu schaffen. Doch Fließrichtungen folgen keinem Ingenieursplan. Das Wasser kommt auch heute noch aus der Gegenrichtung, dem Teltowkanal, dessen Abflüsse sich bei Kohlhasenbrück verzweigen. Ein Teil geht in den Griebnitzsee, der andere in den Prinz-Friedrich-Leopold-Kanal und dann durch den Stölpchensee bis zum Großen Wannsee. Es kann aber auch mal umgekehrt sein. Wenn die Havel viel und die Spree wenig Wasser führt, dreht sich das Ganze. Da die Zufuhr aber hauptsächlich vom Teltowkanal her erfolgt, ist die Wasserqualität angesichts der Einleitungen der Klärwerke Ruhleben, Waßmannsdorf und Stahnsdorf so mäßig, dass die Gesundheitsbehörden vom Baden abraten. An eine Wiederöffnung des bis zur Zerstörung im Zweiten Weltkrieg in ganz Berlin bekannten Strandbades am Stölpchensee kann also niemand denken. Dieses Freibad lag neben der Kanaleinmündung, während auf der gegenüberliegenden Seite das Hotel-Restaurant *Alsenbrücke* mit eigenem Dampferanleger den Ruf eines gehobenen Ausflugsziels hatte. Im Krieg von Artillerie zerschossen, wurde die Ruine in den 1950er-Jahren abgetragen.

Heute zeigt der Blick auf den Wannseer Ortsteil Stolpe das zeittypische Panorama weitgehend moderner Bebauung, auch wenn bei einigen Häusern, trotz aller Veränderungen, noch das 19. Jahrhundert erkennbar ist. Am Ufer fällt ein dreigeschossiges Objekt aus jüngster Zeit auf, dessen Eigentümer Spanienliebhaber sein könnten. Das einzig markante und unverwechselbare Bauwerk ist die mit hellgelben Ziegeln gemauerte Dorfkirche, die wie eine romanische Basilika unübersehbar auf einer leichten Anhöhe thront und mit dem wuchtigen Zeltdach-Turm, dessen Ecken vier gotische Pyramidentürmchen zieren, das gesamte Bild beherrscht.

Das Dorf Stolpe um 1860

Die Kirche am Stölpchensee ist eigentlich das Werk Friedrich Wilhelms IV., der gesagt haben soll: »Wäre mein Vater nicht König gewesen, wäre ich Architekt geworden.« Die Handschrift Friedrich Wilhelms ist unübersehbar. Obwohl der Schinkel-Schüler Friedrich August Stüler als Erbauer gilt, hat er vor allem die Wünsche und Mittelalter-Sehnsüchte seines Herrn verwirklicht. Dem König kam es auf optische Fernwirkung an, er wollte in der märkischen Landschaft einen baulichen Akzent setzen, der jedoch die Kosten für das 1859 geweihte Gotteshaus derart in die Höhe trieb, dass ihm nichts anderes übrig blieb, als in die eigene Schatulle zu greifen. Mit dieser Geste – und der Spende einer Orgel – wurden die Stolper Bauern besänftigt, die eigentlich anstelle ihrer fast 400 Jahre alten, baufälligen Fachwerkkirche nur bescheidenen Ersatz haben wollten.

Fontane rühmt in seinen *Wanderungen durch die Mark Brandenburg* die »pittoreske Wirkung« der neuen Kirche und stellt fest, dass der Turm »in der Landschaft eine gute Wirkung macht.«

Zu jener Zeit standen zu Füßen der Kirche noch die alten Fischerhütten mit wendischen Pferdeköpfen an den Giebeln, gab es Bauerngärten mit

Stolpe im 21. Jahrhundert

Stockrosen, Malven, Sonnenblumen und Feuerlilien, mächtige Rosskastanien und Linden beschirmten ein kleines Dorf, in dem überall Bienenhäuser aufgestellt waren.

»Ja, für den Maler war das alte Stolpe eine Fundgrube!«, bekennt Philipp Franck, der das Dorf als 30-Jähriger entdeckte. »Die Bauerngärtchen mit ihrem Blumenflor, die grellrot, rosa, gelb oder hellblau angestrichenen Bauernhäuser mit ihren Strohdächern als Hintergrund, schwarzgekleidete Frauen mit weißen Hauben, Kinder in jedem Alter und in allen Arten von Kostümen, Ziegen und Zicklein, Hühner und Enten als Staffage: das gab eine Menge Motive.«

35 Jahre später musste der Maler mit einer gewissen Bitterkeit notieren: »Wohin ist alle diese Herrlichkeit geschwunden? Das alte Dorf Stolpe ist nicht mehr. Eine nach der anderen wurden die Hütten abgerissen. Zum mindestens verloren sie ihre Strohdächer. Dazwischen wurden neue Vorstadthäuser gebaut. Die Leute wurden durch das Anwachsen der Villen wohlhabender. Die Bauern bauten sich hohe Häuser, mit geschmacklosem Stuck verziert. Die neuen Häuser waren viel zu groß, sie drückten auf die

Landschaft und machten den See klein. Die schönsten und größten Bäume wurden gefällt. Ein malerisches Motiv nach dem anderen verschwand. Heute ist das ehemalige Stolpe ein Vorort, wie Berlin viele aufzuweisen hat. Die Idylle von einst ist vorüber.«

Diese Zeilen schrieb Philipp Franck 1925. Was würde er sagen, wenn er heute noch einmal einen Blick auf Stolpe werfen könnte? Der See ist fast rundum besiedelt, einige ältere Gebäude, sonst austauschbare Ein- und Mehrfamilienhäuser mit Giebel- oder Flachdächern. Und am Ostufer droht der Verlust des letzten öffentlichen Zugangs zum See. Hier soll in der Nachfolge des bescheiden dimensionierten, inzwischen teilweise abgebrochenen *Restaurants am Stölpchensee* ein neuer, großer Gastronomiebetrieb mit Hotel entstehen. Der alte Anleger der *Stern und Kreisschiffahrt* könnte so wieder genutzt werden. Aber die Bürger wehren sich, fordern Mitsprache und sammeln Unterschriften. Die Verantwortlichen bei der Bezirksverwaltung in Steglitz-Zehlendorf jedoch machen den Vertretern des *Vereins für Kultur und Geschichte in Wannsee*, die den Widerstand maßgeblich organisiert haben, wenig Hoffnung: »Wenn der Investor nicht gesprächsbereit ist, müssen die Bürger das hinnehmen.«

Nur noch wenige Minuten bis zur vollen Stunde. Die Einfahrt in das mit 600 Metern längste, wegen einer Krümmung schlecht einsehbare Kanalstück ist jeweils nur zur vollen Stunde für 40 Minuten möglich, damit die Strecke für diese Zeit zur Einbahnstraße wird. Deshalb kommt jetzt der Anker aus dem Grund, die SEEHASE fährt langsam bis zum Kanaleingang und wartet auf die letzten entgegenkommenden Boote. Vor dem rotgerahmten Gebotsschild, mit dem die Geschwindigkeit auf fünf Kilometer in der Stunde beschränkt wird, haben sich mehrere Motorboote versammelt, die nun hintereinander in den Griebnitz-Kanal einlaufen.

Das schwarz-grüne, vom Schwell der Bootskavalkade gewellte Wasser des Kanals wirkt geheimnisvoll tief, der dicht am Ufer stehende, dichte Laubwald wie ein Tunnel. An Steuerbord, nach Unterqueren der schmalen Eisenbrücke, ein kurzer Blick auf die einladenden Gästetische der schon seit über 80 Jahren bestehenden *St. Hubertusbaude.* Danach an beiden Ufern wieder Hochwald, aus dem Erd- und Pflanzengerüche wehen und Vogelstimmen zu hören sind.

Bei einer Geschwindigkeitsbegrenzung von fünf Kilometern in der Stunde kann die Uferbefestigung des Kanals in Ruhe begutachtet werden: Schräge

Platten, gemauerte Abschnitte, aufgeschichtete Steine. An zahlreichen Stellen haben die Heckwellen der Schiffe die Kanalwände so ausgewaschen, dass dringender Sanierungsbedarf besteht.

Bereits 1906, im Jahr der Eröffnung des Wasserwegs, kam der Punkt Uferschutz in einer »Festschrift zur Einweihung des Teltowkanals durch Seine Majestät Kaiser und König Wilhelm II.« zur Sprache. Nachdem der Verfasser die guten Aussichten eines regelmäßigen Tages- und Vergnügungsverkehrs ausdrücklich hervorgehoben hat, heißt es: »Vorbedingung hierbei wäre allerdings, dass die innerhalb des Kanals verkehrenden Fahrzeuge nur von kleineren Abmessungen sind und mit keiner zu großen Geschwindigkeit verkehren, damit Beschädigungen der Uferbefestigungen und der Sohle ausgeschlossen bleiben, dass ferner die Fahrzeuge, wie dies auch bei den übrigen Fahrzeugen des Kreises (Teltow) der Fall ist, eine absolut rauchlose Feuerung besitzen, entweder also mit Benzinmotoren oder Ölgasfeuerung ausgestattet werden.«

Es klingt sehr aktuell, was da vor über 100 Jahren angemahnt wurde: Der pflegliche Umgang mit den teuren Wasserbauwerken und Rücksicht auf Anrainer, die offenbar nicht von den Dampfer-Rauchschwaden belästigt werden sollten, also eine frühe Schonung der Umwelt.

Nach einigen Minuten hat die SEEHASE den Kanal durchlaufen und erreicht den Griebnitzsee, der im Kontrast zur gerade erlebten Enge befreiend groß wirkt. Weiter Blick und ein blauer, fast wolkenloser, sich im Wasser spiegelnder Himmel. An beiden Ufern sattgrüner Wald. Direkt in Sicht: Eine rote und eine grüne Tonne, die signalisieren, hier verläuft eine Bundeswasserstraße. Zum Beweis schiebt sich auf Backbord, aus dem Teltowkanal kommend, der dunkle Schatten eines in Richtung Potsdamer Havel fahrenden polnischen Schubverbandes.

Voraus liegt auf der linken Seite das Naturschutzgebiet Bäkewiese, dessen nördlicher Teil vom Teltowkanal begrenzt wird. Diese Fläche ist auf dem Pharus-Stadtplan von 1906 als Kohlhasenbrück ausgewiesen, benannt nach einer Brücke über das Flüsschen Bäke, das man zu jener Zeit gerade zum Kanal ausgebaut hatte. Unter dieser Brücke soll im Jahre 1540 die Beute eines Raubüberfalls vergraben worden sein, eine Ladung Silberbarren, die aus den Mansfelder Bergwerken zur Münzprägung nach Berlin unterwegs war. Das Schicksal des Täters hat Heinrich von Kleist zu einer seiner großen Novellen angeregt. Es ist die Geschichte vom rechtschaffenen Mann, der wegen des Unrechts, das ihm die Obrigkeit antut, zum Rebellen, zum Räuber und

Mörder wird. Kleist machte aus dem historischen Hans Kohlhase, einem Kaufmann für Speck, Heringe und Honig, den Pferdehändler Michael Kohlhaas, vermutlich, weil Pferde edlere Handelsobjekte sind und der Erzengel Michael den Streiter für Gerechtigkeit verkörpert.

Die Truman-Villa: Ort der Entscheidung – Hiroshima und die Teilung der Welt

Am Ruder der SEEHASE ist beim Blick über den Bugkorb auf Höhe der roten Tonne nur das erste Drittel des 300 Meter breiten, insgesamt gut drei Kilometer langen, in L-Form rechtwinklig nach Nordwesten abknickenden Griebnitzsees zu übersehen.

Nach Umrundung einer Landzunge, die den einprägsamen Namen Großes Kuhhorn trägt, kommt die volle Länge des zweiten Seeabschnitts in Sicht. Zu Füßen des ansteigenden, dichten Buchenwaldes wirft die SEEHASE am Nordostufer erneut Anker, um das direkt gegenüber auf einem Hanggrundstück liegende Gebäude genauer beobachten zu können. Auf dem aktuellen Stadtplan steht an dieser Stelle »Truman Villa« und das Foto in einem kleinen Buch mit dem Titel *Teltowkanal* zeigt genau dieses Haus: Zwei symmetrisch angeordnete, sogenannte Schildgiebel, zwischen denen ein kleines, aus der Dachfläche herausragendes Fachwerktürmchen einen optischen Akzent setzt. Das Erdgeschoss besteht aus einer weit vorgebauten Terrassenloggia mit Säulen aus rotem Sandstein, die sich von der hellgelben Putzfassade abheben. Eine breite Freitreppe zum parkartigen Ufergarten vervollständigt das Bild vom noblen Wohnen. Gebaut hat sich die zweigeschossige Villa auf einem 10 000 Quadratmeter großen Grundstück an der Neubabelsberger Kaiserstraße 2 der Berliner Verleger Carl Müller-Grote in den Jahren 1891 bis 1892, finanziert mit den üppig fließenden Erträgen aus der bereits 1659 gegründeten Groteschen Verlagsbuchhandlung, die mit großem Erfolg schöngeistige Literatur auf den Markt brachte und auch Fontanes Raubmord-Novelle *Unterm Birnbaum* druckte.

Im Frühsommer 1945 mussten die Verleger-Erben das Haus Erlenkamp genannte Anwesen innerhalb von vier Stunden »Hals über Kopf mit Sack und Pack verlassen«, um für die Teilnehmer der geplanten Konferenz der Siegermächte Platz zu schaffen.

Die Truman-Villa am Griebnitzsee

Für 17 Tage, vom 15. Juli bis zum 2. August 1945, wurde die *Villa Müller-Grote* als sogenanntes »Little White House« zum Mittelpunkt der US-amerikanischen Administration. Im Gebäude waren Kartenraum und Nachrichtenzentrum mit Verbindungen nach Frankfurt und Washington schon installiert, als der 33. Präsident der Vereinigten Staaten, Harry S. Truman, mit seinem Stab in Gatow landete, um an der Dreimächtekonferenz von Berlin teilzunehmen. Während des Fluges hatte er auf die Städte Kassel und Magdeburg heruntergeblickt: »Aus der Luft gesehen schienen beide Städte völlig zerstört, denn ich konnte nicht ein einziges noch stehendes Haus entdecken«.

Im ersten Band seiner Memoiren mit dem Untertitel »Das Jahr der Entscheidungen« schreibt der Präsident: »Am Vormittag des 16. Juli, also am Tag nach meiner Ankunft in Potsdam, übermittelte mir Kriegsminister Stimson die weltgeschichtliche Nachricht, daß die erste Atombombenexplosion stattgefunden habe. Das geheimste und kühnste Unternehmen des Zweiten Weltkriegs hatte damit seinen erfolgreichen Abschluss gefunden. Wir besaßen jetzt ein Kampfmittel, das nicht nur eine vollständige Umwälzung der Kriegführung, sondern auch der Weltgeschichte und der gesamten menschlichen Zivilisation überhaupt mit sich bringen musste.«

Im Nachrichtenraum der *Villa Müller-Grote* war aus Washington eine verschlüsselte Meldung eingetroffen, deren Wortlaut: »Babies satisfactorily born« – »Geburt der Kinder glücklich verlaufen« angesichts des Ausmaßes der tödlichen Vernichtungskraft der Bombe höchst makaber wirkt.

Am Nachmittag dieses Tages fuhr Truman ins Zentrum Berlins. »Eine derartige Zerstörung habe ich nie wieder gesehen«, erinnert sich der US-Präsident und fährt fort: »Dann fuhren wir am Tiergarten, an der Reichstagsruine, am deutschen Außenministerium, am Sportpalast und Dutzenden von anderen vor dem Kriege weltberühmten Stätten vorbei. Jetzt waren sie nichts als Haufen von Schutt und Stein. … In dieser zweistündigen Fahrt wurde ich Zeuge einer großen Welttragödie, und ich war aus tiefstem Herzen dankbar, daß meinem Lande diese unvorstellbare Zerstörung erspart geblieben war.«

Drei Tage später, die Verhandlungen der »Großen Drei« über die Zukunft Deutschlands und Europas hatten im Schloss Cecilienhof begonnen, gab Präsident Truman im »Kleinen Weißen Haus« ein Staatsbankett, zu dem Churchill, Stalin und der Führungskreis der jeweiligen Delegationen eingeladen waren. Hoch über dem sommerlichen Griebnitzsee sorgte nach dem Festmahl ein Konzertorchester für Stimmung. Vor allem der Soloauftritt des Pianisten in Sergeanten-Uniform, der Chopins *Walzer a-moll opus 42* spielte, begeisterte den Chopin-Liebhaber Stalin derart, dass mehrere *Nocturnes* als Zugaben aus den weit geöffneten Fenstern klangen, während, nur wenige Kilometer entfernt, in Potsdam und Berlin die Menschen in den Ruinen ihrer Städte herumirrten.

Im Juli 1945 sollte die *Villa Müller-Grote* dann zum Schauplatz einer Entscheidung von weltgeschichtlicher Bedeutung werden. In diesem Haus diskutierte der amerikanische Präsident mit Kriegsminister Henry L. Stimson, Außenminister James F. Byrnes, Verteidigungsberater Admiral William D. Leahy und einigen Militärexperten die Frage, ob der Einsatz der neuen Waffe den Krieg mit Japan abkürzen und weitere eigene Verluste vermeiden würde. Es herrschte grundsätzliches Einvernehmen und ein General schlug als wichtiges militärisches Ziel Kyoto vor. Doch Stimson, der die alte Kaiserstadt kannte, erreichte mit dem Hinweis, Kyoto sei der kulturelle und religiöse Mittelpunkt des Landes, eine Streichung aus der Angriffsplanung.

Am 24. Juli 1945 gab Präsident Truman im »Kleinen Weißen Haus« am Griebnitzsee den Befehl zum Einsatz der Atombombe. Zwei Tage danach wurde mit der »Potsdamer Erklärung« der Regierung in Tokio ein Ultimatum gestellt, das zur bedingungslosen Kapitulation aufforderte, »um das japanische Volk vor dem vollkommenen Ruin zu bewahren«, eine letzte Chance auf Beendigung des Pazifik-Krieges, die jedoch von der Führung in Tokio verworfen wurde.

Am 6. August 1945 um 8.15 Uhr Ortszeit wurde über Hiroshima eine mit dem militärisch-kaltschnäuzigen Namen »Little Boy« beschriftete Uranbombe in 9450 Metern Höhe ausgeklinkt, drei Tage später fiel »Fat Man« auf Nagasaki. Beide Städte waren in Sekunden zerstört. Fast 200000 Menschen starben, Tausende erlitten schwere Verletzungen. Japan kapitulierte. Der Zweite Weltkrieg war zu Ende.

Nach Abschluss der Dreimächtekonferenz wurde in der Babelsberger Kaiserstraße 2 ein russischer Kriegsheld neuer Hausherr. Kein Geringerer als der Verteidiger von Moskau und Sieger in der Schlacht um Berlin bezog

Die Churchill-Villa am Griebnitzsee

die großbürgerliche Villa. Marschall Georgi K. Schukow, jener Mann, der am 9. Mai 1945 in Karlshorst die bedingungslose Kapitulation der deutschen Wehrmacht entgegengenommen hatte, lebte hier für sieben Monate als Oberkommandierender der Sowjetzone. Zu DDR-Zeiten diente das Haus als Möbellager.

Seit Anfang 1999 ist die denkmalgeschützte Villa im Besitz der weitgehend aus Steuermitteln finanzierten, FDP-nahen *Friedrich-Naumann-Stiftung für die Freiheit*, deren Aufgabe und Ziel es ist, den »Prinzipien Freiheit und Menschenwürde in allen Bereichen der Gesellschaft Geltung zu verschaffen.«

Kurz vor Abschluss der Sanierungs- und Umbauarbeiten kam es in dem leer stehenden Gebäude am 25. September 1999 zu einer bis heute unaufgeklärten Brandstiftung, bei der die gesamte Inneneinrichtung zerstört wurde. Wertvolle Holztäfelungen, das Treppenhaus und das Arbeitszimmer von US-Präsident Truman wurden ein Raub der Flammen. Die Potsdamer Feuerwehr, zuerst zu einer falschen Adresse geschickt, konnte das Gebäude jedoch retten und damit einen Ort von historischer Bedeutung vor der Vernichtung bewahren.

Es ist ein eigenartiges Gefühl, rund sieben Jahrzehnte später und fast zur gleichen Jahreszeit, in tiefstem Frieden, in einem ankernden Boot zu sitzen und auf den Tatort einer Entscheidung zu blicken, die eine tiefe Zäsur in der Menschheitsgeschichte markiert. Das Haus mit den grün glänzenden Dachziegeln und blassroten Säulen jenseits des Sees sieht an diesem Tag unauffällig altmodisch aus, ein vom Krieg verschontes Gebäude, das äußerlich einen Brand überstanden hat, von dem niemand weiß, ob es ein geplanter Anschlag oder ein Versehen war.

Mit einem Fernglasschwenk ist auf derselben Höhe nach rechts, über mehrere Häuser hinweg, die etwa 500 Meter entfernte, sogenannte *Churchill-Villa* zu entdecken. Hier hat während der Potsdamer Konferenz der britische Premierminister Winston Churchill zusammen mit seinem Außenminister Anthony Eden residiert, während Oppositionsführer Clement Attlee, der den Konservativen Churchill noch vor Ende der Verhandlungen nach dem überraschenden Wahlsieg der Labour Party ablöste, im Nachbarhaus logierte.

Das Hauptquartier der Engländer war die ursprünglich *Haus Seefried* genannte Sommerresidenz des wenige Monate zuvor verstorbenen Aufsichtsratsvorsitzenden der Deutschen Bank, Franz Urbig. Der Bankier hatte sich die repräsentative Villa 1915 bis 1917 im neoklassizistischen Stil von dem erst 29-jährigen Ludwig Mies van der Rohe bauen lassen, dem Mann, der 1929 Direktor des Bauhauses in Dessau wurde, später in Amerika Karriere machte und als einer der bedeutendsten Architekten die Moderne prägte.

Das rosafarbene, zweigeschossige Walmdach-Gebäude macht zur Wasserseite einigen Eindruck. Klare Linien, die bis zum Erdboden gehenden Französischen Fenster und die weiträumigen Terrassen verleihen dem Bau oberhalb der Hangwiese eine kompakt-vornehme Form. Die Villa mit ihren fast 1 500 Quadratmetern Wohnfläche wurde von der DDR als Gästehaus der *Akademie für Staats- und Rechtswissenschaften* genutzt und nach der Wiedervereinigung den Erben zurückgegeben, die dann nicht nur eine bauhistorische Bestandsaufnahme veranlassten, sondern durch Instandsetzungs- und Restaurierungsarbeiten ein Frühwerk Mies van der Rohes retteten. 2005 kam es in den Besitz eines Bauunternehmers, der es im Februar 2009 an Hasso Plattner verkaufte, einen der Gründer der SAP, dem europäischen Marktführer für Unternehmenssoftware. Der Milliardär und Mäzen steht im Ruf »einer der weltgrößten privaten Wissenschaftsförderer« zu sein und setzt auch im Kulturbereich Marksteine, wie mit der 20-Millionen-Spende für den Wiederaufbau des Potsdamer Stadtschlosses. Der passionierte Regattasegler Plattner hat sich mit dem Erwerb der *Villa Urbig* ein Domizil am Wasser geschaffen, von dem er zu Fuß das *Hasso Plattner Institut für Softwaresystemtechnik* an der Universität Potsdam erreichen kann, an dem er als Honorarprofessor lehrt.

Die dritte Staatschef-Residenz liegt hinter dichten Bäumen verborgen, während der Sommermonate fast unsichtbar, oberhalb des Steilufers, etwa 650 Meter weiter Richtung Babelsberger Schlosspark, im letzten Drittel des Sees. Es ist ein zweigeschossiger Landhausbau mit Mansarddach, grauer Putzfassade und einem von vier Säulen getragenen ovalen Balkon mit einigen Jugendstilornamenten. Diese Villa wurde 1910 bis 1911 von dem schwedischen Architekten Alfred Grenander entworfen, dem Berlin die Gestaltung zahlreicher U-Bahnstationen verdankt. Auftraggeber Paul Herpich, Besitzer eines großen Berliner Pelz- und Modekaufhauses, schätzte die sachliche Gefälligkeit des Gebäudes und den Luxus einer großzügigen Raumaufteilung, zu der damals neben Empfangshalle, Speisesaal und Gartenloggia noch das Herren- und Damenzimmer zählten.

In diesem Haus, das offenbar wegen der größtmöglichen Nähe zum Tagungsort Schloss Cecilienhof und der guten Sicherheitslage vom Kreml-Quartiermeister Lawrenti Pawlowitsch Berija, dem berüchtigten Chef des sowjetischen Geheimdienstes NKWD, ausgesucht worden war, wohnte während der Verhandlungen der Generalsekretär der KPdSU, Josef Stalin, der darauf bestand, die Nächte auf seinem eigenen, extra mitgeführten Feldbett zu verbringen.

Als die sowjetische Armee die Häuser in Neubabelsberg im Jahr 1952 freigab, richtete die DDR in der *Villa Herpich* eine Gedenkstätte ein, die man aber stillschweigend auflöste, als Stalins Verbrechen nicht mehr zu vertuschen waren.

Nach der Wende im Jahr 1990 gaben die Behörden das Haus an die rechtmäßigen Eigentümer, die Erben der Familie Herpich zurück, die es an den *Bauindustrieverband Berlin-Brandenburg* verkauften, eine regionale Interessenvertretung mittelständischer Bauunternehmen bei Politik und Verwaltung.

Die Verhandlungsresultate der »Großen Drei« hatten auch auf den Griebnitzsee direkte Auswirkungen. Genau in der Mitte verlief nun eine Grenze, die Churchill später »Eiserner Vorhang« nannte und die eine 40-jährige Teilung Deutschlands besiegelte. Im August 1961 begannen Volkspolizei und NVA-Soldaten direkt unterhalb der Villengärten am Ufer Stacheldrahtzäune zu ziehen.

Rudern an der Mauergrenze und die Filmmetropole Babelsberg

Ältere Mitglieder des *Berliner Ruderclubs* (*BRC*) erinnern sich an die Jahrzehnte der Trennung, an die auf dem Griebnitzsee vom West-Berliner Senat ausgelegte Kette runder, weißer Bojen mit der Aufschrift »Sektorengrenze«.

Einige haben den Wiederbeginn des Ruderns unmittelbar nach der Währungsreform und die Berlin-Blockade im Jahr 1948 nicht vergessen, als die Sperrungen der US-Militärregierung noch wirkten und auf dem Stölpchensee nur bis zum Eingang des Prinz-Friedrich-Leopold-Kanals gerudert werden durfte. Eine Restriktion, die einige Jahre später nicht mehr galt, sodass der Griebnitzsee zuerst bis zur Station Babelsberg, dann in ganzer Länge auf der Waldseite bis nach Klein-Glienicke befahrbar war. 300 Meter vor Ende des Sees, in Sichtweite der »Schandmauer« an der Kanaleinfahrt zur Glienicker Lake, musste gewendet werden. Im Clubhaus hing eine Karte mit dem genauen Grenzverlauf und alle Bootsbesatzungen wurden unter Strafandrohung ermahnt, aufzupassen und sich nicht zu gefährden.

»Die Mitglieder bekamen zusätzlich einen Ansichtsplan und mussten gegenüber dem Vorstand unterschreiben, dass sie die Grenze nicht verletzen«, erzählt Udo Korgitzsch, ein ehemaliger BRC-Vorsitzender und fährt fort: »Das war ja nur der halbe See. Man musste bei den Grenzbojen höllisch aufpassen, dass man die nicht überschritt. Die Bojen hatten etwa 50 bis 100 Meter Abstand, je nachdem, wie der Wasserverlauf gerade war. Zuerst waren das weiße Bojen, auf denen Grenze stand, dann etwas später, als sich die DDR mehr mauserte, waren das so schwarz-rot-goldene Tonnen mit dem Emblem Hammer und Sichel drauf. Auf der Ostseite patrouillierten ständig vollbewaffnete, mit zwei bis vier Mann besetzte Motorboote der Volksarmee, auch Schlauchboote, die Wellen verursachten und so manchen Vierer oder Achter zum Vollsaufen brachten. Das hat denen richtig Spaß gemacht, uns so ne richtige Welle rüberzugeben. Wenn da der Steuermann nicht aufgepasst hat, das Boot seitlich in die Welle zu legen, um sie abzureiten, dann war es schon passiert.«

Wolfgang Henze, einst mehrfacher Deutscher Meister und langjähriger Trainer, erinnert sich: »Am Griebnitzsee-Ende mussten wir auf der Höhe der Ruine von dem Haus wenden, das mal Lilian Harvey gehört hatte und uns dann auf der Westseite auf dem Rückweg so durchschlängeln. Da fuhren ja auch ne Menge Motorboote und wir durften nicht zu dicht an die Bojenkette kommen. Vom Boot haben wir immer beobachtet, wie auf der Westseite, unterhalb der Müllkippe, die Amis mit ihren Jeeps fuhren und dann auf der Ostseite die DDR-Grenzpatrouillen mit ihren Fahrzeugen Gas gaben, um auf gleicher Höhe zu bleiben. Die haben sich ständig gegenseitig mit Ferngläsern belauert, aber die Amis haben meistens nur gelacht.«

Mit der »Wende« kam die Wende: »Ich bin am 1. Januar 1990 zum ersten Mal in einem Doppelfünfer, einem mit fünf Mann besetzten Skull-Boot, durch den gesperrten Kanal zur Glienicker Lake gefahren,« berichtet Hans-Jürgen Wilzcoch, der als 15-Jähriger im BRC mit dem Rudern anfing. »Zuerst haben wir vor dem Kanal gelegen und überlegt, was machen wir? Und da hab' ich gesagt, also wisst ihr, schießen tut der Posten jetzt ja sowieso nicht mehr. Los – fahren wir durch. Und dann sind wir durchgefahren, mit ziemlich hoher Schlagzahl, weil uns doch die Angst im Nacken saß. Aber der Posten hat nichts gemacht, der hat bloß geguckt. Das war am Neujahrstag 1990 und die erste Fahrt, die sich jemand getraut hat.«

»Heute – bald 25 Jahre später – ist das alles kein Thema mehr«, sagt Wolfgang Henze, »wenn ich heute mit jungen Anfängern durch den Prinz-Leopold-Kanal in den Griebnitzsee fahre, dann wissen die gar nicht, wie das hier mal ausgesehen hat. Das kann sich keiner vorstellen, die Wachttürme, die Zäune am Wasser, die Mauer, die Sperrbojen und die Lautsprecherwarnungen von den Patrouillenbooten: ›Sie verletzen die Grenze der Deutschen Demokratischen Republik. Verlassen sie sofort das Hoheitsgebiet.‹ Auch ich denke kaum noch dran – aber das ist schon toll, dass wir wieder frei, überall wo wir hinwollen, rudern können.«

Wegen des regen Schiffsverkehrs und der Nähe zum betonnten Fahrwasser wird es für die SEEHASE Zeit, die ungünstige Ankerposition zu verlassen und die Umrundung der Wannseeinsel fortzusetzen.

Für historisch Interessierte ist die Fahrt über den Griebnitzsee von zwiespältigem Reiz. Nach wie vor verläuft in der Seemitte eine unsichtbare Grenzlinie. Links das Bundesland Brandenburg, rechts das Bundesland Berlin. Links Neubabelsberg, rechts nur Wald. Dabei wird der Blick von der Bebauung am Brandenburger Ufer angezogen, zumal sich dort, unabhängig von den drei Konferenz-Villen, ein weiteres Stück deutscher Geschichte ablesen lässt.

Da ist zunächst der verblichene Glanz der 20er- und 30er-Jahre des vorigen Jahrhunderts, als Berlin die Hauptstadt der Welt zu sein schien und Babelsberg als Filmmetropole blühte. In jenen Jahren wohnten die Leinwandstars am Wasser und die Nennung von Namen, die immer weniger Menschen kennen, versucht diese große Zeit zu beschwören: Marika Rökk, Willy Fritsch, Emil Jannings und Brigitte Horney. Das UFA-Gästehaus in der heutigen Karl-Marx-Straße war Treffpunkt von Publikumslieblingen wie Marlene Dietrich, Hans Albers oder Heinz Rühmann. Im ältesten Großatelier-Filmstudio der Welt, das 2012 sein 100-jähriges Jubiläum feierte und in diesem Zeitraum vier politische Systeme überstehen musste – das Kaiserreich, die Weimarer Republik, den Nazionalsozialismus und die DDR – haben einst die Großen Regie geführt: Friedrich Wilhelm Murnau, Ernst Lubitsch, Fritz Lang und Billy Wilder.

Heute ist die alte Wiege des deutschen Films der größte und modernste Studiokomplex Europas. Auf dem inzwischen privatisierten 46-Hektar-Gelände entstehen in 20 Ateliers große Fernseh- und Kinofilme, darunter aufwendige Hollywoodproduktionen, bei denen so international bekannte Stars Regie führen wie Roman Polanski, Quentin Tarantino oder George Clooney.

Zusätzlich locken die Attraktionen des *Filmparks* in der Medienstadt Babelsberg alljährlich fast 350 000 Besucher an, die mal selbst hinter die Kulissen der einige 100 Meter landeinwärts liegenden »Traumfabrik« schauen wollen.

Bei einer Vorbeifahrt zu Wasser sollte man nicht nur die großen Gärten und schönen Häuser bewundern, sondern auch daran denken, dass sich hinter den Fassaden oft bittere Schicksale abgespielt haben. Das begehrte Wohnrevier am See, der stille Zufluchtsort der Erfolgreichen und Begüterten konnte ganz plötzlich zum Ort des Leids werden. Drei Mal innerhalb von 50 Jahren gab es hier Willkür und Vertreibung. Zu Beginn der Nazi-Diktatur wurden viele jüdische Eigentümer in die Emigration getrieben, zum Verkauf ihrer Immobilien weit unter Wert gezwungen, später in Konzentrationslager gebracht und ermordet. Die enteigneten oder beschlagnahmten Villen dienten Parteibonzen, SA-Führern und nationalsozialistischen Organisationen als Selbstdarstellungsbühne.

Unmittelbar nach Kriegsende erklärte die siegreiche sowjetische Armee das Viertel zum Sperrgebiet. Unter Androhung von Gewalt mussten alle Bewohner, nicht nur die in den drei Konferenz-Villen, innerhalb weniger Stunden die Häuser räumen. Als sie später zurückkehren durften, befanden sich ihre Anwesen größtenteils in kläglichem Zustand. Nach Gründung der DDR wurden Häuser zu »Volkseigentum« erklärt, wobei den Eigentümern manchmal das Wohnrecht blieb. Mit »Wohnlenkungsmaßnahmen« diktierte der Staat so niedrige Mieten, dass an Erhalt und Reparaturen nicht zu denken war. Viele Besitzer gingen noch vor dem Mauerbau freiwillig in den Westen und die Kommunen vergaben leer stehende Häuser mit sogenannten »Überlassungsverträgen« an private Interessenten, behielten aber Grund und Boden in staatlichem Besitz.

Nach der Wiedervereinigung beider deutscher Staaten im Jahr 1990 meldeten Alteigentümer und Erbengemeinschaften aus dem Westen ihre Besitzansprüche an. Es kam zu einer Art dritten Vertreibung. Bewohner von Häusern, die sie aus ihrer Sicht redlich erworben, oder in denen sie seit Jahren zur Miete gelebt hatten, mussten weichen. Das führte zu Empörung, Bitterkeit und Wut, die durch Graffiti an Hauswänden und Bushaltestellen sichtbar wurden: »Wessis haut ab«, »Macht Potsdam Wessi-rein«, »Nur ein toter Wessi ist ein guter Wessi«.

Heute – ein Vierteljahrhundert später – sind die Kämpfe weitgehend ausgefochten, obwohl es noch immer Immobilien-Objekte mit ungeklärten Eigentumsverhältnissen gibt, deren Bausubstanz verfällt und Gärten verwildern. Auf die mit Ausflugsschiffen oder Freizeitbooten vorüberfahrenden Beobachter machen die alten, renovierten Griebnitzsee-Villen, zwischen denen einige moderne, den Zeitgeschmack spiegelnde mehrgeschossige Flachdachneubauten stehen, einen wunderbar friedlichen Eindruck. Aber der schöne Schein kann täuschen. Auch hier gibt es Probleme und einen ganz konkreten, seit Jahren schwelenden Konflikt. Es geht um einen von der Stadt Potsdam geplanten, fast drei Kilometer langen Spazierweg am Ufer, der von der Stadtgrenze bei Kohlhasenbrück bis zum Babelsberger Park auf der Trasse des ehemaligen Kolonnenweges entlangführen soll. Als nach dem 9. November 1989 die Grenzanlagen abgebaut wurden, entdeckten Wanderer und Jogger diese völlig neue Strecke am Wasser. Doch die Eigentümer der Ufergrundstücke wehrten sich, sie wollten es nicht hinnehmen, dass Fremde durch ihre Vorgärten marschieren, und sperrten den Weg im Mai 2009.

Unter den Villenbesitzern gibt es Prominente wie den Star-Dirigenten Christian Thielemann oder den Filmregisseur und Oscar-Preisträger Volker Schlöndorff, der sein Haus am See, damals »ein Sanierungsfall zwischen Müllkippe und Niemandsland«, bezog, als vor der Gartentür noch ein DDR-Wachtturm und Reste der Mauer standen.

Sie alle sahen sich plötzlich mit einer Bürgerinitiative konfrontiert, die forderte: »Griebnitzsee für alle«. Es gab Klagen, ein Urteil des Oberverwaltungsgerichts, Enteignungsdrohungen und Kompromissvorschläge. Die Mehrheit der Hausbesitzer zeigte sich verhandlungsbereit, nachdem die Stadt Potsdam im August 2012 mit einem neuen Bebauungsplan eine Art Entschädigungsangebot gemacht hatte: Seeanrainer dürfen vor ihren Grundstücken Stege oder Bootshäuser bauen, eine Lösung, die zwar das Bild des Sees nicht verschönert, aber immerhin einen Ausweg aufzeigt. Bisher existieren jedoch nur begehbare Teilstücke des Uferpfades mit einigen Aussichtsplattformen. Der Plan der Stadt, auf der Gesamtlänge des Sees den Wasserzugang zu schaffen, stößt bei einem guten Dutzend der rund 30 Betroffenen noch immer auf zähen Widerstand.

Waldidylle mit Arsen, Neutronen und fliegenden Golfbällen

Vor dem Ankerlichten einige Augenblicke des Innehaltens und Umschauens. Zwischen den Stämmen des in greifbarer Nähe beginnenden Hochwaldes einzelne Radfahrer und Wanderer, die den verschwiegenen Uferweg nutzen, der, in Klein-Glienicke beginnend, bis zur *St. Hubertusbaude* am Prinz-Friedrich-Leopold-Kanal führt. Auf der Berliner Wannseeinsel gibt es das, wovon die Bewohner am gegenüberliegenden Brandenburger Ufer träumen: ungehinderten, freien Wasserzugang zum Spazierengehen.

Beim Blick auf den aktuellen Pharus-Stadtplan Steglitz-Zehlendorf wird dem Betrachter durch kräftig grüne Farben signalisiert: Hier ist Natur und Einsamkeit. An der »Südwestküste« der Insel fällt im Netz der Pfade eine Kette von »Bergen« auf: Böttcherberg, Hirschberg, Tannenberge, neben denen, etwas desillusionierend, in sehr kleiner Schrift steht: »frühere Mülldeponie.«

Auf dem an Bord vorhandenen Pharus-Plan von 1906 gibt es keinen Hirschberg. Der entstand erst in den Jahren 1956 bis 1967, als die Berliner Stadtreinigung 32 Millionen Kubikmeter Haus- und Sondermüll zur größten Abfallhalde Berlins karrte und in der Waldidylle zu einem künstlichen 90-Meter-Berg auftürmte. Das Gelände lag ja am äußersten Stadtrand, an der Grenze zur DDR, also fast schon im Niemandsland. In den 1980er-Jahren ließ man das Ganze dann mit Grobschutt abdecken und anschließend so weit aufforsten, dass Spazierwege angelegt werden konnten.

Aber erst im Jahr 2000 wurde der Öffentlichkeit das wahre Ausmaß der Gefährdung bewusst, die von dem 52 Hektar großen, als Landschaftsschutzgebiet ausgewiesenen Terrain ausgeht. Alljährlich sickerten, durch Regenwasser ausgeschwemmt, Hunderte Tonnen giftiger Schwermetalle wie Arsen und Nickel aus der Müllkippe ins Grundwasser und gelangten auch in den Griebnitzsee. Drei Jahre später einigte man sich nach heftigem

Instanzenstreit darauf, die alte, undichte Erdschicht durch eine neue Abdeckung zu sichern. Doch die Bedrohung des Grundwassers ist damit nicht gebannt. Von der »Zeitbombe Deponie Wannsee« geht auch künftig eine schwer kalkulierbare Gefahr aus, die das Bild von der »schönen heilen Welt« der Wannseeinsel leicht verdunkelt.

Noch unbehaglicher wird dem Stadtplan-Betrachter beim Anblick einer nördlich liegenden, nur 1300 Meter vom Ankerplatz entfernten Gebäudegruppe, deren Grundriss auf der Karte wie ein Kasernenkomplex aussieht: das *Hahn-Meitner-Institut für Kernphysik*. Seit 2009 in *Helmholtz-Zentrum Berlin* umbenannt, wird an diesem Standort physikalische Grundlagenforschung betrieben, nach Aussage des Berliner Senats ein »Leuchtturm der Wissenschaft.«

Inzwischen strahlt dieser bald 60 Jahre ins Land. Am 14. März 1959 konnte der Regierende Bürgermeister Willy Brandt bei der Einweihungsfeier die beiden Namensgeber begrüßen, den Nobelpreisträger für Chemie, Otto Hahn, und die Physikerin Lise Meitner. Damals lief bereits seit einem Jahr ein sehr kleiner Forschungsreaktor mit einer Leistung von 50 Kilowatt, die 1973 auf fünf Megawatt und nach jahrelangem Umbau 1991 auf zehn Megawatt gesteigert wurde. Im Zentrum der Forschungseinrichtung: Der Atomreaktor – 24 Brennstäbe in einem Wasserbecken, ummantelt von zwei Meter dicken Betonwänden. Die dort bei der Kernspaltung entstehenden Neutronen werden zur Materialprüfung eingesetzt. Mehrere Hundert Mitarbeiter sind für die Betreuung von mehreren Hundert Wissenschaftlern aus über 30 Ländern zuständig, die hier ihre Experimente durchführen. Die Betreiber versichern, dass von dem Reaktor keinerlei Gefahr ausgeht, sie weisen darauf hin, dass Gutachter der Anlage »einen hohen Grad an Robustheit« bescheinigt hätten, betonen die mit zehn Megawatt vergleichsweise geringe Größe des Reaktors BER II und beruhigen mit dem Hinweis auf bewaffnete Sicherheitskräfte.

Seit der Katastrophe von Fukushima ist das Misstrauen in der Bevölkerung gewachsen. Es gab Proteste, als der Reaktor im März 2012 nach einer 18-monatigen Umbaupause wieder angefahren wurde, Gerüchte über Sicherheitsmängel, Streit um die umstrittene Sonderprüfung und eine heftige Debatte zur Frage: Was passiert bei den doch nicht völlig auszuschließenden Extremfällen, terroristischer Angriff oder Flugzeugabsturz auf das ungesicherte Hallendach? Folge: Kernschmelze – über der Berlin-Potsdamer Kulturlandschaft treibt eine radioaktive Wolke.

Die Empfehlungen des Merkblatts für den Katastrophenfall sind wenig Mut machend:

Fenster schließen, im Haus bleiben, Taschen- oder Handtücher als Atemschutz vor Mund und Nase halten. Taxifahrer legen im Radius von 4 Kilometern Jodtabletten vor den Haustüren ab und im engeren Umkreis von 2,5 Kilometern könnte es für die Dauer einiger Monate zu Evakuierungen kommen. Empfohlener Fluchtweg nach Osten und Westen: die Königstraße.

Das alles klingt alarmierend und müsste eigentlich für die direkten Anrainer bis hin nach Sacrow, Zehlendorf, Babelsberg und Potsdam ein Grund zu ständiger Beunruhigung sein.

Ende Juni 2013 überraschte das Helmholtz-Zentrum mit der Nachricht, dass der Aufsichtsrat beschlossen habe, den Wissenschaftsbetrieb am BER II nur bis zum 1. Januar 2020 fortzuführen und danach den Betrieb der Neutronenquelle einzustellen. Ob der Reaktor zu diesem Zeitpunkt dann auch tatsächlich abgeschaltet wird, ist schwer vorauszusagen. Für die nächsten Jahre bleibt aber ein gewisses Risiko bestehen.

In der Gegenwart machen sich die 1800 Mitglieder des *Golf- und Land-Clubs Berlin-Wannsee* vermutlich keine Sorgen. Sie spielen seit Jahren unbelastet auf den 27 Bahnen ihres Meisterschaftsplatzes, der das Viereck der Forschungsanlage an drei Seiten umfasst. Der Club ist einer der größten und vor allem der älteste in Deutschland. Obwohl in den Parks von Bad Homburg und Wiesbaden englische Kurgäste schon etwas früher die Golfschläger schwangen, Berlin gebührt die Ehre, die deutsche Wiege des noblen Herrensports zu sein. Nachdem britische und amerikanische Diplomaten auf einer stillgelegten Pferderennbahn am Spandauer Damm mit dem Spiel begonnen hatten, gründeten 1895 Einheimische den *Berlin Golf Club*, der bald so renommiert war, dass der deutsche Kronprinz und der Prinz von Wales, der spätere englische König Eduard VIII., dort zu Holz und Eisen griffen, wenn dieser seinen Onkel, Kaiser Wilhelm II., an der Spree besuchte. 1926 siedelte der Club auf die Wannseeinsel am Schäferberg in eine neu erbaute Anlage um, die schnell zum Austragungsort nationaler Turniere und gesellschaftlicher Mittelpunkt der Stadt wurde.

Im Zweiten Weltkrieg standen Flakgeschütze auf den Fairways, und im April 1945 musste das letzte Aufgebot betagter Volkssturmleute zu Panzerabwehrkämpfen im Grünen antreten, so lange, bis es sowjetischen Einheiten gelang, den Teltow- und Prinz-Friedrich-Leopold-Kanal zu überschreiten.

Auf dem Golfplatz, wie in den angrenzenden Wäldern, kam es zu erbitterten Gefechten mit erheblichen Verlusten auf beiden Seiten.

Nach Kriegsende weideten russische Militärpferde auf dem von Granaten zerwühlten Gelände, standen Panzerwracks auf den Abschlägen. Dann übernahmen die Amerikaner die 18-Loch-Anlage, zusammen mit dem direkt angrenzenden kleinen 9-Loch-Platz am Stölpchensee. Vom Glanz der Gründerjahre, in denen Exzellenzen und Königliche Hoheiten dem Club die Ehre gaben, und der Blütezeit der 1920er- und 1930er-Jahre war nicht viel geblieben. Das »prächtigste Clubhaus Deutschlands« mit dem auffälligen Uhrenturm lag in Trümmern, die Spielbahnen waren in trostlosem Zustand. Während die US-Militärs den kleinen Platz schon 1950 freigaben, blieben sie am Schäferberg bis zum endgültigen Abzug aller amerikanischen Truppen aus Berlin im Herbst 1994. Fast ein halbes Jahrhundert hatten die Kommandeure der *Berlin-Brigade* als Hausherrn die Golfgeschicke auf der Wannseeinsel bestimmt, waren Generäle und Offiziere mit ihren Damen zusammen mit deutschen Gästen zu Freizeitrunden und Turnieren angetreten. Am 1. September 1994 kam es dann bei einem Festakt zur offiziellen Rückgabe des Platzes an einen Vertreter des Bundes, der den symbolischen Schlüssel an den Präsidenten des aus diesem Anlass vereinigten *Golf- und Land-Clubs Berlin-Wannsee* (18 Spielbahnen) mit dem *Berlin Golf Club* (9 Spielbahnen) übergab, sodass es seitdem am Schäferberg wieder eine allen Anforderungen gewachsene 27-Loch-Anlage in deutschen Händen gibt.

Heute ist der mit Country-Club-Atmosphäre werbende Verein der feinste Golfclub der Region Berlin-Brandenburg. Lockend heißt es auf der Homepage: »Hier treffen sich Persönlichkeiten aus Diplomatie, Politik, Wirtschaft, Kultur und Wissenschaft zu sportlicher und geselliger Entspannung.« Wer nach Überwindung der langen Warteliste das Privileg einer Mitgliedschaft genießt, darf auf einer außergewöhnlich schönen, »idyllisch eingebettet in die typisch brandenburgische Waldlandschaft« liegenden Spielstätte der Leidenschaft frönen, unbeirrt einem kleinen weißen Ball zu Fuß zu folgen. Besonders eindrucksvoll ist das weiträumige, 1997 eingeweihte neue Clubhaus mit Restaurant, Kaminzimmer und einem Festsaal für 120 Personen, für das die Mitglieder den beachtlichen Betrag von acht Millionen DM aufgebracht haben. Nicht weniger reizvoll ist das hügelige Gelände mit schönem Baumbestand, das sicher den einen oder anderen vergessen lässt, dass dieser Golfclub der weltweit einzige sein dürfte, dessen Fairways und Greens fast kreisförmig einen Atomreaktor umschließen.

Auf dem ankernden Boot zu Füßen der Tannenberge ist der Golfplatz nur auf der Landkarte zu sehen. Beim Zusammenfalten und prüfenden Rundumblick geben die überhängenden Äste des steil ansteigenden Buchenwaldes ein Gefühl der Geborgenheit. Unvorstellbar, dass diese einzigartige Weltkulturerbe-Region, radioaktiv verseucht, zum Sperrgebiet erklärt werden könnte.

Im Kontrast zu diesem düsteren Szenarium steht die wunderbare Wirklichkeit: Sonne, Wasser, leichter Wind und das bunte, farbenfrohe Bild von Freizeit und Freiheit. Die SEEHASE geht »Anker auf«, läuft in das betonnte Fahrwasser, Kurs Nordwest, und hält auf das Ende des Sees zu, wo der schmale Einschnitt des zur Glienicker Lake führenden Kanals auch ohne Fernglas zu erkennen ist. Zur Linken, also an Backbord, gleitet die Villen-Reihe der ehemaligen Kolonie Neubabelsberg vorbei. Zuerst die rosafarbene, freistehende, gut zu erkennende Churchill-Villa, dann das völlig von hohen Bäumen verdeckte Stalin-Quartier. Zur selben Zeit auf Steuerbord: eine dichte, grüne Wand aus Wald.

Klein-Glienicke – Ausflugsziel und Mauerfestung

Mit angenehm gedämpftem Motorgeräusch ist das Boot zügig in Fahrt. Voraus eine freie Wasserfläche ohne jeden Gegenverkehr. Es fällt darum leicht, sich auszumalen, wie vor fast 110 Jahren die Kaiserjacht ALEXANDRIA, zu beiden Seiten mit gebotenem Abstand von den beiden Dampfern der *Kreisschiffahrt* flankiert, beim Entgegenkommen immer größer wird und so dicht vorbeifährt, dass »Seine Majestät« mit Pickelhaube und grauem Regenumhang deutlich zu erkennen ist. Allerdings will es an diesem sonnig-heißen Tag nicht recht gelingen, dabei den kühlen, regnerischen Juni des Jahres 1906 nachzuempfinden.

Doch auch ein Sprung in die jüngste Geschichte überfordert die Einbildungskraft. Wie sah das Ufer zur Linken noch vor einem Vierteljahrhundert aus? Langsam verfallende Häuser, Wachttürme, Drahtverhau am Ufer, auf dem Kolonnenweg Kontrollfahrzeuge mit bewaffneten Grenzsoldaten, die auf flüchtende Landsleute schießen würden.

Die SEEHASE läuft auf der unsichtbaren Landesgrenzen-Linie weiter, kommt ans See-Ende und treibt mit verlangsamter Fahrt auf das Uferhalbrund neben der Kanal-Einfahrt zu. »Maschine Stopp« – der Anker fällt auf geringer Wassertiefe, und nach einem Augenblick des Zögerns dreht sich der Bug in den Wind. Im Vordergrund ein Steg mit einem hochseetüchtigen, schwarzrumpfigen Motorboot, dahinter Ufergärten und eine Reihe auffallend gepflegter, in neoklassizistischem Stil neu erbauter Luxuswohnhäuser, die so klangvolle Namen wie Villa Leonardo oder Villa Donatello tragen und auf dem ehemaligen Grenzstreifen der abgerissenen Mauer stehen.

Mit dem vierten Ankermanöver ist das Etappenziel Klein-Glienicke und damit das Gebiet des UNESCO-Weltkulturerbes Berlin-Brandenburg erreicht. Die SEEHASE liegt nun, bei kleinen Windböen vom Rucken der Kette leicht erschüttert, in Steinwurfweite des alten, einst wendischen Dorfes, das es in den 20er- und 30er-Jahren des vorigen Jahrhunderts zu einiger Blüte brachte, als es sich zum »Erholungs- und Luftkurort« der stadtmüden Berliner entwickelt hatte. An Wochenenden kamen sie in Scharen und strömten in die zahlreichen Ausflugslokale, Kneipen und Biergärten. Als besonders attraktiv galt der im Florentiner Renaissance-Stil erbaute *Bürgershof*, das vornehmste Etablissement am Platz, mit einem Festsaal für 1 000 Personen und hauseigener Dampferanlegestelle an der Glienicker Lake. An guten Tagen mussten sich bis zu 100 Kellner um die Gäste aus der Reichshauptstadt kümmern. Die kamen aber nicht nur zum Trinken und Tanzen bei Klängen des Infanterie-Regiments Nr. 9, sie wollten sich auch die merkwürdigen Schweizerhäuser ansehen, die ein preußischer Prinz ein halbes Jahrhundert zuvor errichtet hatte, um die Illusion eines alpenländischen Dorfes zu erschaffen. Außerdem hofften die Ausflügler beim Spaziergang in den Parks der benachbarten Schlösser einem Mitglied der Hohenzollernfamilie leibhaftig zu begegnen.

Vom Boot sind weder ein Schloss noch eines der Schweizerhäuser zu sehen, sondern nur die neuen Villen der Griebnitzstraße. Hier haben in jenen Blütejahren zwei Prominente gelebt. In der Nummer 4, sehr zurückgezogen, wohnte Reichswehr-General Kurt von Schleicher, der letzte Kanzler vor Hitler, der nur 70 Tage bis Januar 1933 amtierte, bevor er von Reichspräsident Hindenburg abgesetzt wurde. Am 30. Juni 1934 wurde Schleicher hier zusammen mit seiner Frau von SS-Schergen während der reichsweiten »Säuberungswelle« im Zuge des sogenannten »Röhm-Putsches« erschossen, als einer von fast 200 innerhalb von drei Tagen ermordeten »Feinden des Führers«.

Ein Jahr danach bezog in unmittelbarer Nachbarschaft, Griebnitzstraße 6, der Filmstar Lilian Harvey, damals mit Willy Fritsch das bejubelte »Traumpaar des deutschen Films«, nach ihrer Rückkehr von Dreharbeiten in England und Hollywood, eine große Villa am See, die sie 1939 wieder verließ, weil sie, die Nichtjüdin, die Judenverfolgung und Naziherrschaft nicht ertrug und deshalb nach Frankreich emigrierte.

Es ist ein helles, friedliches Bild, das mit den sommerlich besonnten Hausgiebeln und dichten Laubbaumgruppen Gediegenheit und Wohlstand ausstrahlt. Trotzdem liegen gerade über diesem Ufer die Erinnerungsschatten von zwei Diktaturen. Unglücklicherweise hatten die Einwohner von Klein-Glienicke während der Gebietsreform von 1920, bei der Wannsee ein Ortsteil von Groß-Berlin wurde, für den Verbleib bei Potsdam-Babelsberg gestimmt. Diese Entscheidung sollte mit Gründung der DDR zur Falle werden. Es entstand eine Insel auf der Insel, eine Art Exklave, deren Grenzen mit merkwürdig gezacktem Verlauf den alten Guts- und Dorfbesitz umfassen. Auf der Karte sieht das wie ein Rechteck mit zwei angesetzten Flügeln aus, die bis zur Königstraße reichen.

Ab Juni 1952 durften West-Berliner Klein-Glienicke nicht mehr betreten. Ein Jahr später wurde Stacheldraht gezogen. Winken nach Westen verboten. Fotografieren verboten. Sperrgebiet – Sondersicherheitszone. Zugang nur mit Passierschein durch das Nadelöhr Kanalbrücke über den Teltowkanal Richtung Babelsberg. Deutsch-russische Streifen mit Kalaschnikows bewaffnet auf Kontrollgängen.

Ab 13. August 1961 wurde die Mauer gebaut. In Klein-Glienicke verstärkten NVA-Einheiten die Stacheldrahtgrenze und setzten eine zweite Pfahlreihe mit Sperr-Rollen. Damit war es noch sicherer eingeschlossen, das kleine, drei Hektar große 500-Einwohner-Dorf, das im September 1962 in die Schlagzeilen kam, als die *Berliner Morgenpost* auf der Titelseite über eine Totenfeier berichtete, bei der Angehörige einer Familie die Beerdigung ihrer 89-jährigen Großmutter auf dem Klein-Glienicker Friedhof getrennt erleben mussten. Die einen standen unter Polizeischutz in Trauerkleidung auf der Westseite des Drahtzauns, die anderen, nur wenige Meter entfernt, am Sarg, an dem der Ost-Pastor aber so laut sprach, dass die Ausgesperrten seine Worte hören konnten.

Drei Jahre danach wurde auch die Sichtverbindung nach Westen unterbunden. Eine fast vier Meter hohe Mauer aus grauen Betonfertigplatten zwischen Pfählen; oben Stacheldraht, am Fuß der geharkte Todesstreifen und Kolonnen-Fahrweg für die Streifen der Grenztruppen. Ende der 70er-Jahre kam dann die zweite Mauer, die Klein-Glienicke endgültig zu einer hermetisch abgeriegelten, vom Klassenfeind umgebenen Festung machte, die in der DDR Sonderstatus besaß, denn nirgendwo sonst lebten ihre Bürger so nah an der Mauer wie hier.

Es gab gescheiterte und gelungene Republikfluchten, Schusswechsel und Tote. Die Mauer wurde mit Leitern überwunden oder mit einem Tunnel untergraben, worauf die DDR-Organe mit drastischen Maßnahmen reagierten. Um freies Sicht- und Schussfeld an diesem verwinkelten, schwierigsten Grenzabschnitt der Mauer zu haben, wurden Bäume gefällt und etwa 40 Gebäude gesprengt oder abgerissen, unter ihnen historische Schweizerhäuser, der *Bürgershof*, die beliebte Schule und auch die Häuserzeile an der Griebnitzstraße mit der Lilian-Harvey-Villa verschwand unter den Schlägen der Abrisskommandos.

Aber nicht nur gebaute, steinerne Geschichte musste der Staatsmacht weichen, auch Menschen. Politisch »unzuverlässige Elemente« hatten Klein-Glienicke zu verlassen und wurden durch linientreue Kader, durch »Hundertprozentige«, ersetzt. Für die anderen war das Leben in der abgeschotteten Sicherheitszone ein Gefängnis. Sie litten unter der Enge, der Willkür bei der Passierscheinvergabe, unter den Besuchsverboten und Überwachungsschikanen. Es durfte zwar niemand darüber sprechen, aber es gab sie, die »Mauerkrankheit«, gegen die nur eine Therapie wirkte: raus aus der Falle.

Der seit 1999 in Klein-Glienicke lebende Dokumentarfilmer Jens Arndt hat 2009 ein Buch mit dem Titel *Glienicke. Vom Schweizerdorf zum Sperrgebiet* veröffentlicht, in dem sich elf Zeitzeugen an diese Spanne ihres Lebens erinnern. Sie reden dabei auch über persönliche Gefühle, über das Eingemauertsein, die Sehnsucht nach Freiheit und ihre Empfindungen, wenn der Nordostwind das Glockenläuten der St. Peter und Paul-Kirche unweit der Pfaueninsel in das eingesperrte Dorf herübertrug.

Drei Jahre später, Ende September 2012, sendete der RBB in der Reihe *Geheimnisvolle Orte: Klein-Glienicke – Hinter der Mauer*, eine 45-Minuten-Dokumentation desselben Autors, in dem einige Personen des Buches vor die Kamera treten und Filmmaterial aus Privatbesitz wie Archiven jene dreieinhalb Jahrzehnte in schwarz-weißen und verwaschenen 8-mm-Farbaufnahmen lebendig werden lässt, als Klein-Glienicke scherzhaft verharmlosend »Blinddarm der DDR« genannt wurde.

Vor allem die wenigen Filmaufnahmen von der Mauer berühren. Kameraschwenks und Fahrten zwischen hohen, grauen Wänden zeigen eine zwölf Meter breite Gasse mit dem befestigten Kolonnenweg und sandigen Todesstreifen; langsame Durchblenden in die Gegenwart beweisen, wie total inzwischen alle Spuren des Unrechtsregimes beseitigt sind. Wo einst die trostlose Grenzmauer stand, blühen heute Rosenbüsche in den Vorgärten.

Am Ende des Films stellt eine in der DDR gebliebene Lehrerin mit Blick auf die Befreiung Klein-Glienickes durch den Fall der Mauer am 9. November 1989 rückblickend fest: »Die Wende war emotional ganz, ganz stark ergreifend für mich. Warum musste das sein? Warum musste die Zeit einfach dazwischen sein – diese ganze Entwicklung? Warum hätte das nicht früher passieren können?«

Wie am anderen Ufer des Griebnitzsees, so kam auch in Klein-Glienicke nach der ersten Wiedervereinigungs-Euphorie die Ernüchterung, als Familien ihre Wohnungen verlassen mussten, weil Alteigentümer Anträge auf Rückgabe stellten. Auch hier tauchten Immobilienspekulanten auf, angelockt vom See und den Glanzzeiten des ehemaligen Ausflugsortes. Ein Stück ost-westlicher »Versöhnungsarbeit« konnte bei einem gemeinsamen Projekt geleistet werden: Im *Bauverein Klein-Glienicker Kapelle e.V.*, in dem sich »Ossis« und »Wessis« im Juli 1990 zusammenfanden, um das einsturzgefährdete, 1881 im neogotischen Stil erbaute kleine Backstein-Gotteshaus zu retten, das ohne die Wende verloren gewesen wäre. Neun Jahre später wurde es, sorgfältig restauriert, wieder zum Wahrzeichen des Dorfes und ein beliebter Ort für Trauungen, Taufen und Konzerte auf einer von einem Berliner Ehepaar gestifteten Orgel.

Noch immer gehört Klein-Glienicke zu Potsdam, ist also »Fremdterritorium« auf der Wannseeinsel, so wie die Berliner Enklave Steinstücken wenige Kilometer südöstlich als ein ähnlich geschnittenes Stück Land in das Gebiet von Neubabelsberg hineinragt. Heute versuchen Liebhaber dieses ungewöhnlichen Ortes zwischen Griebnitzsee und Glienicker Lake die zwischenzeitlich untergegangenen Reize zurückzugewinnen und Erhaltenes zu bewahren, das immer mal wieder durch den Umgestaltungsdrang von Zeitgenossen bedroht ist, die zu viel Geld, aber zu wenig Sinn für historisch Gewachsenes haben.

Glienicker Lake

Potsdamer Havelfischer und das Jagdschloss des Kurfürsten

Nach dem Ankerlichten fährt die SEEHASE in einem weit ausholenden Halbkreisbogen auf die von rostigen Versorgungsrohren überspannte Kanaleinfahrt zu. In sechs Metern Höhe zu beiden Seiten die kläglichen Überreste einer Brücke, die während der letzten Kampfhandlungen am 25. April 1945 gesprengt und trotz vorhandener Pläne seitdem nicht wieder aufgebaut wurde.

In Schifffahrts- und Straßenkarten ist noch immer der Name Enver-Pascha-Brücke eingetragen, benannt nach Ismail Enver, dem Militärattaché der osmanischen Botschaft, der von 1909 bis 1911 in Klein-Glienicke wohnte, in Berlin die Bündnis-Fäden zum Deutschen Kaiserreich knüpfte und später als türkischer Kriegsminister und Mitregent maßgeblich Verantwortung für die Verfolgung ethnisch-religiöser Minderheiten und den Staatsterror gegen die Armenier trug.

Nach 150 Metern wird die 13 Meter breite Bundeswasserstraße von der früher aufwendig verzierten Parkbrücke als einziger Verbindung zwischen Klein-Glienicke und Babelsberg überspannt. Es ist ein schlichtes Zweckbauwerk, das vor drei Jahrzehnten, also zu DDR-Zeiten, höchst merkwürdig ausgesehen haben muss. Als nach Abschluss deutsch-deutscher Vereinbarungen ab 1982 endlich auch westliche Binnenschiffe den Teltowkanal im Transitverkehr befahren durften, brachte man an den Brückengeländern hohe Sichtblenden aus Wellblech an, damit niemand, zur Republikflucht verleitet, auf einen Frachtkahn des politischen Gegners sprang.

»Damit war alles zu – keine Sicht mehr auf das Wasser«, erinnert sich in dem Buch von Jens Arndt ein Zeitzeuge. »Man ging durch einen Metallschlauch zu den Kontrollen am Wachturm auf der anderen Seite. Das war frustrierend. Besonders wenn man alte Bilder von der schönen Sicht auf die Enver-Pascha-Brücke und das gepflegte Kanalufer in den Fotoalben aus den Zwanziger- und Dreißigerjahren gesehen hat. Aber man konnte ja nichts ändern…«

Nach wenigen Minuten kommt die sich auf der rechten Fahrwasserseite haltende SEEHASE an einen besonderen Punkt. Eigentlich müssten jetzt von den Ufern Trompeten- oder Jagdhornsignale mit dem Jubel einer begeisterten Menge herüberschallen, denn das kleine Boot durchschneidet in diesem

Augenblick mit dem ankerbewehrten Bug die unsichtbare Linie des kaiserlichen Seidenbandes von 1906 und läuft damit endgültig in das Terrain des Weltkulturerbes ein, das Tor zu einem Gebiet, das verheißungsvoll »Preußisches Arkadien« genannt wird.

An Steuerbord erscheinen hinter Weiden und Uferbüschen zuerst Biergarten-Sonnenschirme, dann die hohen Bogenfenster eines eingeschossigen Hallenbaus. Es ist die restaurierte Stehbierhalle des alten *Bürgershofes*, das einzig übriggebliebene Zeugnis vergangenen Sommerfrischen-Glanzes, aber ebenso ein Zeichen für die Wiedergewinnung von Freiheit und Recht. Denn der enteignete Alteigentümer konnte sein Grundstück mit den im Januar 1971 von der Sprengung verschonten Bauresten erst nach einem höchst komplizierten, teilweise bizarren Rechtsstreit mit der Stadt Potsdam zurückerhalten. Wo jahrzehntelang der geharkte Todesstreifen entlanglief und die Vorderlandmauer den Blick auf das gegenüberliegende Ufer versperrte, können sich seit dem Sommer 2004 wieder Ausflügler in »einem der schönsten Biergärten Berlins & Brandenburgs« treffen, und nach jahrelangen juristischen Auseinandersetzungen mit der Potsdamer Denkmalpflege besteht sogar die Möglichkeit, das Hauptgebäude im Florentiner Renaissancestil wieder aufzubauen.

Auf der Backbordseite wird der Blick vom Boot schräg nach vorn von einem seltsamen Bauwerk gebannt. Direkt am Ufer: Eine etwas abweisend wirkende, von einem schlanken Turm überragte kleine Burg, hinter deren grauen Mauern sich das 1843 von Ludwig Persius erbaute Dampfmaschinenhaus verbirgt, von dem Havelwasser zu höher gelegenen Bassins gepumpt wurde, um die Parkbewässerung und Speisung von Fontänen zu bewerkstelligen.

Das Babelsberger Wasserwerk als kleines Kunstwerk, als erster sichtbarer Beweis des royalen Schönheitswillens. Persius, der »Baumeister des Königs«, umhüllte die Technik im maurischen Stil und versteckte den unverzichtbaren Schornstein in einem zinnenbekrönten Minarett. Glücklicherweise blieb diesem romantischen Gebilde zu Mauerzeiten die Sprengung erspart, da die NVA-Grenztruppen das vor dem betonierten Kolonnenweg liegende Bauwerk als Beobachtungsposten nutzen konnten.

Während die SEEHASE gemächlich auf der Glienicker Lake weiterfährt, verschieben sich die Perspektiven in Zeitlupe. An Backbord werden auf einer

Blick von Klein-Glienicke auf Schloss Babelsberg und das Maschinenhaus, Holzstich um 1850

Hügelkuppe in den Einschnitten großer Bauminseln Gebäudeteile sichtbar, deren erster Anblick leicht verwirrt. Ist die SEEHASE durch einen »Poseidon-Zauber« auf die Themse geraten? Tuckert sie stromauf nach Oxford? Sind das da oben etwa die markanten Rundtürme von Schloss Windsor? Die Ähnlichkeit verblüfft. Das ist unzweifelhaft Neogotik, ein den englischen Tudor-Stil zum Vorbild nehmender Entwurf, mit dem Karl Friedrich Schinkel 1833 die Sommerresidenz für Preußenprinz Wilhelm, den späteren ersten Kaiser des Deutschen Reiches, und seine Gemahlin, Prinzessin Augusta aus dem Hause Sachsen-Weimar, als ritterliche Märchenburg plante. Zu Füßen des so »very british« wirkenden Schlosses Babelsberg steigt, nur wenige Meter vom Ufer entfernt, der »Geyser«, die große Fontäne, 40 Meter in die Höhe, und erst jetzt wird optisch deutlich, wie gut Wasserwerk und Schloss miteinander harmonieren.

Die SEEHASE beschreibt nun, sich ans Ufer haltend, gegen den Uhrzeiger einen großen Vollkreis über die Glienicker Lake. Es gilt, den Schiffsverkehr im Auge zu behalten und gleichzeitig keine der Attraktionen zu übersehen. An Steuerbord taucht im Hintergrund für Sekunden zwischen Baumgruppen und Büschen der Eingang zum Schloss Glienicke mit dem goldenen

Löwenbrunnen auf, danach blitzen kurz die hellen Säulen der »Großen Neugierde« in der Sonne, jenes 2009 sanierten kleinen Rundtempels, der einst königlichen Hoheiten als Teepavillon und Aussichtspunkt diente, von dem aus sie den Verkehr von Kutschen, Reitern und Handelswagen zwischen Berlin und Potsdam begutachten konnten.

Direkt voraus die charakteristische Silhouette der weltberühmten Glienicker Brücke, über die gerade ein roter Doppeldecker-Sightseeing-Bus mit einer goldenen Krone und Aufschrift »Kaiser-Tour« rollt. Auf Steinwurfweite der Brücke nähergekommen, wird beim Kreuzen des Fahrwassers für Momente unterhalb der schwarzen Eisenkonstruktion zwischen den gemauerten Stützpfeilern der Blick nach Norden frei, auf den Jungfernsee mit der entfernt am Ufer liegenden Heilandskirche. Doch das Boot dreht nach Backbord ab, passiert die Villa Kampmann zur Rechten, während der Flaggenstock der Gösch schon auf die Glienicker Enge zeigt, die sich gleich dahinter zum Tiefen See erweitert.

In dieser Kreisbewegung öffnet sich die Sicht über eine weite Wasserfläche hinweg auf die Landeshauptstadt Potsdam, auf die Humboldtbrücke und das im Jahr 2006 eingeweihte *Hans-Otto-Theater* mit seinen roten, vom Opernhaus in Sydney inspirierten, geschwungenen Dachflächen. Dahinter das höchste Bauwerk Potsdams, ein spitzer, 84 Meter hoher Turm in Form einer modernen Stahlskulptur. Es ist das von einem Italiener entworfene und auf dem Fundament der im Krieg zerstörten Heilig-Geist-Kirche 1998 gebaute Wahrzeichen einer Seniorenresidenz.

In der Ferne die grüne Kuppel der Nikolaikirche, die eine Ahnung von der verlorenen Schönheit dieser zu DDR-Zeiten durch hässliche Plattenbauten verschandelten Stadtansicht vermittelt. Eine Chance auf »Heilung« wurde 2012 vertan, als der Mäzen Hasso Plattner das Angebot machte, seine geplante private Kunsthalle im Lustgarten zu errichten, an der Stelle des ehemaligen Interhotel-Hochhauses, dessen Bau Staatsratsvorsitzender Walter Ulbricht 1967 persönlich angeordnet hatte, um in der früheren Preußenresidenz einen unübersehbar sozialistischen Akzent zu setzen. Als nicht nur die Potsdamer Fraktion der Linken gegen einen Abriss stimmte, sondern auch noch unerfreuliche, von Neid und Ignoranz geprägte Debatten in der Bevölkerung hinzukamen, warf Plattner enttäuscht und verärgert das Handtuch. »Ein Trauerspiel« fanden viele, unter ihnen der Oberbürgermeister, und ein »schwarzer Tag für Potsdam.«

Die SEEHASE hat den Kreis mit gedrosselter Fahrt fast vollendet und hält wieder Kurs Nordost, auf das Ufer der Wannseeinsel, auf den Barockturm des alten Jagdschlosses Glienicke. Vor dem breiten Schilfgürtel stehen Stangenreihen zahlreicher Stellnetze, deren weiß-rote, die Windrichtung anzeigende Flatterbänder und kleine Signallampen kundigen Dampferpassagieren und Bootsfahrern verraten, dass hier Profis am Werk sind.

Ein solcher Profi ist der Binnenfischer Mario Weber, der seit der Wende ein kleines Drei-Mann-Unternehmen mit Bootsanleger und Verkaufsstelle in der Großen Fischerstraße am Ufer der Potsdamer Stadthavel gleich hinter der Humboldtbrücke betreibt. Er teilt sich das Revier, das von der Glienicker Lake über den Jungfernsee havelaufwärts bis zum Großen Wannsee reicht, mit zwei anderen Kollegen und kann davon leben. Die Fischbestände von Aal und Zander sind gut, aber auch Karpfen, Hecht und Barsch kommen ausreichend vor. Weber muss seine Stellnetze täglich und die Aal-Reusen alle zwei, drei Tage kontrollieren.

»Es wird das ganze Jahr gefischt, nur bei Eis oder starkem Sturm fahren wir nicht raus«, sagt Mario Weber beim Gespräch über die Havelfischerei und betont: »Wir haben Glück, dass wir nicht in einem Naturschutzgebiet, sondern in einer Bundeswasserstraße fischen, damit sind wir schon ganz zufrieden.« Und er erzählt von den Schonzeiten für Zander vom 1. April bis zum 15. Juni, von vorgeschriebenen Maschenweiten der Netze und unregelmäßigen Veterinär-Kontrollen. Ein besonderes Thema sind die Glas- oder Satzaale, von denen er jedes Jahr 700 000 bis 800 000 aussetzten muss: »Die Aale kommen aus der Karibik. Sie wandern aus dem Süßwasser, wenn sie geschlechtsreif sind ins Sargassomeer, laichen dort und sterben. Das ist umgedreht wie beim Lachs. Die Jungaale kommen dann an die französische Atlantikküste. Früher sind sie noch selbstständig aufgestiegen, aber durch die Flussverbauung werden viele geschreddert, durch Turbinen oder sonst was, eine ganz finstere Sache. Und um diese Schäden zu minimieren, werden die Aale dort an der Küste abgefangen und kommen per Achse hierher. Nur ganz wenige schaffen es allein die Elbe und Havel hoch bis zu uns.«

Mario Weber konnte das Havelgrundstück und die Fischereirechte »für alle Zeiten« kaufen und ist deshalb unabhängig. Eigentlich wollte er Förster werden, ist aber heute glücklich, Seen- und Flussfischer zu sein. Ihm macht die Arbeit, bei der man so schön allein auf dem Wasser ist, viel Spaß, »vor allem wenn man viel fängt«. Auf die Frage, ob es auch Probleme gibt, kommen sofort zwei Stichworte: Kormorane und Freizeitboote. Die Kormorane sind die Feinde der Fischer. Jeder Vogel frisst täglich fast zwei Kilo Fisch. In Webers Revier sind sie zu Hunderten unterwegs. Allein im Stadtgebiet von Potsdam leben fast 700 und im Norden, auf der kleinen Imcheninsel vor Kladow, gibt es eine Brut- und auf der nahen Pfaueninsel eine Schlafkolonie von mehreren Hundert Exemplaren. Während die kilometerweit fliegenden Kormorane in Berlin streng geschützt sind, dürfen sie in Brandenburg geschossen werden. »Ich bin ja auch Jäger, da kann ich eingreifen«, sagt Weber mit einem Augenzwinkern und wird beim zweiten Punkt sehr ernst: »Es sind zu viele Boote auf dem Wasser. Wenn ich mir die vielen Freizeitkapitäne vor allem mit den Flößen ansehe, dann halte ich das für bedenklich und gefährlich. Es geht einfach zu weit, dass sich jeder zwei Fässer zusammenschrauben kann und sagt, ich häng einen Motor dran, 15 PS, und fahr los. Das geht so nicht. Wer ein Schiff chartert, muss keinen Führerschein haben, wer eins besitzt, muss einen haben. Das passt doch nicht. Diese Freizeitkapitäne haben keinerlei Erfahrung. Die kriegen ein Faltblatt in die Hand gedrückt und kommen manchmal nicht einen Kilometer weit, dann fahren die in die Reusen rein, dann hängen sie bei mir im Netz drin, obwohl es die Schilder und Stangen mit weißroten Fähnchen gibt. Die meisten schneiden sich raus und fahren weiter. Die wenigsten kriegen wir ja. Entweder die Wasserschutzpolizei fährt gerade vorbei oder wir bekommen Hinweise vom Ufer aus. Da muss man ins Boot springen und sofort losfahren.«

Bei sommerlicher Windstille liegt die SEEHASE bewegungslos vor dem Südteil des Glienicker Parks mit Sicht auf das Jagdschloss. In den über 300 Jahren seit Errichtung durch Friedrich Wilhelm von Brandenburg, den Großen Kurfürsten, hat das Besitztum am See mehrere tiefgreifende Umbauten sowie zahllose Eigentümer- und Nutzungswechsel überstanden. Ursprünglich ein kleines Jagdrefugium mit ausgedehnter Gartenanlage im holländischen Stil, wurde es von Friedrich I., dem Sohn des Erbauers und ersten König in Preußen, zu Beginn des 18. Jahrhunderts in Formen des französischen Barocks prunkvoll ausgebaut, 160 Jahre später noch einmal erheblich umgestaltet und 1889 nach Aufstockung des Mittelbaus mit einem Turm geschmückt. Trotz einer gewissen Vernachlässigung nach Ende des Ersten Weltkrieges kam das gesamte, aus Haupthaus, angebautem Südflügel, Marstall, Kavaliersgebäude und neun weiteren Bauteilen bestehende Ensemble einigermaßen heil über den Zweiten Weltkrieg und hatte zudem das Glück, im Westen, unmittelbar neben Grenze und Mauer, zu liegen.

Doch in den 60er-Jahren des 20. Jahrhunderts, als die Abrisswut grassierte und es wenig Rücksichtnahme auf Historisches gab – zumal in Preußen –, kam es im Innenbereich zu erheblichen Eingriffen. Der Berliner Architekt Max Taut erhielt den Auftrag, das Jagdschloss zu einer Jugendbegegnungsstätte umzubauen. Dabei entkernte und modernisierte er die Räumlichkeiten derart rigoros, dass Kritiker Taut vorwarfen, er habe dem Schloss Gewalt angetan.

Zu allem Unglück stand auch noch am 31. März 2003 der im Neorenaissance-Stil angebaute Südflügel durch einen Kabelbrand bei Bauarbeiten in Flammen. Die Feuerwehr kämpfte wegen zu geringen Wasserdrucks der Hydranten auf verlorenem Posten und auch die Unterstützung durch ein Havel-Löschboot konnte nicht viel retten. Der Dachstuhl des viergeschossigen Flügels stürzte ein, es blieben nur Außenmauern übrig und ein Sachschaden in Millionenhöhe.

»Der Wiederaufbau des Jagdschlosses, das auf der Weltkulturerbe-Liste steht, ist sicher«, sagte unmittelbar nach dem Desaster Klaus-Henning von Krosigk als deutscher Vertreter der Denkmalschutzorganisation der UNESCO. Er und alle anderen Verantwortlichen hielten Wort. Ende Mai 2013, zehn Jahre nach dem verheerenden Brand, war das Schloss nach einem Sanierungsaufwand von 14 Millionen Euro komplett wiederhergestellt. Um ein erneutes Aufflammen öffentlicher Architektur-Debatten zu vermeiden, erfolgte die Wiedereröffnung ohne jede Feierlichkeit in aller Stille. Vorausgegangen war ein erbitterter denkmalpflegerischer Streit, ob ein moderner, von Max Taut angebauter, inzwischen aber maroder Erker als Fremdkörper abgerissen oder rekonstruiert werden sollte. Für die einen war die Entfernung eine überfällige Wiedergutmachung, die anderen sahen im Glasvorbau ein »bedeutendes Zeugnis für die Zeitgeschichte«. Die Taut-Fraktion siegte und so präsentiert sich das historische Jagdschloss mit einem Portal, das eher an eine Turnhalle oder einen Kinoeingang erinnert.

Spannender als die Baugeschichte ist der Stafetten-Lauf von Besitzern und Nutzern mit ihren höchst unterschiedlichen Verwendungszwecken. Am Beginn standen Jagd und höfische Repräsentation, dann kam Friedrich Wilhelm I., der Soldatenkönig, der sich nur für die »Langen Kerls« interessierte und das Schloss zum Lazarett für seine Lieblinge vom Garderegiment machte. Seinem Sohn, Friedrich dem Großen, lag vor allem am Gedeihen von Manufakturen. Er schenkte das Schloss einem Tapeten- und Wachstuchfabrikanten, dessen Erben es an einen Schulrat verkauften, der ein Heim für verwaiste Knaben einrichtete, die eine christliche Erziehung erhalten sollten. Erst nach etwa 140 Jahren kam das Schloss wieder in königlich-preußische Hände. 1859 erwarb es Prinz Carl von Preußen – seit 1824 Herr auf dem jenseits der Berlin-Potsdamer Chaussee (Königstraße) liegenden, von Karl Friedrich Schinkel erbauten Schloss Glienicke – als standesgemäßen Wohnsitz für seinen 31-jährigen Sohn Friedrich Karl, der kurz vor der Beförderung zum Kommandierenden General des III. Armee-Korps stand. Acht Jahrzehnte sollte das Jagdschloss im Besitz dieser Linie bleiben.

Im Zweiten Weltkrieg dienten die Gebäude als Standort von UFA und BERLIN-Film, die hier Büros und Requisitenlager unterhielten. Im Marstall standen für Dreharbeiten in den nahen Babelsberger Studios Pferde und Kutschen, in den Sattelkammern hingen Geschirre und Zaumzeug aus allen Epochen, Schauspielerinnen und Schauspieler erhielten in der denkmalwürdigen, leider abgebrochenen Reithalle Unterricht.

Während der letzten Kriegstage wurde das Jagdschloss Kampfstützpunkt für die Brückensprengungen. Zwei Monate später drängten sich auf den Fluren die wegen der Potsdamer Konferenz aus dem Sperrgebiet Babelsberg vertriebenen Hausbewohner. Danach war das Schloss kurzfristig Kadettenschule der sowjetischen Armee, dann Jugendherberge und ab 1964 Jugendbegegnungsstätte. Seit dem Jahr 2003 wird der Komplex vom *Sozialpädagogischen Fortbildungsinstitut Berlin-Brandenburg* genutzt, das nach der Brand-Sanierung wieder über alle Räumlichkeiten verfügen kann.

Zwei Preußenprinzen – oder: wie die Stadt Berlin zu Parks und Schlössern kam

Bevor die SEEHASE abdreht und Fahrt aufnimmt, um unter der Glienicker Brücke in den Jungfernsee einzulaufen, ein Blick auf das heute zum Weltkulturerbe gehörende Gesamtareal im Westteil der Wannseeinsel, auf die früher den Hohenzollern gehörenden Besitzungen und auf zwei handelnde, hochadlige Hauptpersonen. Zuerst Prinz Friedrich Leopold von Preußen.

Seit dem Tod seines Großvaters Carl und seines Vaters Friedrich Karl, die 1883 und 1885 im Abstand von nur zwei Jahren starben, war der 20-Jährige Eigentümer beträchtlicher Ländereien in Westpreußen und Herr der beiden mit Kunstschätzen vollgestopften Schlösser auf der Wannseeinsel mit allen angrenzenden, weitläufigen Parkanlagen, zahlreichen Wirtschaftsgebäuden sowie des Gutes Klein-Glienicke und der Liegenschaften Düppel und Dreilinden. Der Prinz stand im Ruf, ein höchst problematischer Sonderling zu sein. Durch königlich-preußische Geburt standestypisch, das heißt ohne eigene Verdienste, im Express-Tempo auf der militärischen Karriereleiter vom Sekondeleutnant im 1. Garderegiment zu Fuß zum Rittmeister, Oberst und schließlich General der Kavallerie befördert, erregte er immer wieder skandalträchtiges Aufsehen. Sein verschwenderischer Lebenswandel, die notorische Spielsucht und empörende Art, wie er seine Frau, eine Schwester der Kaiserin, behandelte, sorgten allzu häufig für unerquickliche Schlagzeilen. Selbst wohlmeinende Standesgenossen äußerten sich über den »unglücklichen Karakter« des »sehr verdrehten Prinzen« und sogar Wilhelm II. befand, dass dieser »sicher bald in ein Narrenhaus gesperrt« würde.

Wie eigenartig sich Friedrich Leopold verhielt, berichten Zeitgenossen, die ihn zu Denkmaleinweihungen oder anderen offiziellen Auftritten im Sonderzug begleiten mussten. Weil der Prinz stets um die korrekten Bügelfalten seiner Hose fürchtete, nahm er niemals Platz, sodass alle Mitreisenden zähneknirschend die Fahrt ebenfalls stehend zurücklegen mussten.

Im letzten Jahr des Ersten Weltkrieges, als während der Novemberrevolution die Monarchie gestürzt und der Kaiser ins holländische Exil geflohen war, geriet Friedrich Leopold noch einmal in den Lichtkegel öffentlicher Aufmerksamkeit. Anfang Dezember 1918 wehte auf dem Dachfirst des Jagdschlosses Glienicke weithin sichtbar die einzige rote Fahne. Die hatte der Hausherr mit der Begründung hissen lassen, dass er sein Eigentum schützen müsse. Von aufgebrachten Militärs und Kaisertreuen aufgefordert, die schwarz-weiß-roten Reichsfarben aufzuziehen, weigerte sich der Hohenzollernspross mit der Begründung, er habe dazu nicht die Genehmigung des Arbeiter- und Soldatenrates in Babelsberg und außerdem besitze er keine deutsche Fahne. Dieses Verhalten und die allzu bereitwillige Anpassung an die neuen, republikanischen Verhältnisse führten zu Irritation und Entrüstung. Als zu Verfehlungen am Spieltisch, den ständigen Schuldengerüchten auch noch weitere politische Peinlichkeiten, die ärgerlicherweise in der Presse standen, hinzukamen, blieb dem in Ungnade gefallenen, inzwischen 53-jährigen Friedrich Leopold eigentlich nur ein Ausweg: die Emigration. Zusammen mit seiner Frau Luise Sophie ging er in die Schweiz und erwarb in Castagnola am Luganer See den *Palazzo Riva*, der hoffähig eingerichtet werden musste. Dafür rollten Eisenbahnwaggons mit Möbeln, Gemälden, Plastiken und Porzellan aus den Beständen der beiden Wannseeinsel-Schlösser in Richtung Eidgenossenschaft.

Auch in der fernen Schweiz lebte Friedrich Leopold auf großem Fuß. Um alle Verbindlichkeiten zu bedienen, begann der Ausverkauf des Erbes. Der Prinz ließ kostbare Kunstgegenstände aus den Glienicker Sammlungen seines Großvaters Prinz Carl auf Umwegen über die Schweiz und München in Amerika versteigern, darunter historisch höchst wertvolle Objekte wie eine Flöte Friedrichs des Großen.

Das alles geschah, obwohl die »Vermögensauseinandersetzungen zwischen dem Preußischen Staat und den Mitgliedern des ehemals regierenden Preußischen Königshauses« noch nicht abgeschlossen waren. Seit dem Ende der Monarchie im November 1918 galt das Vermögen des Hauses Hohenzollern als beschlagnahmt und stand unter Zwangsverwaltung des *Preußischen Finanzministeriums*. Erst acht Jahre später, im Oktober 1926, nach einem gescheiterten Volksentscheid über das »Gesetz zur Enteignung der Fürstenvermögen«, konnten die schwierigen Verhandlungen abgeschlossen werden, nach denen Prinz Friedrich Leopold wieder uneingeschränkt über seinen Glienicker Besitz verfügen konnte.

In den folgenden Jahren nahmen am Luganer See die Geldnöte offenbar derart zu, dass schließlich der sich vom Schinkel-Schloss bis zur Moorlake auf Höhe der Pfaueninsel erstreckende nördliche Teil des Glienicker Parks der *Dresdner Bank* in Berlin überlassen werden musste: 20 Millionen Quadratmeter Wiesen und Wald. Im Besitz der Familie verblieben vorerst die beiden Schlösser und der südliche Teil des Parks bis zur Glienicker Lake. Aber auch dort kam es zu Veräußerungen. 1928 ging der Böttcherberg in den Besitz des Staates über. Die gesamtgestalterischen Überlegungen seines Großvaters Prinz Carl waren dem stets geldhungrigen Friedrich Leopold offenbar egal. Er verfolgte sogar Pläne, Teile des Geländes nach Parzellierung zur Bebauung freizugeben und das Jagdschloss in ein Hotel umzuwandeln. Beides wurde von den Behörden abgelehnt.

Als der Prinz schließlich im September 1931 auf seinem Landgut Kujan in der Grenzmark Posen-Westpreußen starb, waren die unbewohnten Schlösser auf der Wannseeinsel nach einer weiteren Versteigerung fast vollständig ausgeräumt und standen leer.

58 Jahre später, im Frühling 1989, steht ein 70 Jahre alter Herr zusammen mit einem Reporter des *Senders Freies Berlin* am Ufer des Jungfernsees unterhalb des Schinkel-Schlosses, blickt auf die Glienicker Brücke, die Grenzmarkierungen der Mauer, einen DDR-Wachturm, die Sperrbojen auf dem See und sagt in das hingehaltene Mikrofon:

»Es ist meine Heimat, ich bin ja hier in der Nähe – vielleicht 400 Meter Luftlinie im Haus Glienicke aufgewachsen und ich bin jeden Tag mit meiner Schwester im Park gewesen und wir haben gespielt. Und das ist für mich ja eigenartig, hier zu sein und sich sagen zu lassen, daß man eigentlich als Fremder da ist.«

Prinz Friedrich Karl von Preußen ist zwar kein Fremder, aber ihm, dem Enkel und letzten Erben der Schlösser und des Parks, gehört hier nichts mehr, kein Stein und kein Quadratmeter Boden. Bereits 1984 hatte der Senat eine Entschädigungs-Forderung von 43 Millionen DM abgelehnt, 1987 ging vor Gericht die Schadensersatzklage gegen das Land Berlin verloren und jetzt – zwei Jahre später – ist der Fall gerade in der Revision endgültig gescheitert. In keiner Instanz wurde von den Zivilrichtern das Kernargument anerkannt, der Verkauf an die Stadt sei nur zustande gekommen, um einer seinerzeit drohenden Enteignung durch die Nationalsozialisten zuvorzukommen.

Dem SFB-Journalisten erklärt Prinz Friedrich Karl die Hintergründe: »Hitler und Speer sind einmal – von Potsdam kommend – über die Glienicker Brücke Richtung Berlin gefahren. Und bei der Durchfahrt hatte Hitler, der sich ja sehr für Architektur interessierte, das Schloß gesehen und Speer gefragt: wem gehört das eigentlich. Und Speer wußte darauf keine Antwort, mußte daraufhin, ich glaube am nächsten Tag, in die Reichskanzlei zu Hitler und ihm darüber Vortrag halten, und daraufhin beschloß man, sich das Schloß mit den Gartenanlagen anzueignen. Man ging aber erst sehr vorsichtig vor und wollte 30 000 Quadratmeter an der dem Schloß Babelsberg gegenüberliegenden Uferseite des Jagdschloßgartens erwerben, um einen direkten Zugang zum Ortsteil Neu-Babelsberg zu haben von der Glienicker Brücke aus. Als man aber sah, wie schön das ganze Gelände war und wie schön die Kunstwerke waren, da hat man sofort großen Appetit bekommen und hat gesagt: das nehmen wir alles!«

Handlanger des Führers war in dieser Sache SA-Standartenführer Julius Lippert, ein alter Parteigenosse, Hauptschriftleiter der Gauzeitung *Der Angriff* und gleich nach der »Machtergreifung« im Januar 1933 Staatskommissar für die Reichshauptstadt, mit dem Auftrag, Berlin »wieder ein deutsches Gesicht aufzuprägen und von jüdischen und korrupten Elementen zu säubern.« Dabei geriet dem fanatischen Nazi auch die erfolgreiche *Engelhard-Brauerei* ins Visier. »Kein jüdisches Bier in arischen Kehlen«. Lippert hatte zudem erfahren, dass die *Dresdner Bank* ihren lästigen Waldbesitz an der Havel loswerden wollte, gleichzeitig aber starkes Interesse an den Aktien der Berliner Brauerei zeigte, und witterte ein lukratives Tauschgeschäft, mit dem er den Führer zu beeindruckten hoffte.

Am 19. Mai 1933 bestellte der Staatskommissar den jüdischen Eigentümer und Generaldirektor des damals zweitgrößten deutschen Bierkonzerns, Ignatz Nacher, in sein Büro. Auf dem Schreibtisch lag deutlich sichtbar ein Revolver. Unter Androhung der Einweisung in ein Konzentrationslager erpresste Lippert von Nacher die Abgabe von Aktien im Wert von 2,5 Millionen Reichsmark. Die gingen zunächst auf ein Lippert-Sperrkonto, dann an die *Dresdner Bank*, die im Gegenzug den nördlichen Teil des Glienicker Parks abtrat. Julius Lippert hatte das erste Ziel erreicht. Am 20. April 1935 stand in der *Berliner Zeitung*: »An einem Frühlingstage, wie man ihn sich schöner nicht wünschen konnte, ist der Park Klein-Glienicke, den die Stadt Berlin dank des persönlichen Eingreifens ihres Staatskommissars Dr. Lippert ihrem Freiflächenbesitz einfügen konnte, der Bevölkerung der Reichshauptstadt und ihrer Nachbarorte im Rahmen eines Festaktes unter den sich begrünenden Bäumen des riesigen Parks übergeben worden. Der Geburtstag des Führers und Reichskanzlers war als Tag der Eröffnung des ersten Besuches vorgesehen. So konnte er sich einer größeren Schar in seiner ganzen Schönheit präsentieren.«

Im Schatten des propagandistischen Jubel-Auftritts – »ein VOLKSPARK für die VOLKSGENOSSEN« – dachte Lippert vor allem an sein persönliches Wohlergehen und ließ den im Bereich Moorlake liegenden Jägerhof für die Öffentlichkeit sperren. Die 1827 von Karl Friedrich Schinkel im Stil englischer Tudor-Gotik entworfene einstöckige, reetgedeckte Anlage, in der Jagdpferde gestanden und Jäger mit Hundewärtern gewohnt hatten, wurde auf Kosten der Steuerzahler zu einem feudalen Landsitz umgebaut. Heute erinnert nur die Statue einer lebensgroßen, nackten Diana mit Jagdhund zu Füßen auf dem Rasenvorplatz an die Zeit des Staatskommissars im Jägerhof. Seit Juni 2012 wird dort unter dem Namen *NaturKulturGutJägerhof* eine pädagogisch anspruchsvolle Kindertagesstätte betrieben.

Nachdem Julius Lippert 1937 von Hitler zum Oberbürgermeister von Berlin ernannt worden war, trieb er mit Hochdruck den Ankauf des restlichen Parks und der beiden Schlösser voran, die sich noch im Besitz des 18-jährigen Prinzen Friedrich Karl von Preußen befanden. Es bestand Eilbedarf, denn der Führer träumte von der »Welthauptstadt Germania« und die Gestaltung der »Eingangspforte« von Potsdam nach Berlin sollte besonders repräsentativ ausfallen.

Dafür begannen im Juni 1938 zusätzliche Verbreiterungsarbeiten der Königstraße zwischen Nikolskoer Weg und Glienicker Brücke. Vier Jahre zuvor hatte man bereits das Straßenniveau im Bereich Böttcherberg acht Meter tiefer gelegt und damit eine bei den Fuhrleuten zu Zeiten der Pferdegespanne gefürchtete Steigung beseitigt. Nun sollte die alte, 13 Meter breite Chaussee im Endstück vor der Brücke auf 29 Meter gebracht werden. Das ging nur mit umfangreichen Erdarbeiten. Anfallende Bodenmassen durften die Bauarbeiter in den Park des Jagdschlosses kippen, nachdem ein Vertrag mit dem Vormund des Prinzen Friedrich Karl abgeschlossen war. Das war sein Onkel, ein Bruder der Mutter, Prinz Friedrich Christian zu Schaumburg-Lippe, einer der ersten NS-Parteigenossen aus dem deutschen Hochadel und seit 1933 Adjutant des Reichsministers für Volksaufklärung und Propaganda, Joseph Goebbels.

Die Verhandlungen über den Verkauf des Preußen-Besitzes führte Lippert mit gewohnter Zielstrebigkeit und Härte. Der noch minderjährige Prinz Friedrich Karl verweigerte seine Zustimmung mit Hinweis auf die Familientradition. Auch der nachdrückliche Appell, dass ein »freiwilliger Verkauf« die beste und schnellste Lösung sei, fruchtete nicht. Wenig später heißt es in einem internen Amtsvermerk: »Es kann somit das z.Zt. beim Polizeipräsidenten schwebende Enteignungsverfahren vereinfacht und abgekürzt werden.«

Am 29. Juni 1939 – zwei Monate vor Kriegsbeginn – hatte es Lippert geschafft. Ob wegen der Enteignungsdrohung oder weil der Goebbels-Adjutant dem Willen des Führers folgen wollte, Christian zu Schaumburg-Lippe unterschrieb den Kaufvertrag. 184 000 Quadratmeter Parkgelände gingen für fünf Mark pro Quadratmeter in den Besitz der Reichshauptstadt über. Im Vertrag steht: »Ein besonderer Preis für die auf dem Grundstück stehenden Baulichkeiten, nämlich das Jagdschloß Glienicke nebst Nebengebäuden, die Villa (sogenanntes Haus Glienicke) und das alte Schloß nebst Kasino und die mitverkauften Kunstwerke wird nicht gezahlt.«

Dieser Zwangsverkauf war eher eine Beraubung. Von den vertraglich vereinbarten 920 000 Reichsmark für das »Parkgelände« hat Prinz Friedrich

Karl keinen Pfennig gesehen. Er wurde im Krieg eingezogen, studierte nach der Rückkehr aus russischer Gefangenschaft Forstwissenschaft, arbeitete als Waldarbeiter und Autoverkäufer. Seine Versuche, nach dem Krieg einen gerechten Ausgleich für den »sittenwidrigen Vertrag« aus dem Jahr 1939 von der Stadt Berlin zu erhalten, wiesen die Behörden regelmäßig ab, und die Klagen vor Gericht scheiterten, weil die Beweislage schwierig war: Akten verschollen, nicht auffindbar, durch Kriegseinwirkungen verloren oder absichtlich vernichtet. Friedrich Karl konnte die Nichtigkeit der Kaufverträge von 1939 nicht beweisen und wurde vom Senat außerdem über »verstrichene Antragsfristen für Rückerstattung bei Nazi-Unrecht« belehrt. Im Oktober 1987 lautete dann der Spruch des Landgerichts: Das Land Berlin habe das Eigentum an Grundstück, Schlössern und Kunstgegenständen durch die lange Eintragungszeit im Grundbuch von mehr als 30 Jahren »ersessen«. Ein Urteil, dem auch die Richter bei der Revisionsverhandlung zwei Jahre später folgten. Wer 30 Jahre – zu Recht oder zu Unrecht – im Grundbuch steht, ist rechtmäßiger Eigentümer. Prinz Friedrich Karl von Preußen ging also zum zweiten Mal leer aus. Er zog sich an den Tegernsee zurück und starb 2006 – im Alter von 87 Jahren – kinderlos auf Mallorca.

Als Toter durfte der letzte Herr von Glienicke in seinen Park zurückkehren und wurde dort auf dem kleinen *Prinzen-Friedhof* begraben, einem eingezäunten Rondell unweit des Schinkel-Schlosses, das eine große hölzerne Christusfigur am Kreuz überragt. Auf dem früheren Kinderspielplatz werden seit 1923 Mitglieder der Familie begraben. Von Buchen beschattet, sind diese wenigen Quadratmeter gewissermaßen exterritoriales Gebiet, eine Insel der Erinnerung an eine erloschene Hohenzollern-Linie und an die früheren Besitzer eines wundervollen Parks, der nun allen gehört.

Glienicke – die Zerstörung und Rettung eines Gesamtkunstwerks

Im Sommer 1939 hatte Albert Speer, von Hitler als 32-jähriger Jungarchitekt zum Generalinspektor für die Neugestaltung der Reichshauptstadt ernannt, damit begonnen, das Glienicker Areal »zu einer würdigen Eingangspforte des neuen Berlin« zu verändern. Dabei ging er ohne Rücksicht auf historisch gewachsene, sorgfältig ausbalancierte Landschaftsstrukturen vor. Im Jagdschloss-Park verschwanden durch die bis zu drei Meter hohen Aufschüttungen das alte, kunstvolle Wegenetz und der Teich. Die Große Neugierde wurde um elf Meter verschoben und damit der »Pleasureground« am Schinkel-Schloss zerstört, jenes Rasenstück, das nach englischem Vorbild einen herrschaftlichen Landsitz umfasst und vom eigentlichen Park trennt.

Planungen für eine durchgehende Mauer an der Königstraße, von der Großen Neugierde bis zum Greifentor, die Oberbürgermeister Lippert forderte, als er das Schloss zum Amtssitz umbauen lassen wollte, kamen wegen des Krieges, und weil dieser bei Hitler in Ungnade fiel und abgesetzt wurde, nicht zur Ausführung; dafür wurde 1940 die Orangerie abgerissen.

Das kleine, gegen Kriegsende als Lazarett dienende klassizistische Schloss hatte die letzten Kämpfe äußerlich fast unbeschadet überstanden. Es wurde aber besetzt und ausgeplündert. Russische Soldaten rissen Türen und Wandverkleidungen für die Beheizung von Kochkesseln heraus und ließen ihre Pferde auf dem Pleasureground weiden. Das Nachkriegsschicksal dieses Bauwerks gleicht dem des Jagdschlosses, auch wenn es nicht zu so vielen unterschiedlichen Nutzungen kam. Kurzfristig russisches Offizierskasino, dann unbewohnt heruntergekommen, wurde es 1949 ohne Respekt vor der geschichtlich wertvollen Substanz nach Augenblicksbedarf »saniert«, als die Berliner *Sport-Toto G.m.b.H.* den Schlosskomplex übernahm, um dort ein Sportler- und Versehrtenheim einzurichten, das fast 30 Jahre später aufgegeben wurde, weil die jährlichen Verluste aus dem Hotelbetrieb allzu sehr drückten. Die 61 Betten wurden schon längst nicht mehr von Sportlern, sondern älteren Berliner Bürgern belegt, die sich keine Urlaubsreise leisten konnten. Der *Klassenlotterie* als letztem Pächter folgte 1976 für zehn Jahre die *Heimvolkshochschule,* die das Schloss unter Aufsicht der Senatsverwaltung als Weiterbildungs- und Übernachtungsstätte betrieb.

Während die Hauptgebäude durch diese Verwendungen einigermaßen erhalten werden konnten, erging es Nebengebäuden, wie dem berühmten Casino am Havelufer, denkbar schlecht. Über Jahre der Zerstörung und Verwahrlosung preisgegeben und bis zur Ruine heruntergewirtschaftet, konnte es erst im Dezember 1965, nach zweijährigem »Wiederaufbau im alten Stil«, der Öffentlichkeit übergeben werden.

Ein Blick zurück darf sich nicht auf die Architektur verengen. Zum Glienicker Gesamtkunstwerk gehören vor allem die außergewöhnlichen, einst von Peter Joseph Lenné gestalteten Parkanlagen. Und da sah es in den 60er- und zu Beginn der 70er-Jahre des vorigen Jahrhunderts höchst alarmierend aus: Die »feinsinnige Geländemodellierung« wurde grob verändert, Blumenbeete wurden entfernt, Teiche trockengelegt, Wegeführungen beseitigt und damit überraschende Blickbeziehungen zerstört, Sichtachsen zugepflanzt, Bewässerungen stillgelegt, plastischer Figurenschmuck und Brunnen abgebaut.

»Solche schwerwiegenden Eingriffe hatten dem durch eine Vereinigung von Natur und Kunst höchst subtil gestalteten Werk der Gartenkunst seinen Erlebnisreichtum geraubt«, schreiben Klaus-Henning von Krosigk und Heinz Wiegand in ihrem 1992 erschienenen Buch *Glienicke.* Zwei Jahrzehnte später spricht der ehemalige Berliner Gartenbaudirektor und Denkmalpfleger von Krosigk, der sich mit seinem Team im verschandelten Park um Heilung der Wunden bemühte, über die aufwändige Rettungsaktion:

»Ja – die Grundinstandsetzung, das hat sich ja wirklich über zwanzig Jahre hingezogen. Wenn wir jetzt den Kernbereich, den Pleasureground, also den Schloss- und Hausgarten des Prinzen Carl in Klein-Glienicke bedenken, wie auch den Jagdschloss-Park auf der anderen Seite der Königstraße und einige Maßnahmen im großen Landschaftspark, dann hängt das tatsächlich zusammen mit einer sehr vertieften und spezifischen Betreuung durch die *Staatliche Berliner Gartendenkmalpflege.* Wir haben da in der Tat Millionen investiert, aber ich glaube, diese Entwicklung hat doch gezeigt, dass es gut ist, dass die Schlösserverwaltung einerseits und der Berliner Landeskonservator mit seiner Baudenkmalpflege auf der anderen Seite sich nicht nur um Schloss Glienicke und das eine oder andere Parkgebäude gekümmert haben, sondern dass wir, die Berliner Gartendenkmalpflege, seit 1978 die Geschichte dieser wunderbaren Kulturlandschaft erforscht und dokumentiert haben. Wir konnten die großen Parks von Glienicke – das Ganze besteht ja aus mehreren Teilen – unter Schutz stellen und dann auch erhebliche Mittel investieren, um wenigstens Kernbereiche, die völlig verwahrlost, verkommen und verändert waren, als ein Stück der alten, glanzvollen Lebens-, Garten- und Baukultur insbesondere des 19. Jahrhunderts zurückzugewinnen, und ich denke, dass uns das dort auch gelungen ist.«

Der Stolz ist verständlich. Über Jahre wurde Vorbildliches geleistet. Erst durch mühevolle Detektivarbeit mit gartenarchäologischen Grabungen konnten Lage und Form von verschwundenen Blumenbeeten, alten Wegenetzen und Geländeprofilen rekonstruiert werden. Vieles lag unter einer dicken Kiesschicht, die man bei Arbeitsbeschaffungsmaßnahmen zu Beginn der 1950er-Jahre gleichmäßig mit Schaufeln über Pleasureground und Park verteilt hatte; riesige Mengen, die Albert Speer kurz vor dem Krieg hatte anfahren lassen, um eine zweite Straße durch den Park zu bauen.

Wenigstens in Glienicke die städtebaulichen Untaten des Generalbauinspektors für die Reichshauptstadt weitgehend wiedergutgemacht zu haben, ist für Klaus-Henning von Krosigk eine gewisse Genugtuung: »Wir haben es ja sogar Mitte der 80er Jahre geschafft – worüber ich mich heute noch wundere – die Bundesstraße im Bereich Pleasureground und Jagdschloß-Park von der Speer'schen Anschüttung 1939/40 von über einem Meter wieder um sechzig Zentimeter runterzunehmen. Weitere vierzig Zentimeter konnten wir leider nicht, weil da die dicken Fernleitungen von Speer lagen, das hätte Millionen gekostet. Wir haben diese alte Reichsstraße 1, die heutige B 1, beziehungsweise Königstraße, auch wieder von dieser überdimensionierten Aufweitung von 24 auf etwa 12 Meter Querschnitt zurücknehmen können. Ich gebe allerdings zu, dieser unglaubliche Husarenstreich, der mir damals gelungen ist, war nur vor der Wende möglich. Heute, wo wieder die großen Verkehrsströme nach Öffnung der Glienicker Brücke nach Potsdam gehen, wäre das sicher nicht mehr möglich. Insofern war uns Fortuna hier sehr hilfreich und hat das unterstützt. Und deswegen ist das auch wieder ein weitgehend authentischer Straßenquerschnitt und die beiden Parkteile, die ich mit zu den Kernbereichen zähle in Glienicke, Jagdschloss-Park und Pleasureground, präsentieren sich heute wieder in alter Schönheit.«

Ein großer Teil dieser »alten Schönheit« ist zurückgewonnen. Wanderungen durch die Glienicker Parkanlagen sind ein beglückendes Naturerlebnis. Es gibt sie wieder, die nach den erhaltenen Originalplänen Lennés rekonstruierten Wege und Teiche. Doch Landschaftsgärten bedürfen ständiger, sorgfältiger Pflege, sonst sind sie nach wenigen Generationen verloren. Deshalb weist von Krosigk darauf hin, dass in dem 80 Hektar großen Areal Wege instand zu setzen sind, dass nachgepflanzt werden muss, weil die 180 bis 200 Jahre alten Buchenbestände langsam eines natürlichen Todes sterben, und dass es noch immer Parkpassagen gibt, wo die früher vorhandenen Fenster in die Landschaft fehlen, die Lenné einst so treffend als »Hauptgesichtslinien« bezeichnet hat. »Man wird in einer Kulturlandschaft, in einem großen Park ja nie fertig«, sagt Klaus-Henning von Krosigk, »das ist ein dauerhafter Prozess. Also Arbeit ohne Ende.«

Das gilt auch für das einzigartig schöne Gebäudeensemble von Schloss, Remise, Klosterhof und Casino, das 1966 in die Hände der Staatlichen Schlösserverwaltung kam und nach Auszug der Heimvolkshochschule ab 1987 zum Museum ausgebaut wurde. Sechs Jahre vorher gelang es, die Große Neugierde und Orangerie dank der Schubkraft von Schinkels 200. Geburtstag wiederaufzubauen. Dass dieser entscheidende Schritt zur Sicherung der historischen Gestalt von Glienicke verwirklicht werden konnte, ist wesentlich das Verdienst von Martin Sperlich, damals Direktor der *Verwaltung der Staatlichen Schlösser und Gärten (West-Berlin)*, der an der Freien Universität als Professor Gartengeschichte lehrte.

Heute gehört Glienicke zum größten Teil zur *Stiftung Preußischer Schlösser und Gärten Berlin-Brandenburg*, einem nach der Wiedervereinigung durch Staatsvertrag gebildeten Ost-West-Zusammenschluss von Verwaltungen, die am 1. Januar 1995 ihre Arbeit aufnahmen und seitdem mit Sitz in Potsdam für die Erhaltung von 150 historischen Gebäuden, 300 baulichen Anlagen und 800 Hektar Park- und Gartenland verantwortlich sind.

Im Schlossmuseum Glienicke können interessierte Besucher durch das Vestibül, durch weiße, rote oder grüne Salons wandeln und im Gartensaal Konzerte hören. Sie werden dabei die besondere Atmosphäre, den Charme eines kleinen, adligen Landhauses spüren, das einst Wohnsitz eines Mannes war, von dem noch ausgiebig die Rede sein wird. Durch glückliche Fügungen wie großzügige Schenkungen sind einige der bei Verkauf und Versteigerung in alle Welt zerstreuten Kunstgegenstände wieder an ihren Ursprungsort zurückgekehrt, sodass sich der Betrachter am Reiz des Authentischen erfreuen kann.

Es gibt aber nicht nur Glanz und Genugtuung über das Geleistete, sondern auch verhaltene Kritik. Im März 2012 überschrieb die *Frankfurter Allgemeine Zeitung* einen Artikel mit der saloppen Zeile: »Hier fehlt mehr als nur ein bisschen Farbe«, und beginnt den Text mit dem Satz: »Die erst kürzlich neu vergoldeten Greifen am Eingangstor können nicht über den Verfall hinwegtäuschen.«

Es trifft leider zu. Es gibt beunruhigende Beschädigungen an den Figuren der Schlossfassade, es bröckelt an etlichen Stellen, Risse im Mauerwerk und abblätternder Putz an den Wänden sind unübersehbar. Aber eine Renovierung von Glienicke steht vorerst nicht auf dem Arbeitsplan. In der FAZ wird das Schloss »Kronzeuge von Preußens einstigem Glanz« genannt, das bis zur Wende »ein Sehnsuchtsort für die Bewohner der Insel West-Berlin« gewesen sei. »Die deutsch-deutsche Grenze war nur einen Steinwurf entfernt, und die prachtvollen Gebäude rund um die Museumsinsel in Berlin-Mitte waren fast unerreichbar.«

Seit der Wiedervereinigung hat das kleine Schloss mit dem großen Park nicht nur mit der Anziehungskraft von Berlin-Mitte, sondern auch durch die Potsdamer Schlösser und Gärten Konkurrenz bekommen. Doch es behauptet sich als unverwechselbares Kleinod, das durch Lage und Schönheit besticht. Wer heute mit dem Wissen um die Kriegs- und Nachkriegszerstörung das Zusammenspiel von Natur und Baukunst betrachtet, wird über leichte Schäden hinwegsehen und für das Wunder der Wiederherstellung dankbar sein. Was hier engagierte Planer und Experten mit dem Geld steuerzahlender Bürger schaffen durften, hätte kaum ein König, geschweige denn ein Prinz von Preußen vollbringen können.

Jungfernsee

Ankern auf der Römerbank

Fahrtrichtung Jungfernsee – Ansteuerung der Glienicker Brücke

Unmerklich treibend, liegt die SEEHASE bei leichtem Nordost im Windschatten der höher liegenden Königstraße, direkt vor dem Schilfgürtel des Jagdschloss-Parks. Mit einer kurzen Drehung kommt sie Richtung Glienicker Brücke in Fahrt und hält auf die gelbe Ansteuerungsmarkierung in Fahrbahnhöhe zu, um zwischen den mittleren Brückenpfeilern genau unter dem Punkt hindurch zu fahren, an dem oben auf dem Pflaster einmal ein weißer Strich die Welt in Ost und West zerteilte.

Mit kräftigem Schub und wirbelnder Heckschleppe passiert das Boot den dunklen Brückenschatten. Die Potsdamer Havel mit dem Tiefen See bleibt achteraus, der Bug zeigt nach Norden, auf den schlanken, italienisch anmutenden Turm der Sacrower Heilandskirche. Auf der Steuerbordseite prägt ein ungemein elegantes, von Parkbäumen eingefasstes Terrassen-Bauwerk die Uferlinie. Es ist das zweistöckige, im klassizistischen Stil von Karl Friedrich Schinkel geschaffene Casino, ein zartgelb angestrichenes schlichtes Gebäude mit grünen Fensterläden, flachem, an den Eckpunkten mit Schalen geschmücktem Dach, das vor allem durch die Säulenreihen der beidseitig angebauten Laubengänge Wirkung entfaltet. Das Casino ist der sichtbarste und zugleich dekorativste Teil des sich in der Tiefe des Parks verbergenden Schlosses Glienicke. In einigem Abstand kündet in Ufernähe nur noch das fast vom Wald verdeckte Hofgärtner- und Dampfmaschinenhaus mit einem venezianisch aussehenden Turm vom Gestaltungswillen der Erbauer.

Das kleine Boot kommt jetzt zum Mittelpunkt des hier kreisrund erscheinenden Jungfernsees, der sich nach Nordwesten zwischen den Landmarken Quapphorn und Riesterhorn als 300 bis 500 Meter breiter Arm über weitere drei Kilometer ausdehnt, bis er am 1876 eröffneten Sacrow-Paretzer-Kanal endet, der als Durchstich zum Göttinsee die Fahrzeit für Frachtschiffe auf dem Weg in die Elbe erheblich verkürzt. Von Nordosten wird der See bei der Engstelle zwischen Heilandskirche und Krughorn Richtung Spandau und Spree mit Havelwasser versorgt.

Die Seemitte, also die Position, auf der die SEEHASE mit gestoppter Maschine gerade liegt, ist der »Idealpunkt«. Das Boot befindet sich exakt auf einer Linie, auf der im Südwesten die vergoldete Kuppel des Marmorpalais und im Nordosten die schneeweiße Fassade des Schlosses auf der Pfaueninsel zu sehen sind. Eine wahrhaft königliche Sichtachse, die Friedrich Wilhelm II. gegen Ende des 18. Jahrhunderts schuf: zwei Schlösser als wechselseitiger Blickfang, und auf halber Strecke die von seinem Enkel, Friedrich Wilhelm IV., 150 Jahre später im Stil einer altrömischen Basilika errichtete Heilandskirche am Port von Sacrow.

Mit Einkuppeln des Motors verlässt die SEEHASE das Kielwasser der Ausflugsschiffe. Sie löst sich von der Wannseeinsel, kreuzt das mit grünen und roten Tonnen gekennzeichnete Fahrwasser der Berufsschifffahrt und hält auf eine weite Bucht am Nordufer zu, auf ein weißes, mit einer »17« beschriftetes, im Schilfgürtel an einer Stange befestigtes Schild, das die Havelkilometrierung anzeigt.

Nach 50 Metern meldet das Echolot ein Flach, auf der Schifffahrtskarte als dünne, geschwungene Linie markiert, neben der ein wohlklingender Name steht: *Römerbank*. Noch im sanften Auslaufen des Bootes rauscht die Kette über das Buggeschirr. Ein kräftiger Ruck zeigt an: der Anker hat im Schlick gefasst. »Motor aus« – der schönste Moment –, endlich Stille, wie auf einem Segelboot. Nun ist nur das Rauschen des Schilfs zu hören, das ferne Geschnatter der Enten und das nahe Glucksen und Klatschen des Wassers am Heck.

Beim Rundblick wird schnell klar: Einsamkeit ist in den Sommermonaten ein Problem. Allenfalls in den sehr frühen Morgenstunden oder abends, kurz nach Sonnenuntergang, und bei schlechtem Wetter ist man hier allein. Mit einigem Abstand ankern mehrere andere Freizeitboote. Auch auf dem See herrscht einiger Betrieb. Immer wieder schiebt sich langsam ein mächtiger Schubverband mit Baumaterial, Schrott oder Öl vorbei. Für einen Augenblick, wenn das Vorschiff auf Höhe der gut 1 000 Meter entfernten Glienicker Brücke die im Hintergrund aufschießende Babelsberger Große Fontäne passiert, sieht es so aus, als ob ein Wal seinen Atemstrahl in die Höhe stößt.

Auffällig sind vor allem die schnellen, mit schäumender Bugwelle dahin stürmenden, knallgelben *Potsdamer Wassertaxis*, die bei schönem Wetter mit geöffnetem Glasdach in den Stadtgewässern bis runter zum Templiner See verkehren und auf dem Jungfernsee die Stationen Glienicker Brücke, Cecilienhof-Meierei, Sacrow-Heilandskirche und Park Glienicke-Krughorn anlaufen. Sie gehören zur *Schiffahrt Potsdam*, einem Zusammenschluss der *Weißen Flotte* und der *Haveldampfschiffahrt*, mit einem halben Dutzend Fahrgastschiffen, unter ihnen die stilvolle, bald 100 Jahre alte FRIDERICUS REX. Zusammen mit der *Sanssouci* und *Belvedere* umkreist auch sie in der Saison täglich die Wannseeinsel auf der Großen Rundfahrt, allerdings gegen den Uhrzeigersinn, vom Potsdamer Hafen unweit des Hauptbahnhofs an der Langen Brücke über Glienicker Lake – Griebnitzsee, sodass sie auf dem Weg zum Großen Wannsee den entgegenkommenden Schiffen der Berliner Konkurrenz von der *Stern und Kreisschiffahrt* begegnet.

Das interessanteste Fahrzeug der Potsdamer Reederei ist jedoch das Dampfschiff GUSTAV. Schon von Weitem an seinem hohen, pechschwarzen Schornstein zu erkennen, gewinnt das über 30 Meter lange Schiff beim Näherkommen an nostalgischer Kontur. Ein scharf geschnittener, fast senkrechter Bug und schöne Hecküberhänge verraten den alten Dampfschlepper. 1908 für eine Hamburger Reederei in Brandenburg an der Havel gebaut, Mitte der 1970er-Jahre zu DDR-Zeiten in privater Hand mittschiffs um sechs Meter verlängert, damit zwischen Maschinen- und Kesselraum zusätzliche Kohlebunker passten, die den Aktionsradius verdoppeln sollten, geriet der Schlepper zehn Jahre später in Gefahr, abgewrackt zu werden. Doch die Rettung gelang. Nach einer sieben Jahre dauernden General-Restaurierung schwamm und dampfte die *Gustav* wieder, ging in den Besitz der *Weißen Flotte* über und durchpflügt seit 2001 kohlebefeuert das Potsdamer Revier.

Zum Bild des Sees gehören aber nicht nur Personen- und Berufsschifffahrt, Motor-, Paddel-, Ruderboote und Segler, sondern ebenso die Wasservögel, nach Wandermuscheln tauchende Blesshühner, gründelnde Stock- und Krickenten, Kormorane, Graugänse und immer mal wieder ein Graureiher, dem einst bevorzugten Wild für die Beizjagd der Könige und des Adels, dessen Bestände sich durch die ganzjährige Schonzeit gut erholt haben. Bei jedem Ankern umkreisen zuerst Entengruppen in der Hoffnung auf Fütterung das Boot und manchmal nähert sich, gravitätisch langsam heranschwimmend, ein auf Abstand haltendes, lebenslang zusammenbleibendes Schwanenpaar – schneeweißes Gefieder, elegant gebogene Hälse und ausdrucksvolle Köpfe. Weil nur vereinzelt Paare allein oder mit ihren Jungen zu sehen sind, fallen Höckerschwäne bei einer Wannseeinselumrundung auf.

Das war vor 150 Jahren anders, als Theodor Fontane die Mark Brandenburg durchstreifte und im dritten Band seiner *Wanderungen* über Potsdam und Umgebung in dem Kapitel *Die Havelschwäne* schrieb: »Zur Havelschönheit tragen die Schwäne ein sehr Erhebliches bei. Sie geben dem Strom auf seiner breiten Fläche eine königliche Pracht, und eine schönere Einfassung aller dieser Schlösser und Residenzen ist kaum denkbar. …Wie mächtige weiße Blumen blühen sie über die blaue Fläche hin; ein Bild stolzer Freiheit.«

Zu jener Zeit soll es zwischen Tegel und Glienicker Brücke über 1000 Schwäne gegeben haben, die im Herbst allerdings kurzfristig ihre Freiheit verloren, wenn sie von Spandauer Fischern mit Booten zur Rupfung ihrer Brustfedern eingefangen wurden, die als Daunen für die Betten der königlichen Familie Verwendung fanden. Um die Tiere vor dem Einfrieren zu bewahren, geschah das im Dezember ein zweites Mal. Sie wurden nach Potsdam gebracht und dort täglich auf einer offen gehaltenen Wasserfläche in der Nähe des Stadtschlosses vom königlichen Schwanenmeister mit Gerste gefüttert. Zusammen mit weiteren 1000 von der Unteren Havel bis nach Brandenburg stammenden Schwänen kam in den Wintermonaten eine beachtliche Versammlung zusammen, sodass Fontane zu recht ausrufen konnte: »Noch ist die Havel mit ihren 2000 Schwänen unerreicht.«

Ankern auf der Römerbank ist ein Erlebnis. Bei umlaufenden, leichten Winden schwingt das Boot mit sachten, kaum spürbaren Bewegungen in verschiedene Richtungen des durch die Länge der Kette fixierten Kreises. Die zum Schutz gegen die Sommersonne über der Heckpartie aufgespannte Plane lässt nach hinten einen Blick frei, der dem Ausschnitt einer Filmleinwand gleicht. Der Betrachter muss nur still sitzen und schauen: ständig wechselt das Bild. Mal ist es im Osten das 20 Meter hohe, kiefernbewachsene Steilufer der Wannseeinsel mit dem grauen Betonschaft des Schäferberg-Fernsehturms als Drehpunkt der Inselumfahrung, wenig später schiebt sich das 1787 für Friedrich Wilhelm II. erbaute prachtvolle Marmorpalais am Ende des Hasengrabens am Heiligen See ins Bild, für Augenblicke erneut die Glienicker Brücke, dann im Südwesten die *Meierei im Neuen Garten*. Dieser 1844 von Persius im Stil einer normannischen Burg erweiterte wuchtige Komplex diente ursprünglich der Milchversorgung des preußischen Hofes, verbarg dann die Wasserpumpen der Parkanlagen und wurde 1918 schließlich zum Gasthof umgebaut. Nach dem Zweiten Weltkrieg für Jahrzehnte direkt an der Mauergrenze stehend, war das auffällige Bauwerk bis 1991 eine verwilderte Ruine, die sich erst durch Initiative eines westdeutschen Unternehmers, laut Eigenwerbung, 2003 in »das am schönsten gelegene Brauhaus Deutschlands« verwandelte. Und wenn sich das Boot vollständig landeinwärts nach Norden gedreht hat, zeigt der Bildausschnitt im Vordergrund einen Streifen Wasser, Schilf und dahinter das dunkle Grün des Parks von Schloss Sacrow mit einigen hell leuchtenden Birkenstämmen.

Höfische Gondeln – Galeeren und Lustjachten

Bei einem Rundblick über den Jungfernsee präsentieren sich Glanzpunkte jenes »Preußischen Arkadiens«, das sich italiensüchtige Könige und Prinzen im 19. Jahrhundert als mediterrane Traumlandschaft schufen. Weltweit dürfte es keinen Ankerplatz geben, an dem auf einem Vollkreis von 360 Grad sechs Schlösser zu sehen sind: Sacrow – Glienicke – Babelsberg – Marmorpalais – Cecilienhof und als Krönung, oberhalb der Meierei, über den Baumwipfeln, die Doppelturmsilhouette des Belvedere auf dem Pfingstberg.

Um all diese Schlösser gleichzeitig wahrnehmen zu können, muss mit Geduld auf das richtige, im Tageslauf wechselnde Licht gewartet werden. Über Stunden kann das Babelsberger Schloss auf seiner Anhöhe über der Brücke, vom Grün des Parks verschluckt, fast unsichtbar sein. Häufig zeigt es die typischen Umrisse erst wieder bei spätnachmittäglichem Sonnenstand, so wie der im englischen Landhausstil erbaute Cecilienhof, dessen Fachwerkgiebel die meiste Zeit hinter Bäumen verschwinden.

Zu königlich-preußischen Zeiten war der Jungfernsee ein Freilufttheater. An den Ufern knorrige Bäume und dichtes Buschwerk, dazu als Rahmen für herrschaftliche Schau-Spiele auf der großen Seebühne einige mit sicherem Gespür für Wirkung gesetzte Kulissenbauten.

Der erste Auftritt, bei dem allerdings noch die gemauerten Akzente fehlen, gebührt Friedrich I., dem Mann, der sich 1701 in Königsberg selbst die Krone aufsetzte und damit erster König in Preußen wurde. Als Sohn des Großen Kurfürsten hatte er in kargen Jugendjahren die Hofgesellschaft häufiger bei den allseits beliebten Kahnpartien nach Caputh oder zum Jagdschloss Glienicke begleitet und früh eine Neigung zu Booten und Barken entwickelt. Von Gestalt eher kümmerlich, klein und verwachsen, liebte der König die pompöse Geste und baute nicht nur in großem Stil, sondern erteilte 1704 auch den Auftrag, in den Niederlanden eine Prunkjacht auf Kiel zu legen, die »reichste und beste, so jemahls zu Amsterdam gemachet worden ist.«

Die Werft leistete ganze Arbeit. Das 25 Meter lange und sieben Meter breite zweimastige Schiff mit Gaffeltakelung war auch unter Deck mit verschwenderischem Luxus ausgestattet. Im großen Salon wie in den Kammern gab es mit blauem oder gelbem Damast bespannte Wände, goldbestickte Samtpolster, kostbare Möbel und Teppiche. Nach Abschluss der Arbeiten wurde die neue königliche Lustjacht über die ostfriesischen Wattengewässer, Elbe und Havel nach Potsdam überführt, dabei gesegelt, von Pferden getreidelt oder von Ruderbooten gezogen und schließlich im November 1707 im neu gebauten Hafen am Lustgarten verankert.

Anfang März sollte die auf den Namen des Monarchen FRIEDRICH I. getaufte Jacht von Potsdam nach Charlottenburg und danach zum Berliner Schloss segeln, um dort bei der Bevölkerung gebührenden Eindruck zu machen. Begleitet von einigen kleineren, in England gebauten Jachten, Kuttern und reich vergoldeten Galeeren mit 18 Ruderbänken, die noch aus dem Schiffspark des Großen Kurfürsten stammten, machte sich die kleine Armada mit der FRIEDRICH an der Spitze auf den Weg nach Nordosten.

Die königliche Flotte ließ den kahlen, »Babel« oder »Babert« benannten Berg wie den schlichten, zweistöckigen Bau des Jagdschlosses an Steuerbord liegen und hielt auf die einige Jahrzehnte zuvor auf Weisung des Großen Kurfürsten errichtete Brücke zu, auf eine Reihe von senkrechten und schräg gestellten Holzpfählen mit einem für Fuhrwerke und Reiter durch ein Geländer gesicherten Bohlenweg. In der Mitte gab es als Durchlass für Segelkähne mit starren Masten eine Klappbrücke nach holländischem Vorbild, die ein Brückenwärter bei Bedarf öffnete.

Erst nach Passieren der Brücke und Erreichen des am rechten Ufer gelegenen Rittergutes Klein-Glienicke, das der Große Kurfürst 1680 der Familie von Schlabrendorf abgekauft hatte, konnte die FRIEDRICH Segel setzen. Und erst jetzt, auf dem Jungfernsee, entfaltete das Schiff seine ganze Pracht, die auch die Mannschaften auf den Begleitbooten staunen ließ.

Im günstigen Südwestwind blähten sich am Hauptmast Rahtopp- und Großsegel, am Kreuzmast das Besansegel. Allein im Schmuck des gesetzten Tuches, der auswehenden bunten Flaggen und Wimpel, bot die FRIEDRICH einen großartigen Anblick. Gesteigert wurde die Wirkung durch 22 bronzene Kanonen und die typisch holländischen, mit dem schwarzen Preußen-

Liburnica LXXXXII pedes Longa, Lata XXIII, Tormentis bellicis aeneis XXII armata, omnis generis instrumento navali
et supellectile splendidissima instructa, aplustribus aliisque ornamentis decorata, et Primi Borussiae Regis nomine jure
superbiens, quam FRIDERICUS, Augustissimus Borussiae Rex, Regni sui Conditor, ad exemplar à se probatum in
Belgio aedificari, et relicto Oceano Suevum fluvium subire jussit, ut illa animi causâ uteretur, et maritimae
navigationis imagine et voluptate inter Marchici coeli oblectamenta frueretur

adler verzierten Seitenschwerter. Krönung des Ganzen war jedoch der mit vergoldetem Schnitzwerk verzierte Heckspiegel des erhöhten Achterdecks.

Hauptblickfang der Dekorationen: Ein von allegorischen Frauengestalten umgebenes Medaillon mit dem Bildnis des Königs und den verschlungenen Initialen »F.R.« – »Fridericus Rex«. An der Backbordseite: *Europa*, eine weibliche Figur mit Rüstung und Zepter, gegenüber an Steuerbord: *Afrika*, eine dunkle Schöne im Federschmuck, umgeben von Palmen, Kamelen und Straußenvögeln als Hinweis auf die kurbrandenburgische Kolonie an der Goldküste und die Königlich Preußische Marine, die Friedrich I. allerdings drei Jahre später auflöste. Über dem Heckfenster drei übergroße kronengeschmückte Laternen, dazwischen ein Flaggenstock für die riesige, fast im Wasser schleppende Fahne des Königs.

An jenem Tag segelte die FRIEDRICH an der Insel Kaninchenwerder vorbei bis nach Spandau. Eine Woche später, am 8. März 1708, musste das Schiff vom Schloss Charlottenburg von 100 Soldaten mit Leinen die Spree aufwärts gezogen werden, weil es keinen Wind gab. An Bord waren der König mit seinen Brüdern und dem Erbprinzen von Hessen-Kassel, dazu 24 kräftig aufspielende Trompeter. Bei Erreichen des Stadtschlosses wurde Salut geschossen, den die von zwei »schönen Fregatten« begleitete FRIEDRICH mit ihren Geschützen erwiderte.

Die Prunkjacht des Königs lag nur kurze Zeit an der Rückfront des Schlosses, da die Spree an dieser Stelle für ein fast 30 Meter langes Fahrzeug zu wenig Raum zum Manövrieren bot. Sie fuhr zurück zum heimatlichen Ankerplatz in Potsdam, kreuzte von dort aus auf dem Templiner- wie dem Jungfernsee und spielte bei Festveranstaltungen des Hofes eine beträchtliche Rolle. So ein Jahr später, 1709, als sich an Bord Friedrich von Dänemark, Friedrich von Sachsen-Polen und Friedrich von Preußen zu politischen Gesprächen trafen und gemeinsam zum Lustschloss Caputh segelten. Der dänische Vizeadmiral Just Juel notierte am 8. Juni 1709: »Noch ist zu merken, daß der König in Preußen eine Lustjacht auf dem Strome Havel hält, welche sehr prächtig innen und außen mit Malerei und Vergoldung ist, weiße Flagge, Gösch, Wimpel und Heckflagge führt, worin ein schwarzer Adler steht, welcher das preußische Wappen ist.«

Vor dem Spree-Schloss – die Lustjacht König Friedrichs I. im Jahr 1707, Kupferstich von G. W. Wolffgang nach einem Gemälde von Michiel Maddersteegh

1712 kam Peter der Große beim Staatsbesuch in Berlin während eines Ausflugs auf das Schiff und war von der luxuriösen Ausstattung wie den fabelhaften Segeleigenschaften hell begeistert. Ein Jahr später starb Friedrich I.

im Alter von 56 Jahren und sein Nachfolger, jener später als »Soldatenkönig« in die Geschichte eingegangene Friedrich Wilhelm I., erbte die Lustjacht, zusammen mit einem Berg drückender Schulden, den ihm sein verschwendungssüchtiger Vater hinterlassen hatte.

Der neue König hasste Prunk, Protz, Müßiggang und feine Lebensart. Er hatte nur eine einzige teure Marotte: die »Langen Kerls« im Leibregiment, die er aus ganz Europa mit Zwang und Geld in seine Lieblingsresidenz nach Potsdam lockte. 1716 kam es bei einem erneuten Zusammentreffen mit dem Zaren in Havelberg zu einem willkommenen Tauschgeschäft. Peter der Große erhielt die begehrte FRIEDRICH einschließlich Matrosen und Inventar, bis hin zum Silbergeschirr. Dafür versprach er dem König von Preußen im Gegenzug 100 große Gardegrenadiere. Die FRIEDRICH wurde über Hamburg nach St. Petersburg gesegelt; einige Monate später trafen in Potsdam aus Russland 150 Mann in gewünschter Länge ein.

So war der König die überflüssige Jacht zwar los, aber die Bühne des Jungfernsees ihres majestätischen Glanzes beraubt. Keine schwellenden Segel, kein festlicher Korso von aufwendig geschmückten Barken. Keine Trompeter und Paukisten unter wehenden Fahnen auf dem Achterdeck. Die letzte Nachricht über die vom Zaren in DIE KRONE umgetaufte FRIEDRICH stammt aus dem Jahr 1741, als das Schiff grundüberholt wurde und neue Spanten erhielt.

100 Jahre nachdem die Prunkjacht Potsdam verlassen hatte, schrieb der Berliner Admiralsstabssekretär Voigt bedauernd: »Mit ihr schwand eine reizvolle Staffage der Potsdamer Gewässer; hier hat sie mit ihrem bunten Flaggenschmuck und reichen Fülle schneeiger Segel wohl eine Erscheinung dargeboten, die bei der damaligen Seltenheit an sportgerechten Fahrzeugen sich von dem übrigen Schiffsmaterial jener Tage glänzend abhob. Ihre Verschenkung bedeutete somit für den königlichen Wassersport eine schmerzliche Einbuße.«

Für einige Jahrzehnte wurde es still auf dem Jungfernsee. Statt höfischer Prachtentfaltung Kähne von Fischern, gestakte Gondeln und Ruderboote für Personentransporte sowie breite Lastensegler, deren großflächige, vom Mast mit einem Rundholz diagonal abgespreizte viereckige Segel das Bild bestimmten. Diese »Kaffenkähne« genannten Schiffe beförderten Baumaterial, Roggen, Wolle, Eichenholz oder Pferdemist zum Düngen der Äcker und mussten an windstillen Tagen mit langen Seilen von Menschen oder Pferden getreidelt werden. Der See als Arbeitsbühne.

Auch der Nachfolger, Friedrich II., hatte keinen Sinn für Wasserspiele. Er musste Kriege führen, das »Rendezvous mit dem Ruhm« bestehen, Schlösser bauen, Flöte spielen, Gedichte schreiben, Manufakturen gründen und die brandenburgische Binnenschifffahrt fördern. Dafür brauchte man Wasserstraßen. Die wurden weitsichtig ausgebaut und in Betrieb genommen: 1745 der Plauer Kanal zwischen Havel und Elbe und ein Jahr später der Finowkanal als Verbindung zur Oder.

Erst der »dicke Lüderjahn«, der genussfreudige, lebenshungrige Friedrich Wilhelm II., der 1786 auf den Thron kam, fand wieder Spaß am Spiel der Wellen. Er ließ sich in Potsdam am Ufer des Heiligen Sees aus rotem Backstein das zweigeschossige Marmorpalais im Stil des Frühklassizismus bauen, mit einem Rundtempel auf dem Dach, der eine vorzügliche Aussicht auf den Jungfernsee und die etwas entferntere Pfaueninsel bot. Zu Füßen des Schlosses lag der Bootshafen nebst kleiner Flottille von Rudergondeln und Segelbooten, deren Mannschaften darauf warteten, dass sich die Hofgesellschaft zu Lustfahrten einschiffte. Der König liebte es, sich an der Spitze einer Kolonne mit Girlanden und Fahnen geschmückter Boote vom Heiligen See durch den 1737 geöffneten Hasengraben auf den Jungfernsee rudern zu lassen, begleitet von seiner Vertrauten, der kunstsinnigen, gerade zur Gräfin Lichtenau erhobenen »schönen Wilhelmine« Enke. Diese häufig zur neu erworbenen Pfaueninsel, aber auch weiter havelaufwärts bis zum Schloss Charlottenburg führenden Ausflüge waren für König und Höflinge ein angenehmer Zeitvertreib und für die Untertanen an den Ufern ein aufregender Anblick, wenn die üppig verzierte Barke ihres Herrschers samt Gefolge musikbegleitet über die Havel so nah herankam, dass sie Friedrich Wilhelm II. unter dem Baldachin erkennen konnten. Nach seinem Tod endete das kurze höfische Gastspiel zu Wasser und in den bald darauffolgenden düsteren Jahren der Napoleonischen Kriege gab es keine königlichen Kahnpartien mehr.

Im Frühsommer 1815 belebte sich das Bild der Havelgewässer wieder, als ein dreimastiges offenes Segelboot auf dem Jungfernsee auftauchte, das durch Größe, fremdartige Takelage und Schmuckverzierungen Aufmerksamkeit erregte, zumal die geführte Flagge verriet, dass es ein Schiff des preußischen Hofes sein musste. Endlich – fast genau 100 Jahre nach Auslieferung des Prunkschiffes FRIEDRICH an den Zaren, kreuzte wieder eine königliche Lustjacht im Potsdamer Revier. Das neue Boot stammte aus London und war ein Präsent des englischen Prinzregenten, des einige Jahre später als Georg IV. regierenden Königs aus dem Haus Hannover, an den preußischen König Friedrich Wilhelm III. Der war im Sommer des Vorjahres zusammen mit dem Zaren von Paris nach London gereist, um dort die Waffenbrüderschaft der vereinigten Truppen von England, Österreich, Russland und Preußen im Kampf gegen Napoleon mit dessn scheinbar endgültiger Niederwerfung gebührend zu feiern. Bei diesem Dreikönigstreffen – der österreichische Kaiser ließ sich durch den Oberbefehlshaber der Schlacht, Feldmarschall Schwarzenberg, vertreten – fand vor dem Hafen von Portsmouth eine große Flottenparade statt. Damit wollten die Gastgeber ihren Verbündeten wohl noch einmal zeigen, was sie selbst im Kampf gegen den verhassten Korsen über Jahre zur See geleistet und welches Opfer sie mit Lord Nelsons Tod bei dessen gloriosem Sieg in der Schlacht von Trafalgar erbracht hatten. Während der Schiffsparade muss der preußische König eine kleinere, im Stil einer Royal-Navy-Fregatte getakelte Barkasse entdeckt haben, die so gefiel, dass der Prinzregent spontan entschied, sie ihm zum Geschenk zu machen. An diesem Tag wurde Friedrich Wilhelm III. von seinem 17-jährigen Sohn Wilhelm begleitet, der an Bruder Carl mit Datum vom 30. Juni 1814 schrieb: »Papa erhielt von einem Admiral [der Prinzregent] ein kleines Boot geschenkt, welches wie eine Fregatte ausgerüstet ist, ganz allerliebst, mit 3 Masten, Kanonen, usw. Es kommt nach der Pfaueninsel.«

Der »Admiral« hielt Wort und so kam die kleine, kupferbeschlagene Fregatte wenig später über Nordsee, Elbe und Havel, von einem britischen Seeoffizier geführt, mit einer fünfköpfigen deutsch-englischen Matrosenmannschaft Ende September 1814 nach Potsdam. Die »Englische Fregatte« fand ihren ständigen Ankerplatz dann tatsächlich am Ufer der Pfaueninsel und machte einigen Eindruck, wenn sie bei gutem Wind im Schmuck der weißen Segel auf den märkischen Seen erschien.

Eine völlig neue Ära begann, als im Frühjahr 1817 ein merkwürdiges Wasserfahrzeug mit auffällig hohem, durch lange Seile abgespanntem Schornstein, von Norden kommend, Kurs auf die Glienicker Brücke hielt. Es war das erste in Deutschland, genauer in Pichelsdorf bei Spandau gebaute Dampfschiff auf dem Weg von Tiergarten über Charlottenburg nach Potsdam. Ein in der Schiffsmitte zwischen zwei Rümpfen installiertes Schaufelrad wurde von einem 14-PS-Motor der Firma *Boulton, Watt & Cie., London* angetrieben, der das 40 Meter lange »Mittelraddampfschiff« voranbrachte, das den Namen

Die *Charlotte von Preußen* – 1816 das erste deutsche Dampfschiff, Aquatinta von Friedrich August Calau

der 18-jährigen Tochter des Königs trug: PRINZESSIN CHARLOTTE VON PREUSSEN, die im kommenden Juli den russischen Großfürsten Nikolaus heiraten und dann Alexandra Fjodorowna heißen würde.

Die Jungfernfahrt des ersten deutschen Dampfschiffes hatte bereits am 27. Oktober 1816 stattgefunden, bei der 160 Passagiere die 10-Kilometer-Strecke von Pichelsdorf zur Pfaueninsel an Bord erleben durften.

Für die unterhalb des Gutshauses Klein-Glienicke am Ufer stehenden Landarbeiter war die erste Vorbeifahrt eines Dampfschiffes auf dem Jungfernsee eine willkommene Abwechslung bei ihrer harten Arbeit, denn der preußische Staatskanzler Fürst Hardenberg, der die Ländereien erst vor drei Jahren vom königlichen Oberstallmeister Graf Lindenau erworben hatte, ließ gerade mit einigem Aufwand Weinberge und eine Maulbeerbaumplantage anlegen. Doch schon bald war die Passage der PRINZESSIN CHARLOTTE Alltag. Man gewöhnte sich daran, sie mit schwarzer Rauchschleppe bei Ausflugsfahrten mit 300 Passagieren an Bord oder im Dienst der *Königlichen Post* zwischen Potsdam und Berlin-Tiergarten hin und her dampfen zu sehen.

Ein preußischer Sehnsuchtsort – der »Golf von Potsdam«

Prinz Carl von Preußen um 1825 vor Schloss Glienicke, Gemälde von Franz Krüger

Der See als Bühne, auf der das Geschehen, bis auf ein Festhalten in Kupferstichen, Gemälden oder Fotos, meist spurenlos bleibt, während das Ufer-Theater deutliche, dauernde Zeichen hinterlässt. Auf beiden Bühnen gibt es Haupt- und Nebendarsteller. An Land sind das beim Jungfernsee drei königliche Brüder und drei Bürgerliche, die gemeinsam an der Gestaltung eines Kunstwerks von Weltrang wirkten. Dabei gebührt Prinz Carl von Preußen, dem jüngsten Sohn und »schönsten Kind« Königin Luises, die Rolle der Zentralfigur, des Hauptdarstellers und Spielleiters.

Mit 22 Jahren, kurz vor der Beförderung zum Generalmajor, gelang Prinz Carl das Kunststück, seinen Vater, den wortkargen, zaudernden und sparsamen König Friedrich Wilhelm III. zu überreden, ihm als Erstem der drei Söhne Mittel für den Erwerb eines Sommersitzes zu bewilligen. Mit der gewährten Summe kaufte der junge Prinz von den Erben des zwei Jahre zuvor auf einer Reise in Genua verstorbenen Fürsten Hardenberg das Gut Klein-Glienicke, das seit 1814 in Hardenbergs Besitz war; 100 Hektar Wald- und Parkgelände mit Wohnhaus, Teepavillon, Gewächshaus, Hofgebäuden, Ställen und einem kleinen Billardhaus mit Kegelbahn am Ufer des Jungfernsees.

Am 1. Mai 1824 wurde Prinz Carl von Preußen vertragsgemäß Herr auf Glienicke, und damit begann die ungewöhnliche Karriere eines Mannes, der einmal als »Kenner und Beschützer des Schönen« in die preußische Geschichte eingehen sollte. Als Neunjähriger hatte er den Tod seiner Mutter, der umschwärmten, hochverehrten Königin Luise, erleben müssen und noch im selben Jahr mit Johann Heinrich Karl Menu, dem späteren Freiherrn von Minutoli, einen Erzieher bekommen, der die Gabe besaß, in dem jungen Schüler eine Leidenschaft für das Sammeln antiker Plastiken und byzantinisch-venezianischer Kunst des Mittelalters zu entfachen wie die Sehnsucht nach einem romantischen Ideal: Italien.

Zwei Jahre vor Übernahme Glienickes hatte Prinz Carl mit seinem Vater, dem König, und dem vier Jahre älteren Bruder Wilhelm im Spätherbst eine erste Italienreise unternommen: Venedig, Rom, Neapel, Florenz. Mit diesen Eindrücken ging er nun zielstrebig ans Werk, den neuen Besitz in ein Elysium, einen Garten Eden nach eigenen Vorstellungen zu verwandeln, dabei mit geschicktem Kalkül auf zwei bewährte Helfer setzend, die beide schon für Staatskanzler Hardenberg an der Umgestaltung des Gutes mitgewirkt hatten. Der 35-jährige Rheinländer Peter Joseph Lenné konnte bereits als Mitglied der *Potsdamer Gartendirektion* bei der Gestaltung des Neuen Gartens und Sanssoucis Erfahrungen sammeln und empfahl sich zusätzlich durch eine vor zwei Jahren absolvierte Dienstreise nach England. Englische Landschaftsgärten kamen gerade groß in Mode. Der Zweite war der acht Jahre ältere Karl Friedrich Schinkel, der als Maler, Bühnenbildner und Baumeister bereits eine Berühmtheit war und zu dessen Werken die Gedenkstätte für Königin Luise, die Neue Königswache und das Schauspielhaus am Gendarmenmarkt zählten. Während im Zentrum Berlins gerade die Bauarbeiten für das Museum am Lustgarten begannen, übernahm Schinkel den Auftrag, in der märkischen Einsamkeit bei der Erfüllung eines prinzlichen Traums von südlicher Schönheit mitzuwirken.

Als Erstes entstand anstelle des alten Billardhauses das langgestreckte Casinogebäude, von dessen Terrassen sich ein herrlicher Blick auf den Jungfernsee bietet. Danach wurde das Gutshaus zu einem eleganten, kleinen Schloss umgebaut, das eher wie eine italienische Villa aussieht, ein vornehmes Landhaus im klassizistischen Stil.

Zur selben Zeit ging Lenné an die Arbeit und entwarf den Plan für die Gestaltung von Pleasureground und Park. Er zeichnete Wegeführungen, Teiche, Baumgruppen und Sichtschneisen und ließ auf den nicht mehr benötigten Ackerflächen neue Bäume pflanzen. Innerhalb weniger Monate wurden 25 000 Bäume gesetzt, die zum Teil aus dem Park Wörlitz des Fürsten Pückler stammten, viele 40 bis 60 Jahre alt. Die Kunst, derart große, manchmal sogar blühende Bäume zu versetzen, hatte sich der geniale Gartengestalter Pückler, dessen 1823 eröffneter Park Muskau gerade Aufsehen erregte, bei einer Englandreise durch Bestechungen angeeignet. Auch wenn Pückler die Arbeiten am Park seines Freundes Carl gern übernommen hätte, ließ der Lenné gewähren und tat gut daran, denn auch Schinkel und Lenné waren befreundet. Sie blieben im ständigen Austausch und bildeten so ein ideales Gespann, das die anspruchsvollen Wünsche ihres Auftraggebers zu verwirklichen suchte.

Der vollendete Traum – Schloss Glienicke vor der Kulisse Potsdams, Ölgemälde von Carl Daniel Freydanck, 1838

Zu Beginn der 1830er-Jahre – Prinz Carl hatte inzwischen die bildschöne Prinzessin Marie von Weimar geheiratet und mit Friedrich Karl einen ersten Sohn – kam aus London die Nachricht, dass William IV. beabsichtige, seinem königlichen Vetter in Berlin eine neue Vergnügungsjacht zu schenken. Möglicherweise hatte Fürst Pückler bei seinem jüngsten Aufenthalt in Londoner Hofkreisen erzählt, dass die englische Lustjacht von 1814 inzwischen verrottet und unbrauchbar sei.

Ihre Nachfolgerin wurde 1831 in den *Royal Dockyards* von Woolwich an der Themse unweit von London in einer Länge von 45 Fuß und 12 Fuß Breite gebaut. Vorbild war eine im Maßstab 1:3 nachgebaute Fregatte, eines jener schnellen, als Vollschiff getakelten Fahrzeuge, die während der napoleonischen Kriege mit großem Erfolg im Einsatz waren. Das verkleinerte Schiff war höchst solide aus massivem Mahagoni gezimmert, am Bug eine geschnitzte schwarze Galionsfigur, ein auffliegender Adler mit dem preußischen Wappenschild in den Fängen und am Heck in Goldbuchstaben der Name ROYAL LOUISE. Noch beim Stapellauf am 1. Mai 1832 in London wurde die Jacht-Fregatte auf diesen Namen getauft, eine einfühlsame Ehrung der 1810 mit 34 Jahren verstorbenen Königin Luise.

In Berlin hatte man aus dem unrühmlichen Schicksal der ersten Jacht gelernt und gab den Auftrag, an der schmalen Durchfahrt am Südufer der Pfaueninsel einen Fregattenschuppen zu bauen, damit das schwimmende Geschenk in den Wintermonaten vor den Unbilden des Wetters geschützt sein würde.

Im Schlepp eines englischen Werftdampfers traf die ROYAL LOUISE am 1. Juni 1832 in Hamburg ein und wurde von dem der *Preußischen Seehandlung* gehörenden Dampfschiff BERLIN ins Schlepptau genommen. Wegen des niedrigen Wasserstandes der Elbe musste die Miniatur-Fregatte jedoch bereits bei Bleckede, nach gut 80 Kilometern, auf eine sogenannte Zille geladen werden, einen flachen, etwa 20 Meter langen Transportkahn, den man treideln, segeln oder schleppen konnte, und der kaum Tiefgang hatte. Das Verladen war ein überaus kompliziertes Manöver. Man flutete die Zille, schob sie unter den Kiel der ROYAL LOUISE, pumpte dann das Wasser des wieder abgedichteten Frachtkahnrumpfes ab, bis dieser mit seiner Last aufschwamm.

Es muss eine höchst merkwürdige Prozession gewesen sein, die da zum Erstaunen vieler Beobachter an Wittenberge, Tangermünde und der Kammerschleuse in Brandenburg vorbei flussaufwärts zog: Ein mit Balken abgestütztes, verwunderlich kleines, dreimastiges englisches Kriegsschiff mit drohend aus den Stückpforten herausragenden Kanonenmündungen.

Ohne Zwischenfälle erreichte der Schleppverband sein Ziel und warf Mitte Juni 1832 vor der Pfaueninsel Anker. Bei ihren ersten Probefahrten erregte die ROYAL LOUISE sofort großes Aufsehen. »Die Fregatte zeigt eine wunderbare Schönheit im Aufbau,« befand ein begeisterter Augenzeuge, »der gestreckte Rumpf mit dem weißen Batteriegang, aus dem die Kanonen kampfesfroh hervorschauen, ist niedrig genug, um das Takelwerk als lebensnotwendigen Bestandteil erkennen zu lassen. Etwas feines weibliches liegt in ihrem Charakter, wenn sie poetischen Reizes voll unter dem Druck der geblähten weißen Schwingen zierlich dahinschwebt.«

Am Freitag, den 15. Juni 1832, war in der *Königlich priviligirten Berlinischen Zeitung von Staats und gelehrten Sachen* die kurze Notiz zu lesen: »Se. Herrl. Der Lord Adolphus Fitz-Clarence von London hier angekommen.«

Das Eintreffen einer Gruppe von Offizieren der *Royal Navy* in schmucken blau-weißen Uniformen wirkte in den gesellschaftlichen Kreisen Berlins als kleine Sensation, zumal der »commander« ein leibhaftiger, wenn auch illegitimer Sohn des seit zwei Jahren regierenden englischen Königs war.

Die Entsendung des von William IV. anerkannten Nachkommen als offiziellem Begleiter der ROYAL LOUISE sollte als besondere Geste verstanden werden und so bereitete man dem jungen Lord einen standesgemäßen Empfang. Adolphus FitzClarence wurde bei Hof willkommen geheißen, von Prinz Carl in sein Stadtpalais in der Wilhelmstraße eingeladen und dann nach Glienicke mitgenommen. Der nur ein Jahr jüngere, 30-jährige Gast im Rang eines Captains schien interessant, weil er in seiner kurzen Marinekarriere schon einiges erlebt hatte. Er war Kadett in Nordamerika und im Mittelmeer, Kommandant von Kriegsschiffen in der Nordsee und seit Thronbesteigung des Vaters Befehlshaber der königlichen Jacht *Royal George.*

Über den Ablauf des Besuchs »Seiner Lordschaft« in Glienicke existieren keine Aufzeichnungen. Es scheint aber denkbar, dass es am 16. Juni 1832 tagsüber Zeit gab, den britischen Gästen den Glienicker Besitz zu zeigen und Ausbaupläne zu erwähnen. Vielleicht hat FitzClarence den von Schinkel entworfenen und seinem Mitarbeiter Ludwig Persius erbauten Jägerhof besucht – ein rechtwinklig angeordnetes strohgedecktes Gebäude in reinster Tudor-Gotik, in dem Pikeure und Hundewärter mit dem Auftrag wohnten, die Jagdpferde und Meute »gefleckter Schweißhunde« zu betreuen. Sicherlich hat der leidenschaftliche Jagdreiter Prinz Carl über die Parforcejagd gesprochen, die der Hof auf sein Betreiben nach langer, kriegsbedingter Pause 1828 mit einer ersten Jagd im Grunewald wieder eingeführt hatte. Sie könnten sich über Pferde unterhalten haben, über englische Vollblüter, die gerade in größerer Zahl von der Insel eingeführt wurden, um die heimischen Rassen zu verbessern, oder über die preußischen Landgestüte, deren Einrichtung der König so nachdrücklich förderte. Und möglicherweise auch über das erste preußische Pferderennen in Lichterfelde im Jahr 1829.

Prinz Carl lehnte zwar den Kurs der britischen Außenpolitik ab, war aber ausgesprochen anglophil. So wird er den Ehrengast mit einem gewissen Stolz auf das Vorhaben seines Bruders Wilhelm hingewiesen haben, auf der kahlen Anhöhe, dem alten Jagdschloss gegenüber, einen Sommersitz im englischen Stil zu errichten, dessen Bauarbeiten gerade begonnen hatten.

Auf jeden Fall haben Prinz Carl und Prinzessin Marie mit den Herren der Royal Navy auf der Terrasse des Casinos gestanden und mit ihnen die Aussicht auf die sich zum See ausweitende Havel genossen. Zur Rechten zeigten einige Mastspitzen den hinter Bäumen und Büschen verborgenen kleinen

Schloss Glienicke mit dem »Lusthafen« des Prinzen Carl, kolorierte Radierung von Friedrich August Schmidt, um 1830

Hafen an, während die Gästegruppe zur Linken freie Sicht auf eine Baustelle hatte. Die alte Holzbrücke zwischen Berlin und Potsdam war zum großen Teil abgerissen. Arbeiter mauerten bereits die ersten Fundamente für die Pfeiler einer neuen Steinbrücke. Im Schloss lag für alle zugänglich der Bauplan, den Karl Friedrich Schinkel gezeichnet hatte: zehn bogenförmige Durchlässe und in der Mitte eine hölzerne Zugklappe als Durchfahrtöffnung für die Schifffahrt.

Am Abend dieses 16. Juni 1832 fand auf Schloss Glienicke zu Ehren der Gäste aus dem *Vereinigten Königreich* ein Ball statt, zu dem 100 Personen – unter ihnen Lenné und Persius – aus Berlin und Potsdam eingeladen waren. Die Festlichkeit begann um 19 Uhr und der Kammerdiener des Prinzen notierte in dem zu führenden Journal: »Auf höchsten Befehl sollte dieser Ball im Freien, und zwar auf dem Platze vor der Veranda des Innenhofes stattfinden; es war demzufolge jener Platz mit Dielen belegt, einem großen Tanzsaal ähnlich gemacht, und von allen Seiten auf das Schönste mit Blumen, Orangerien und Ballons verziert, so dass ganze abends bei Beleuchtung einen brillanten Effect hervorbrachte. Ungünstiges Wetter jedoch, oftmalige starke

Regengüsse, nötigten die hohe Gesellschaft, im oberen Salon – wie gewöhnlich – zu tanzen. Nach 1 Uhr endigte das Fest.«

Wenn Lord Adolphus FitzClarence einige Jahre später noch einmal nach Glienicke gekommen wäre, hätte er Vollendetes und Neues bewundern können. Vollendet: Die im September 1834 von der Schwester Prinz Carls, der inzwischen zur Kaiserin von Russland gekrönten Alexandra, bei einem Berlinbesuch eingeweihte Schinkel-Brücke, die Zeitgenossen als »vorzüglichstes Bauwerk – ebenso köstlich wie wohlgeraten« priesen. Neu: Auf dem Pleasureground standen die Große Neugierde und die Löwenfontäne, im Park das Dampfmaschinenhaus und im Süden, am gegenüberliegenden Ufer, der burgartige Sommersitz des Prinzen Wilhelm auf dem Babertsberg, der tatsächlich aussah wie Schloss Windsor.

Besondere Freude hätte dem Marineoffizier jedoch die kleine Hafenstation an der Landzunge zwischen Dampfmaschinenhaus und Casino gemacht. Dort lag die Flotte des Prinzen: Segeljachten, Ruderboote, ein Dampfboot und häufig auch vor Anker: die ROYAL LOUISE. Die eigentliche Attraktion war jedoch das »ortsfeste Seeschiff«, eine große, dreimastige, auf Ufergrund gebaute Fregattenattrappe. Die Idee stammte möglicherweise von Schinkel, der schon 1824, im Jahr des Erwerbs von Glienicke, eine Ansichtszeichnung vom Casino gemacht hatte, auf der das »Landschiff« zu erkennen ist. Einige Segel sind gesetzt und die Takelage ragt wirkungsvoll über die Baumwipfel. Auf zahlreichen Gemälden und Radierungen vom Ostufer des Sees sind Masten und Rumpf dieses seltsamen »Segelschiffes auf dem Trockenen« zu erkennen.

Zum Hafen gehörte das Matrosenhaus, einige Hundert Meter landeinwärts oben im Park. Ludwig Persius hatte das alte Weinmeisterhaus im klassizistischen Stil umgebaut und mit einem Turm versehen, den ein Delphin und die gedrehte Spitze eines Narwal-Zahns krönen. Hier lebten die für Zustand und Betrieb der Schiffe verantwortlichen Männer.

Prinz Carl segelte mit Leidenschaft, auch an stürmischen Tagen selbst am Ruder. Sein Lieblingsboot war die NAVARIN, ein Geschenk des Zaren Nikolaus I., benannt nach der Seeschlacht von Navarino, bei der 1827 alliierte britische, französische und russische Linienschiffe und Fregatten die Flotte des osmanischen Sultans vernichtet hatten. Aber auch das eigene Dampfboot mit dem Namen PRINZ CARL kam bei Fahrten nach Werder oder Berlin zum Einsatz.

Die Glienicker Brücke um 1850 – vor Anker die ROYAL LOUISE, Farblithografie von Xaver Sandmann

Außerdem zeigte der Prinz für die allgemeine Personenschifffahrt starkes Interesse. Das erste, 1836 aus Eisen gebaute Dampfschiff trug seinen Namen. Unterhalb des Casinos fuhren immer wieder Paketdampfer mit Passagieren an Bord auf dem Weg zur Elbe oder Spree entlang, die für diese Reisen 30 bis 40 Stunden benötigten. Zwei Jahre nach Eröffnung der Bahnstrecke zwischen Berlin und Hamburg, im Dezember 1846, stellte die *Königliche Seehandlung* den Verkehr von Berlin und Potsdam in die Hansestadt ein und gab mit dem Verkauf ihrer zehn Dampfer die Geschäftstätigkeit als Reederei auf.

Friedrich Wilhelm IV. hatte gleich nach seinem Regierungsantritt im Jahr 1840 verfügt, am Ufer des Neuen Gartens zwischen der Glienicker Brücke und der geplanten Meierei nach einem geeigneten Liegeplatz für die königlichen Wasserfahrzeuge zu suchen. Während die Brüder Wilhelm und Carl an den Ufern ihrer Schlösser Boote jederzeit sofort zur Verfügung hatten, musste Friedrich Wilhelm, schon als Kronprinz, jedes Mal reitende Boten zur Pfaueninsel schicken, wenn er mit der ROYAL LOUISE oder einem anderen Schiff fahren wollte. Nach Erwerb eines Mühlengrundstücks in der Nähe des Hasengrabens wurden am Seeufer Unterkünfte für die Bedienungsmannschaften errichtet und ab 1843 erhielt die ROYAL LOUISE dort ihren ständigen Ankerplatz. Alljährlich im Herbst musste sie aber ins Winterquartier in den Fregattenschuppen auf der Pfaueninsel. Als 1850 die ersten Matrosen der *Preußischen Flotte* den Betrieb der Lustfahrzeuge übernahmen, wurde der Liegeplatz militärisch korrekt »Stationsort« genannt, hieß aber wenig später nur noch »Matrosenstation«.

Am 7. Juli 1852 kam es auf dem Jungfernsee noch einmal zur Inszenierung eines großartigen Spektakels. Aus Anlass des bevorstehenden 54. Geburtstages der Zarin Alexandra Feodorowna, die zum siebten Mal seit ihrer Eheschließung mit Nikolaus I. zu Besuch in ihrer »geliebten freien Luft von Potsdam« weilte, stand zu ihren Ehren ein großer »Wasserkorso« auf dem Programm, zu dem alle Fahrzeuge aufgeboten waren, die sich in Bewegung setzen konnten. Die gesamte prinzliche »Süßwasserflotte«, dazu die zum Schloss Babelsberg gehörenden Kutter und Rudergaleeren, alle bei der Königlichen Matrosenstation liegenden Schiffe des Hofes sowie Gondeln und Zuschauerkähne aus Potsdam trafen in der Mitte des Sees zusammen. An den Ufern neugierige Menschenmassen, vor Schloss Glienicke das mit den Fahnen aller Nationen festlich geschmückte »Seeschiff zu Lande« und bei der Matrosenstation die über die Toppen prächtig beflaggte ankernde ROYAL LOUISE.

Im strahlenden Sonnenschein entfaltete sich ein aufregendes Bild: Über 200 mit bunten Wimpeln, Bannern, Standarten, Kränzen und Blumengirlanden verschwenderisch geschmückte Boote warteten auf die königlichen und kaiserlichen Majestäten. Als sich die hohen Herrschaften dann auf der ALEXANDRIA mit dem russischen Doppeladler am Flaggenmast bei schmetternder Musik schwimmender Militärkapellen näherten, gab es kein Halten mehr. Kanonenschüsse eröffneten die große »Schlacht«. Sofort wurden Hunderte von »zierlichen Blumensträußen mit Rosen und Vergissmeinnicht als Wurfgeschosse von schönen Händen geschleudert oder aufgefangen.« Es war ein lautstarker, fröhlicher Blumenkrieg, »jeder warf und haschte, haschte und warf von neuem.« Erst als das Licht immer abendlicher wurde, drehte das Haveldampfboot ALEXANDRIA mit der Zarin, dem Zaren und der preußischen Königsfamilie an Bord ab und entschwand in Richtung Pfaueninsel.

Protektor und Regisseur des Wasserschauspiels war Prinz Carl, der im Jahr seiner Silberhochzeit mit 51 Jahren einen Lebenshöhepunkt erreicht

Festlich geflaggt – die Flotte des Prinzen Carl vor dem Casino, Johann Heinrich Bleuler, 1830

hatte. Auf Wunsch des königlichen Bruders sollte er Herrenmeister des wiedergegründeten Johanniter-Ordens und Generalfeldzeugmeister der Artillerie werden. Aber neben der Karriere gab es immer das große Steckenpferd: Park und Sommerschloss am See. Er war »Sir Charles Glinike« oder der »Sir of Glinicke«, wie er seine Briefe an die lebenslang geliebte Marie häufig unterschrieb.

Um die Mitte des 19. Jahrhunderts war das Ufergestaltungswerk weitgehend vollendet. Gemeinsam hatten die drei Prinzenbrüder mit Hilfe von Lenné, Schinkel und Persius eine Landschaft nach ihren Vorstellungen geformt: Wilhelm mit Babelsberg, Carl mit Glienicke, wozu auch die Schinkel-Brücke und die Villa seines Hofmarschalls von Schöning gehörten, die Persius 1843 am anderen Ende der Brücke als würdigen Blickfang im Stil einer italienischen Turmvilla errichtet hatte, zur selben Zeit, als der architekturbegeisterte Friedrich Wilhelm – der »Romantiker auf dem Thron« – durch die mit eigener Hand entworfene Heilandskirche am Nordufer des Sees den Schlussakzent setzte.

In wenigen Jahrzehnten war aus einem brandenburgischen See der »Golf von Potsdam« geworden, den Besucher überschwänglich rühmten.

Matrosenstation Kongsnaes und die ROYAL LOUISE im Jahr 1895, Holzstich von Willy Stöwer

Alexander von Humboldt, der weitgereiste Südamerika-Erforscher, war hier häufig zu Gast. Er soll gesagt haben: »Der Blick von der Glienicker Brücke wetteifert mit den schönsten Punkten der Welt«, und die Hausherrin, Prinzessin Marie von Preußen, notierte am 19. Juni 1845, bei einem Besuch des Kronprinzen von Sardinien, des späteren – als Victor Emmanuel II. – ersten Königs eines geeinten Italien, in ihr Tagebuch: »Glinicke mit seiner Rosenpracht ist in diesem Augenblick ganz herrlich. Unsere guten Sardinier finden die Aussicht vom Casino aus, bei Sonnenuntergang, ähnlich der, welche der Meerbusen von Rio de Janeiro darbietet.«

Caroline von Rochow, die genaue Chronistin des preußischen Hoflebens, schrieb in einem Brief vom 30. August 1849 an eine Freundin: »Ich habe manches Schöne gesehen, was einen doch immer interessiert, als ein Beweis, was Kunst und Geschmack aus einer nur einigermaßen dankbaren Gegend zu machen verstehen. Ich weiß nicht, ob du in einer blauen Laube warst, mit einem Blick durch die kleinen Arkaden auf Glienicke; ich hätte glauben können, etwa am Gardasee zu sein.«

Nach dem unvergesslichen Wasserkorso in Sichtweite des Casinos blieben dem Prinzen Carl von Preußen weitere drei Jahrzehnte, um seine Leidenschaften als Kunstsammler, Bauherr und Naturgestalter auszuleben. Er hortete

Unter kaiserlicher Flagge – die ROYAL LOUISE auf der Havel, Aquarell von Willy Stöwer, 1904

die byzantinischen Schätze im 1850 eigens dafür erbauten Klosterhof, und ließ nach Erwerb des alten Jagdschlosses für Sohn Friedrich Karl, dem Zeitgeschmack folgend, von Ferdinand von Arnim im Dorf Klein-Glienicke zwischen 1863 und 1867 die neun Schweizerhäuser für Bedienstete erbauen, sodass Spaziergänger mit wenigen Schritten – zumindest architektonisch – von Italien über die Schweiz bis nach England wandern konnten. Als letztes Bauwerk entstand 1869 die verwunschene *Loggia Alexandra* auf der Höhe des von Lenné gestalteten Böttcherberges, ein kleines, halbkreisförmiges Gebäude, in dessen offener, mit Mosaiken und pompejanischen Wandmalereien geschmückter Säulenhalle die Büste der neun Jahre zuvor verstorbenen Zarin Alexandra Feodorowna, der von Carl so geliebten Schwester Charlotte, den Mittelpunkt bildete. Von der Dachterrasse hatten Besucher einen wunderbar weiten Blick über ein romantisches Tal mit wirkungsvoll platzierten Findlingen, im Vordergrund das Jagdschloss, dahinter die Rundtürme von Schloss Babelsberg und am Horizont die Stadtsilhouette von Potsdam.

Prinz Carl hat seine Brüder Friedrich Wilhelm als König und Wilhelm sogar als Kaiser erlebt. Über sechs Jahrzehnte war er, der Jüngste, der eigentliche Herr des Jungfernsees. Mit 73 Jahren ließ er sich aus Venedig noch 33 Kisten mit Altertümern schicken, mit 80 Jahren reiste er ein letztes Mal in die Lagunenstadt und nach Neapel. Im Jahr davor war das »ortsfeste

Segelschiff« unterhalb des Casinos abgebrannt, für viele Mitglieder des kleinen Hofstaats ein Zeichen drohenden Unheils.

Prinz Carl von Preußen starb am 21. Januar 1883 in seinem von Schinkel umgebauten Palais in der Wilhelmstraße, das 50 Jahre später Sitz des Reichspropagandaministeriums unter Joseph Goebbels werden sollte.

Mit dem Tod des Prinzen erloschen in Glienicke die nächtlichen Illuminationen auf den Casino-Terrassen, das Schloss verwaiste und die Kunstsammlungen wurden später als Marktware an Meistbietende verkauft.

Fünf Jahre nach dem Ende der Glienicker Ära des »Kenners und Beschützers des Schönen« kam nach dem tragisch frühen Tod Friedrichs III. dessen 29-jähriger Sohn als Wilhelm II. an die Spitze des Deutschen Reiches, und damit ein Mann, der seit frühester Jugend eine ausgeprägte, geradezu leidenschaftliche Vorliebe für alles Maritime hatte. Der Keim zu dieser Passion wurde auf dem Potsdamer Jungfernsee gelegt. Hier lernte der junge Kronprinz, zusammen mit Bruder Heinrich, an Bord der ROYAL LOUISE den Umgang mit Schiffen schätzen.

Als junger Kaiser träumte er dann von Seemacht, weltumspannender Flottenpolitik und Schlachtschiffbau, nahm an den gerade in Mode kommenden Segelregatten auf der Kieler Förde teil und verbrachte die Sommer an Bord der Staatsjacht HOHENZOLLERN vorzugsweise in norwegischen Fjorden.

In der Potsdamer Heimat genügte dem ebenso geltungs- wie repräsentationssüchtigen Monarchen der alte, Matrosenstation genannte Liegeplatz der Schiffe des Hofes am Südufer des Jungfernsees nicht mehr. Unter dem Eindruck der Nordlandfahrten gab er Weisung, die Hafenanlage aufwendig umzugestalten. Dafür wurde der Osloer Baumeister Holm Hansen Munthe gewonnen, den Wilhelm II. auf einer seiner Reisen kennengelernt hatte und dessen »norwegischen Drachenstil« er schätzte. Von 1891 bis 1895 errichteten norwegische Zimmerleute an der heutigen Schwanenallee in massiver Holzbauweise zuerst die »Ventehalle«, eine Art Empfangspavillon, dann das Bootshaus, die Matrosenkaserne und schließlich das Kapitänshaus. Das gesamte Gebäudeensemble erstrahlte im Stil »norwegischer Nationalromantik«, eine Verbindung von Wikingerbauten und Stabkirchen-Architektur, mit malerischen Giebeln, Drachenköpfen und kunstvoll geschnitzten Balken. Bei der Einweihung im Jahr 1896 gab »Seine Majestät« der neuen Matrosenstation den Namen »Kongsnaes« – »Königliche Landzunge«, ein norwegisches Wort, das die meisten fremd und unverständlich fanden.

Paradestücke der kaiserlichen Hof-Flotte waren das im neuen Dampfschiffschuppen liegende, 1887 in Stettin gebaute, 30 Meter lange Doppelschrauben-Dampfschiff ALEXANDRIA II, das als offizielle Staatsjacht »im Innern gefällig und bequem« 40 Personen Platz bot, und die inzwischen über 50 Jahre alte, vor Anker liegende ROYAL LOUISE, in deren Takelage auch die Zöglinge des *Preußischen Seekadetten-Instituts* das Segelsetzen üben mussten.

Während der kleine Hafen am Glienicker Casino verödete, herrschte in Kongsnaes reges Treiben. Korso-Fahrten mit Flaggengala und Musik, Staatsempfänge ausländischer Herrscher, Lustpartien aus Anlass von Hohenzollern-Familienfesten mit Böllerschüssen und Feuerwerk, Offizierstreffen der Marine und der Potsdamer Regimenter sowie pompös inszenierte Ausfahrten Wilhelms II. mit der ALEXANDRIA zu Kanaleinweihungen, Kaisermanövern und den jährlichen Ruderregatten in Grünau.

Erst mit Beginn des Krieges, im August 1914, fiel unwiderruflich der Vorhang über dem großen See-Theater, fanden die feudalen Schiffsexkursionen ein Ende, war der Jungfernsee wieder ein gewöhnliches Gewässer.

Nachtgedanken am Sacrower Ufer – Glienicker Brücke und Potsdam

Abenddämmerung. Nachdem die Sonne schon vor einiger Zeit hinter den Belvedere-Türmen auf dem Pfingstberg verschwunden ist, verlieren die hohen Schleierwolken ihre letzten rosafarbenen Konturen. Spiegelglatt liegt die weite, leere Fläche des Sees im kontrastlos grauen Licht. Alle Wasservögel sind verschwunden und mit ihnen die Nachbarboote, die ihre heimatlichen Liegeplätze noch vor Sonnenuntergang angesteuert haben. Längst verkehrt kein Wassertaxi mehr, die Ausflugsdampfer liegen an den Molen und selbst die großen Schubverbände scheinen an diesem Tag den See zu meiden, sodass es keinen Schwell mehr gibt, kein unruhiges Schaukeln durch die Heckwellen vorbeifahrender Schiffe. Die leichte Abendbrise aus Nordost hat die SEEHASE mit dem Heck zum Potsdamer Ufer gedreht, sodass die schlaff durchhängende Ankerkette Richtung Sacrower Schlosspark zeigt.

Es beginnt dunkel zu werden. Ein warmer Sommerabend, allein auf einem kleinen Boot, das unbeweglich vor einem ungewöhnlichen Panorama liegt: links die Glienicker Brücke, rechts die Meierei, am Ufer verbunden durch die Schwanenallee und Parkwege des Neuen Gartens, im Hintergrund die Landeshauptstadt Potsdam. Es sind zwar nur knapp 2000 Meter zwischen den beiden Randpunkten des Bildes, aber beim Blick auf diese kurze Landlinie wird dem Betrachter bewusst, dass sich hier 130 Jahre deutscher Geschichte verdichten lassen, dass dieses überschaubare Stück Erde ein ereignisträchtiger Schauplatz ist, auch wenn Macht und Zentralgewalt im nahen Berlin lagen.

Im schwindenden Licht ist Schloss Babelsberg kaum noch zu erkennen. Dort oben, auf diesem märkischen Sandhügel wurde in einem englisch aussehenden Gemäuer der erste Schritt zur Gründung des Deutschen Reiches getan. Am 22. September 1862 empfing hier der eigentlich zum Rücktritt entschlossene preußische König Wilhelm I. den preußischen Gesandten in Paris. Am Ende eines dramatischen Gesprächs ernannte er Otto von Bismarck zum Ministerpräsidenten, den Mann, dessen Politik die Reichseinigung erzwingen und ihn, den Hohenzollern, am 18. Januar 1871 im Spiegelsaal von Versailles zum ersten deutschen Kaiser machen würde.

17 Jahre später: 1. Juni 1888. Mit auffällig langsamer Fahrt dampft die Staatsjacht ALEXANDRIA II, von Charlottenburg kommend, an der Heilandskirche vorbei und nimmt Kurs auf die Matrosenstation am Potsdamer Ufer. An Bord der im Sterben liegende zweite deutsche Kaiser, Friedrich III., dessen kritischer Zustand einen Transport nur auf dem schonenden Wasserweg zulässt. Nach 99 Tagen ist die Regierungszeit dieses großen Hoffnungsträgers beendet, von dem sich so viele so viel versprochen haben.

Wenige Wochen danach rollt in scharfem Tempo der schimmelbespannte Viererzug aus dem kaiserlichen Marstall über die Glienicker Brücke, der die 28-Kilometer-Strecke vom Neuen Palais bis zum Berliner Stadtschloss in knapp eineinhalb Stunden schafft. In den Kutschpolstern sitzt der junge kaiserliche Nachfolger, Wilhelm II., der die »Straße der Könige« stadteinwärts fährt, um das deutsche Volk mit Tatkraft und Entschlossenheit »herrlichen Zeiten entgegenzuführen«.

1906 wurde die schlicht-schöne, das Landschaftsbild prägende, von Karl Friedrich Schinkel entworfene alte Zehn-Bogenbrücke abgebrochen. Die schwerfälligen Holzklappen konnten den zunehmenden Schiffsverkehr nicht mehr bewältigen. Außerdem behinderte die schmale Durchfahrt von nur 9,10 Meter Breite die *Spree-Havel-Dampfschiffahrts-Gesellschaft*, die seit

1890 regelmäßig zwischen Wannsee und Potsdam verkehrte. Es kam zu verdrießlich langen Wartezeiten auf dem Wasser.

Oben auf der Brücke stauten sich die Pferdefuhrwerke, hatten Reiter und Fußgänger Schwierigkeiten, die Havel zu überqueren, und als um die Jahrhundertwende immer mehr Exemplare der neuartigen Kraftdroschken und selbstgelenkten Automobile auftauchten, gab es keine andere Möglichkeit als Abriss und Neubau. Den Auftrag erteilte die Königliche Bauverwaltung der *AG für Eisenindustrie und Brückenbau,* vormals *Johann Caspar Harkort* in Duisburg, einem Unternehmen, das sich als Pionier auf dem Gebiet des Eisenbrückenbaus verstand. Und so überspannte am Tag der Inbetriebnahme, am 16. November 1907, ein kühn geschwungenes, von zwei hoch aufragenden Pylonen-Paaren getragenes Gitterwerk die trennende Wasserstraße zwischen zwei »Inseln«, denn auch Potsdam ist ja aus allen Himmelsrichtungen nur über Brücken zu erreichen.

Die neugebaute Verbindung trug zwar offiziell den Namen Friedrich-Wilhelm-Brücke, wurde aber stets nur Glienicker Brücke genannt. Im Stil der Zeit krönten kleine, kunstvoll geschmiedete Türmchen die Strompfeiler und an den Portalbögen prangten hoch über der Fahrbahn Zierschilder mit dem kurbrandenburgischen und preußischen Adler. Auch an beiden Ufern hatte man sich – offenbar als Wiedergutmachungsgeste für die Beseitigung der Schinkel-Brücke – einiges an Beiwerk einfallen lassen. Am Ende der Königstraße verzierten Meeresallegorien die Brückenpfeiler: Tritonen und Nixen mit Riesenkarpfen und Schlangen in den Armen, während am eigentlichen Eingangstor zu Potsdam beidseitig prächtige neobarocke Säulenkolonaden mit korinthischen Kapitellen standen. So bemüht die Zufahrt auch mit Brüstungen, Sandsteinfiguren und einer obeliskgeschmückten Brunnenanlage dekoriert war, viele Zeitgenossen empfanden den neuen Zweckbau als ausgesprochen hässlich, als »plumpe Eisenkonstruktion«.

Doch die *Havel-Schiffahrt* war hochzufrieden. Boote konnten das Bauwerk durch drei Öffnungen passieren, allein die mittlere hatte eine Breite von 74 Metern und die Durchfahrtshöhe von 4,30 Metern reichte völlig aus. Zufriedenheit auch bei den Straßennutzern. Die neue Brücke war jetzt doppelt so breit wie die alte, sodass sogar Kavallerie- und Infanterieregimenter den Fluss überqueren konnten, ohne den Verkehr der Kraftwagen wesentlich zu behindern. Auch der Kaiser ließ sich mehrfach in der Woche über die »Eisenbrücke« in die Reichshauptstadt chauffieren. Obwohl er noch 1904 gesagt hatte: »Solange ich ein warmes Pferd habe, besteige ich eine solche

Stink- und Knallkutsche nicht«, saß er jetzt im Fond eines von 22 PS angetriebenen Mercedes-Simplex-Cabriolets mit verlängertem Radstand und widerlegte damit seine knapp zwei Jahrzehnte zuvor geäußerte Prophezeiung: »Das Auto hat keine Zukunft«.

Potsdam und Wannsee verbindet eine 150 Meter lange Brücke, die zumindest in den ersten Jahren nach ihrer Fertigstellung ein Monument der Modernität und des technischen Fortschritts war. Niemand konnte ahnen, dass dieses Bauwerk einmal zu einem Symbol von europäischer Bedeutung und weltweiter Bekanntheit würde.

Am Anfang stand der 21. März 1933, der »Tag von Potsdam«, an dem der gerade zum Reichskanzler ernannte Adolf Hitler über die Glienicker Brücke zur Hof- und Garnisonkirche fuhr, in der Reichspräsident Paul von Hindenburg dem »Gefreiten aus Braunau« die Republik »auslieferte«, indem er zuließ, dass der sich dem deutschen Volk als legitimer Nachfolger Friedrichs des Großen und Otto von Bismarcks präsentierte.

Zwölf Jahre nach diesem perfekt inszenierten Täuschungsakt standen die Truppen der Briten und Amerikaner an der Elbe, die Rote Armee setzte zum Endkampf um Berlin an. Am späten Abend des 14. April 1945 kam es zum letzten großen Luftangriff auf Potsdam. 490 Bomber der Royal Airforce luden 1 750 Tonnen Spreng- und Stabbrandbomben über der wehrlosen, mit Flüchtlingen und Verwundeten vollgestopften Stadt ab und entfachten einen Feuersturm, in dem 1 593 Menschen starben und 60 000 obdachlos wurden.

Es ist dunkel. Auch die Horizontlinie im Westen hat sich aufgelöst, Wasser und Land sind kaum noch zu unterscheiden. Nur einzelne Lichter in den Häusern der Schwanenallee und die helle Linie der Autoscheinwerfer auf der Glienicker Brücke markieren das Ufer. Windstille und die letzte wohlige Wärme eines Sommertages verstärken das Gefühl, einen wunderbaren Moment der Stille zu erleben, der dankbaren Freude, hier, auf der Römerbank, frei und im Frieden ankern zu dürfen.

In der einsamen, fast lautlosen Finsternis fällt es beim Blick auf den schwachen Lichtschimmer über der Stadt schwer, sich vorzustellen, wie das vor etwa 70 Jahren war, als 23 Tage vor Kriegsende das *RAF Bomber Command* den letzten Einsatz auf eine deutsche Stadt flog und das barocke Herz der alten Preußenresidenz im Bombenhagel vernichtete. In der »Nacht von Potsdam« war der Himmel taghell erleuchtet, als im Flammenmeer die Werke von Knobelsdorff, Schinkel und Gerlach untergingen – das Stadtschloss, die Nikolai- und die Garnisonkirche, jener Ort, an dem unter Teilnahme der Eliten des Reiches der Marsch in das Verbrechen und den Untergang begonnen hatte.

Der Verkehr über die Glienicker Brücke ist schwächer geworden. In beiden Richtungen fahren nur noch wenige Autos und ein Bus der Linie 316 zum S-Bahnhof Wannsee, in dem zwei nur mit dem Fernglas auszumachende Fahrgäste sitzen. Sie passieren gerade die Brückenmitte, den Punkt, an dem in den letzten Kriegstagen Ende April 1945 die zerborstenen schwarzen Stahlträger im Havelwasser lagen. Russische Panzergeschosse hatten einige nicht rechtzeitig gezündete deutsche Sprengladungen getroffen.

Nach dem Waffenstillstand baute eine Pioniereinheit der Roten Armee eine provisorische Pontonbrücke, über die vom 17. Juli bis zum 2. August 1945 die Limousinen und Jeeps der Konferenzteilnehmer aus den drei besetzten Villen am Griebnitzsee rollten. Ihr Ziel war das Schloss Cecilienhof im Neuen Garten, das noch wenige Wochen zuvor dem deutschen Kronprinzenpaar Wilhelm von Preußen und Cecilie aus dem Hause Mecklenburg-Schwerin gehört hatte und nun von Sowjetsoldaten bewacht wurde.

Es ist das letzte von den Hohenzollern gebaute Schloss, das in den Jahren 1914 bis 1917 entstand, zu einer Zeit, als Hunderttausende in den Schützengräben der Westfront des Ersten Weltkrieges im Artillerie- und Maschinengewehrfeuer und bei Gasangriffen in den Schützengräben starben. Schloss Cecilienhof ist ein romantisches Gebilde in den zeitlos schönen Formen eines englischen Landhauses: Backstein und dunkles Eichenfachwerk, 176 Zimmer und 55 verspielt-verzierte Schornsteine im Tudorstil, von denen keiner dem anderen gleicht. Im Innern überrascht ein kleines Kuriosum: Eine weiß gestrichene Schiffskajüte, wie aus einer alten Kaiserjacht mit einem Segelmast in der Mitte, die sich die seefahrtsbegeisterte Kronprinzessin als Damen-Schreibzimmer einbauen ließ.

Erheblich eindrucksvoller ist die große, 26 Meter lange und 12 Meter hohe Halle, in dem auch heute noch ein extra in der Sowjetunion angefertigter runder Tisch mit einem Durchmesser von drei Metern steht. In diesem Raum und an diesem Tisch saßen Stalin, Truman, Churchill und Attlee und entschieden nach der Niederlage Deutschlands über die Neuordnung Europas. Grenzen wurden nicht verhandelt, sondern gezogen. Die offiziell »Dreimächtekonferenz von Berlin« genannte Zusammenkunft der Sieger beendete zwar den Zweiten Weltkrieg, war aber ebenso der Beginn der Teilung Deutschlands und Europas wie des millionenfachen Leids durch Enteignung und Vertreibung.

Die »Potsdamer Konferenz« mit ihrem »Potsdamer Abkommen« und der »Potsdamer Erklärung«, in der die Bedingungen für die Kapitulation des Kaisereiches Japan festgelegt wurden, machte die zerstörte Stadt und das unversehrte, schöne Preußenschloss zu einem Schauplatz der Geschichte.

Keiner der Konferenzteilnehmer hätte in jenen Tagen beim Blick durch das hohe Steinkassettenfenster der großen Halle auf den sommerlichen Jungfernsee ahnen können, dass sich 16 Jahre später eine graue, hässliche Betonmauer durch den Park ziehen würde, eine Mauer, die den Zugang zum Wasser bei Lebensgefahr versperrt.

Das einsame Boot ist jetzt völlig von Dunkelheit umschlossen. Bei einem suchenden Fernglas-Schwenk am gegenüberliegenden Ufer entlang ist nichts zu erkennen. Ein schwacher Lichtschein zwischen den Bäumen könnte Schloss Cecilienhof sein, nur der helle Fleck einer Außenlampe verrät den Standort der Meierei. In dieser konturlosen Finsternis entsteht die seltsame Versuchung, sich um ein Vierteljahrhundert zurückzuversetzen und dabei einzubilden, die Mauer existiere noch.

Ein unheimliches Szenario. Die westdeutsche SEEHASE liegt als »Grenzverletzer« illegal im DDR-Gebiet. Von der mittleren Durchfahrt der Glienicker Brücke läuft die unsichtbare Kette tonnenförmiger Sperrbojen bis auf halber Strecke direkt auf die Ankerposition zu, knickt dann aber nach Nordosten, Richtung Pfaueninsel ab. Angestrengtes Horchen, ob sich ein Patrouillenboot der Grenztruppen nähert, ob Suchscheinwerfer aufflammen. Im Rücken Schloss Sacrow mit der von der Heilandskirche kommenden, brutal breiten, durch den Park geschlagenen Mauerschneise, drüben, in 1 000 Metern Entfernung, das Potsdamer Ufer.

Dort steht das Monstrum »Berliner Mauer«, zwei Kilometer von insgesamt 156,4 Berliner Kilometern, zwei Kilometer von 38 Kilometern Wassergrenze. Die im Abstand von 50 Metern aufgestellten, zwölf Meter hohen Peitschenlampen der Lichttrasse beleuchten punktförmig die Grenzmauer mit Todesstreifen und Kolonnenweg. Unsichtbar die Hundelaufanlage, Alarmdrähte und Hinterlandmauer. Drohend überragen quadratische Beobachtungstürme die gespenstische Szenerie.

Im kalkweißen Lampenlicht sind entfernt die Baracken, Gittertore und Sperranlagen der Glienicker Brücke zu sehen, auf deren Mitte ein weißer Strich auf dem Pflaster die Trennlinie zwischen Ostblock, dem Warschauer Pakt und dem Westen, der NATO, markiert. Diese Linie haben von 1962 bis 1986 bei Agenten-Austausch-Aktionen Dutzende von freigelassenen Verurteilten in beide Richtungen überschritten. Beim Auftakt kam es am 10. Februar 1962 zu großem Staatstheater; als U-2-Pilot Francis Gary Powers und der russische »Meisterspion« Rudolf I. Abel im Sechs-Minuten-Abstand in ihre Heimatländer wechselten. Seit diesem Tag stand die Glienicker Brücke im Blickpunkt der Weltöffentlichkeit, war sie ein Symbol des Kalten Krieges und der Konfrontation beider Machtblöcke.

27 Jahre später durfte sich die von der DDR paradoxerweise »Brücke der Einheit« genannte Grenzübergangsstelle für alliierte Militärmissionen und Diplomaten vom Sinnbild des Zwangs und Unrechts in einen realen Ort der Freiheit verwandeln. Am 10. November 1989 öffneten sich um 18 Uhr die Sperrschranken für Menschen aus Ost und West, die sich jubelnd in den Armen lagen und für diesen historischen Augenblick nur das eine Wort fanden: »Wahnsinn!«

Das nächtliche Gedankenspiel der Mauer im Dunkel und der Bedrohung durch Grenzsoldaten, die ohne Zögern von ihren Schusswaffen Gebrauch machen würden, ist beklemmend, macht Angst. Wie beruhigend, dass dies nur eine Projektion, eine heute abwegige Vorstellung ist. Umso dankbarer wird das Geschenk der Grenzenlosigkeit empfunden, die Möglichkeit, durch die weitverzweigten, wundervollen Gewässer von Potsdam und Berlin zu schippern und einen Ankerpunkt zu wählen, der den Blick auf zwei Kilometer Uferlinie freigibt, die eine Zeitspanne von 1862 bis 1989 widerspiegelt – von Bismarck bis zur Wiedervereinigung.

Unvermittelt wehen klassische Trompetenklänge über den See. Aus Richtung der Heilandskirche erscheint ein hell erleuchteter, mit farbigen Glühbirnengirlanden geschmückter Ausflugsdampfer, dem in Kiellinie sechs ebenfalls bunt illuminierte Schiffe folgen. Mit feierlich langsamer Fahrt ziehen sie über den nachtdunklen See und formieren sich zu einem großen Kreis. Dieser dreistündige Schiffskorso, »Nächtliche Schlösserimpressionen – Das romantische Spektakel auf der Havel«, findet alljährlich an sechs Wochenenden von Mai bis August statt und ist seit Jahren ein beliebter Programmunkt der *Weissen Flotte Potsdam.*

Zu diesem späten Zeitpunkt haben die Passagiere auf ihrer Fahrt von Potsdam bereits an Bord diniert, die Pfaueninsel mit Kälberwerder umrundet und vor der fackelerleuchteten Heilandskirche einem unter den Bögen platzierten Blechbläserensemble zugehört. Dabei kreisten die Schiffe, gefährlich dicht aufeinanderfolgend, um die unbeweglich im Zentrum liegende SANSSOUCI, das Flaggschiff der Flotte. Die auf den Vor- und Achterdecks stehenden Fahrgäste konnten ein Nachtkonzert in märchenhaft unwirklicher Stimmung erleben. Höfische Blasmusik klang von der im Halbdunkel liegenden Kirche mit effektvoll angestrahltem Campanile über das im Licht der Fackeln und Lampions schimmernde Wasser zu den geschickt auf engem Raum manövrierenden Schiffen herüber.

In dieser Nacht fahren die Ausflugsdampfer im großen Bogen an der unsichtbar ankernden SEEHASE vorbei auf Schloss Cecilienhof zu. Dort tanzen Elfen in der Muschelgrotte der Parkwiesen des Neuen Gartens. Alle Schlösser sind angestrahlt: Glienicke, Babelsberg, Marmorpalais, Cecilienhof und hinter dem Belvedere auf dem Pfingstberg steigt zum Abschluss ein Feuerwerk in den nächtlichen Himmel. Mit einer letzten Kurve nimmt der Schiffskonvoi Kurs auf die Glienicker Brücke, von der sich als festliches Finale das breite Band eines barocken Feuerregens in die Havel ergießt.

Matrosenstation Kongsnaes, Villa Schöningen und die Heilandskirche

Erste Sonnenstrahlen. Morgentau auf dem Vordeck. An den Fensterscheiben dicke Tropfen mit ablaufenden Wasserschlieren. Ein Blick über den See: kein Boot in Sicht, kein Wind, nur eine unbewegte bräunliche Wasserfläche, auf der die farbigen Punkte der Fahrwassertonnen aufscheinen. Am Potsdamer Ufer keine Mauer, sondern Wiesen, Buschgruppen und eine Zackenreihe hoher Pyramidenpappeln. Von der Schwanenallee grüßen die hellen, in letzter Stunde vor dem Verfall geretteten schönen Villen als Zeichen eines freien, friedlichen Landes herüber. Im flachen Frühlicht das Babelsberger Schloss oberhalb der Brücke, dahinter die markante Silhouette des mittelalterlich wirkenden Flatowturms, den sich einst Wilhelm I. nach dem Vorbild des Eschenheimer Torturms in Frankfurt am Main errichten ließ. Unten am Ufer des Tiefen Sees ist das 1834 von Persius in Tudor-Gotik erbaute weiße Kleine

Schloss gut zu erkennen. Dort haben eine Zeit lang das Kronprinzenpaar Friedrich Wilhelm und Victoria gelebt, denen dann kaiserliche Hofdamen folgten. Heute ist das Kleine Schloss ein Restaurant, das allen Gästen offen steht.

Vor dem Ankerlichten noch die Erinnerung an ein historisches Ereignis: Der Jungfernsee als Tatort für einen Meilenstein deutscher Technikgeschichte. Im Sommer 1897 installierten hier der erste in Berlin berufene Professor für Elektrotechnik, Adolf Slaby, mit seinem Assistenten, Georg Graf von Arco, auf dem Glockenturm der Heilandskirche die erste deutsche Antennenanlage für drahtlose Telegrafie, nachdem sie einige Wochen davor an der englischen Kanalküste die bahnbrechenden Versuche des Italieners Guglielmo Marconi beobachten durften. Die Experimente am Jungfernsee wurden von Wilhelm II. gefördert, der die Bedeutung der neuen Technik für die Seekriegsführung sofort erkannt hatte und deshalb auf schnelle Erfolge drängte. Am 27. August 1897 gelang in Gegenwart des Kaisers und geladener Gäste der Durchbruch. Slaby und Arco schafften es, über die Distanz von 1,6 Kilometern ein Signal von der Heilandskirche zur Matrosenstation Kongsnaes am Potsdamer Ufer zu senden. Die erste zusammenhängende deutsche drahtlose Botschaft hatte den Wortlaut: »Die Welt am Ende des Jahrhunderts steht im Zeichen des Verkehrs.«

Die kleine Bucht der ehemaligen Kaiserlichen Matrosenstation ist mit bloßem Auge schwer auszumachen. Erst beim Blick durch das Marineglas sind ein hölzerner Torbogen und zwei dunkelrote Holzpfosten mit drachenkopfverziertem breiten Querbalken zu sehen, auf dem in goldenen Buchstaben »Kongsnaes« steht. Sie markieren die Position, an dem sich die kaiserliche Empfangshalle und Anlegestelle für die ALEXANDRIA II und der Ankerplatz der ROYAL LOUISE befanden. Von der Station sind nur drei, im Hintergrund erkennbare Holzgebäude übriggeblieben. Die berühmte Ventehalle brannte nach russischem Beschuss in den letzten Kriegstagen nieder, übrig gebliebene Reste wurden beim Bau der Mauer abgerissen. Eigentlich sollte der im Jahr 2001 errichtete Torbogen das Startzeichen zum Wiederaufbau geben. Unterstützt von einem Förderverein und im Einvernehmen mit Denkmalschutz und Weltkulturerbe war geplant, die historische Matrosenstation originalgetreu auferstehen zu lassen, mit Restaurierung der erhaltenen Holzhäuser und Neubau von Empfangshalle und Hafenanlage.

Acht Jahre machte das Projekt aber nur negative Schlagzeilen: »Wirbel um Kongsnaes« – »Wer kriegt Kongsnaes?« – »Ausschreibung ohne Erfolg« – »Der bizarre Streit um die Matrosenstation Kongsnaes am Ufer des Jungfernsees«. Acht Jahre beschäftigten sich Stadtverordnetenversammlung und Ausschüsse immer wieder mit dem Komplex Kongsnaes. Es gab Ausschreibungen, Neuausschreibungen, auf- und abspringende Kaufinteressenten mit äußerst unterschiedlichen, zeitweise heftig umstrittenen Nutzungskonzepten und zwischendurch hochfliegende Pläne eines Jachtkabinetts mit Fachbibliothek und der Ausstellung hochwertiger Schiffsmodelle.

Im Jahr 2009 schien sich das Blatt zu wenden. Der Berliner Schmuck- und Uhrenhändler Michael M. Linckersdorff erhielt für eine Million den Zuschlag und versprach, sich die originale, denkmalgerechte Wiederherstellung von Kongsnaes zur Lebensaufgabe zu machen.

In Anwesenheit von 400 Gästen und des norwegischen Botschafters wurde am 11. September 2010 feierlich der Grundstein gelegt. Doch im Jahr darauf brach ein Sturm der Entrüstung los, weil der Investor plante, in der Ventehalle eine »Schankwirtschaft mit Biergarten« zu betreiben, die Steganlage großzügig zu erweitern und eine Tiefgarage zu bauen. Nach massiven Protesten wurden Biergarten und Garage gestrichen, der Anleger verkürzt. Trotzdem: der Widerstand der Schwanenallee-Anlieger verstärkte sich. Sie fürchteten sich weiter vor Großgastronomie, Verkehrschaos und Lärmbelästigung. Eine Bürgerinitiative *Kein Kongsnaes Kommerz* machte mobil, Anlieger reichten bei Gericht Eilanträge ein, die Baugenehmigung wurde für rechtswidrig erklärt. Nach wie vor steht nun der norwegische Torbogen verlassen auf einem Gelände, in dem zwar ein Grundstein liegt, aber sonst nichts passiert.

Zu Beginn des Jahres 2014 gab es einen neuen Anlauf. Das Baudezernat der Stadt Potsdam verkündete, nun endlich eine »wasserdichte«, rechtssichere Baugenehmigung erarbeitet zu haben. Doch die betroffenen, zum Teil prominenten Nachbarn wehren sich erneut mit Widersprüchen und Klagedrohungen, sodass das »grüne Licht« für den Baubeginn in einiger Ferne zu liegen scheint.

300 Meter entfernt, direkt an der Glienicker Brücke, steht ein Beispiel des Gelingens: die weiße *Villa Schöningen*. Einst mit maßgeblicher finanzieller Unterstützung und gestalterischer Einflussnahme Friedrich Wilhelms IV. zur Freude seines Bruders Carl errichtet, dessen Schönheitsempfinden durch das belanglose Wohnhausgebäude eines Schiffbaumeisters an diesem Platz

Mahnmal an der Glienicker Brücke – Villa Schöningen

empfindlich gestört war, präsentierte sich der Persius-Bau ab 1845 am Anfang der Berliner Vorstadt als gediegenes Entrée nach Potsdam.

Auch dieses Haus hat eine bewegte Geschichte. Zuerst Wohnsitz des Hofmarschalls des Prinzen Carl von Preußen, Kurd Wolfgang von Schöning, dann über Jahrzehnte Sommersitz einer jüdischen Bankiersfamilie, wurde es am Ende des Zweiten Weltkriegs kurze Zeit Lazarett für verwundete russische Soldaten und zu DDR-Zeiten, ab 1952, Kinderwochenheim des *Freien Deutschen Gewerkschaftsbundes*. 1983 kam es zur Enteignung der direkt im Grenzsperrgebiet an der Mauer stehenden Villa, die in Volkseigentum überführt wurde. 1992, zwei Jahre nach der Wiedervereinigung, wurde das Kinderwochenheim aufgelöst und das verwahrloste Gebäude an die Erbengemeinschaft zurückgegeben, die das Objekt 1997 an einen Berliner Immobilienunternehmer verkaufte, der im 7500 Quadratmeter großen Gartengelände fünf bis sechs zweistöckige Einfamilienhäuser errichten wollte. Nach Bürgerprotesten und Ablehnung dieser im Gebiet des UNESCO-Weltkulturerbes unzulässigen Planung durch die zuständigen Potsdamer Baubehörden stand die Villa Schöningen weiter leer, verfiel durch Witterung und Vandalismus zur Ruine und war vom Abriss bedroht.

Im Jahr 2007 trat völlig überraschend ein Retter auf den Plan, der das Baudenkmal völlig uneigennützig in einem Akt vorbildlichen Mäzenatentums vor dem Untergang bewahren wollte. Es war der seit 1998 in Potsdam lebende Vorstandsvorsitzende der *Springer A.G.* Mathias Döpfner, der sich an den Beginn der Unternehmung so erinnert: »Ich rief meinen langjährigen Freund Leonhard Fischer an: Es gibt da in Potsdam ein Traumhaus direkt an der Glienicker Brücke, mit Turm und Riesengarten und einer Geschichte wie ein deutscher Schicksalsroman. Man könnte tolle Sachen damit machen.«

Der Angesprochene, ein gut betuchter Bankier, ließ sich sofort begeistern. Beide entschieden sich für den gemeinsamen Kauf und entwickelten ein ehrgeiziges Konzept: Die denkmalgerechte Wiederherstellung der Villa und Nutzung als Museum. Im Parterre das Thema »Kalter Krieg – deutsche Teilung – Glienicker Brücke – Mauerfall« und im Obergeschoss Wechselausstellungen mit zeitgenössischer Kunst.

Am 8. November 2009 kam es in der mustergültig restaurierten und in nur 15 Monaten aufwändig umgebauten Villa Schöningen zu einem »kleinen Staatsakt«. Fast 500 geladene Gäste hatten sich dort am Vorabend des 20. Jahrestages des Mauerfalls versammelt, um das neue »Deutsch-Deutsche Museum« zu eröffnen und damit für die Öffentlichkeit ein besonderes Geschenk entgegenzunehmen. An der Spitze der Gratulanten, Bundeskanzlerin und Laudatorin Angela Merkel, ihr zur Seite der ehemalige deutsche Außenminister Hans-Dietrich Genscher und als Ehrengast Henry Kissinger, der frühere amerikanische Außenminister, der in seiner Rede den anwesenden früheren Präsidenten der Sowjetunion, Michail Gorbatschow, besonders lobte und dabei sagte, dass man sich »an ihn immer erinnern werde, denn seine Entscheidung, keine Panzer rollen oder Soldaten schießen zu lassen, habe die Welt verändert. Er möge sich gar nicht vorstellen, welchen Weg die Geschichte ohne Gorbatschow genommen hätte. Das Museum an diesem historischen Ort sei eine großartige Idee, die Villa Schöningen erinnere an unsere Werte und Pflichten.«

Nach dem Ankerlichten ist die SEEHASE Richtung Potsdamer Ufer gefahren und dreht nun in Höhe einer Sichtschneise vor der Villa Schöningen einen Vollkreis. Zwischen Weidenbäumen wirkt das schneeweiße Gebäude mit dem kleinen Turmaufsatz ungemein elegant. Mit bloßem Auge vom Wasser schwer zu erkennen: Das über drei Meter hohe Bruchstück der Berliner Mauer vor dem Eingang, auf dem die Ehrengäste jenes denkwürdigen

Einweihungstages ihre Signaturen hinterlassen haben, unter ihnen der amtierende polnische Außenminister Radoslaw Sikorski. Die Museumseinweihung im November 2009 war ein symbolträchtiger, beinah historisch zu nennender Augenblick: Auf dem Boden der ehemaligen Grenzsperranlagen, direkt neben der Glienicker Brücke, trifft die aus der DDR stammende Kanzlerin mit zwei Friedensnobelpreisträgern zusammen, von denen der eine die Chance zur deutschen Wiedervereinigung eröffnet hat.

Es ist der »Blick vom Boot«, also von außen, auf einen wichtigen Erinnerungsort. Der Kontrast zwischen der architektonisch so heiteren Hülle des Hauses und der düsteren Mahnung im Innern fasziniert. In der Dauerausstellung versinnbildlicht ein etwa zwei Meter hohes und ein Meter breites eisernes Exponat die Unmenschlichkeit des untergegangenen kommunistischen Systems: Der sogenannte »Stalinrasen«, ein Gitter mit 14 Zentimeter langen spitzen Stahlnägeln, das als Flächensperre am Tiefen See in Ufernähe hinter Grundstücksmauern ausgelegt war, damit sich Republikflüchtlinge beim Sprung in den Westen daran aufspießten. Allein dieses Stück Metall ist ein Mahnruf gegen das Vergessen, gegen Verdrängung und Verharmlosung vergangenen Unrechts.

Das kleine Museum, »das Juwel an der Agentenbrücke«, ist in Verbindung mit den weithin beachteten Wechselausstellungen moderner Kunst inzwischen ein großer Erfolg und das geworden, was sich Mathias Döpfner gewünscht hatte, und »was das Haus und sein Garten über so viele Jahrzehnte nicht waren – ein fröhlicher Ort der Freiheit.«

Abdrehend nimmt die SEEHASE Fahrt auf und zeigt ihr Heck mit der schwarz-rot-goldenen Bundesflagge dem Potsdamer Ufer. Beim Blick zurück sind die den Eingang zur Landeshauptstadt flankierenden Kolonaden noch so nah, dass an einigen Säulen die Holzkorsette deutlich zu sehen sind, mit denen die durch Stahlverbindungen beschädigten Sandsteinblöcke nach über 100-jähriger Standzeit vor dem Herunterfallen gesichert werden.

Der Bug des Bootes zeigt bei einem Kompass-Kurs von zehn Grad nach Norden. Voraus liegt eine freie Strecke von fast 20 Kilometern, auf der zur Freude aller Motorbootfahrer erst mit der Schleuse Spandau ein Hindernis auftaucht, das dafür aber den Weg in das Revier der Mecklenburgischen Seenplatte eröffnet. Es geht jetzt havelaufwärts, »Bergfahrt«, wie die Binnenschiffer sagen. Dieser Fluss, der im Berlin-Potsdamer Gebiet eher eine Kette von Seen ist, hat keine spürbare Strömung. Experten haben herausgefunden:

Ein Wasserteilchen benötigt von der Spree-Mündung bis zur Sacrower Enge gut 14 Tage.

Ein ungewöhnliches Gotteshaus – die Heilandskirche von Sacrow

Auf dem so ungewöhnlich langsam fließenden Gewässer ist zu dieser Stunde wenig Verkehr. Ein Frachtschiff kommt von Tegel flussabwärts und zeigt beim Kurswechsel Richtung Paretzer Kanal seine pechschwarze Backbordseite. Dabei gibt es die Sicht auf ein merkwürdiges Wasserfahrzeug frei, das auf die Glienicker Brücke zuhält. Was da so schnell heranschwimmt, ist zweifellos das originellste Berliner Ausflugsschiff, das seit 1973 vor allem Kinder begeistert: Ein fast 50 Meter langer, motorisierter Pottwal mit weit aufgesperrtem, üppig bezahntem Maul und zum Schlag erhobener Schwanzflosse. Die MS MOBY DICK der *Stern und Kreisschiffahrt* fährt an diesem Tag vollbesetzt von der Tegeler Greenwich-Promenade nach Potsdam. Auf gleicher Höhe angekommen, zeigt der Wal aus Stahl seine Breitseite. Ein silbrig-grauer Rumpf mit zwar zoologisch nicht korrekten, dafür aber dekorativen, quadratförmigen schwarzen Schuppen und einem kleinen Steuerhaus oben auf dem Walrücken, in dem ein einsamer Schiffsführer sitzt, dem die lange Schnauze die Sicht nach vorn erschwert und der bei Windböen wegen der breiten Schwanzflosse scharf aufpassen muss. Die SEEHASE läuft auf Gegenkurs so dicht an dem Ungetüm vorbei, dass die Gesichter der Ausflügler hinter den Panoramascheiben zwischen Ober- und Unterkiefer gut zu unterscheiden sind. Augenblicke später gerät das kleine Boot in die strudelnden Heckwellen des Wals und wird heftig hin und her geschaukelt. Von der Aussichtsplattform MOBY DICKS winken Passagiere.

In Fahrtrichtung wird die Aussicht auf Wasser und Wald jetzt völlig von einem einzigen, unmittelbar am Sacrower Ufer stehenden Bauwerk beherrscht: Der Heilandskirche, eine der architektonisch eigenartigsten Kirchen Preußens. Sie scheint über dem See zu schweben, in dem sie sich wie ein vor Anker liegendes Schiff spiegelt und an griechische Tempelbauten oder frühchristliche, römische Gotteshäuser erinnert. Mit dem schlanken, 20 Meter hohen, frei stehenden Glockenturm und dem säulenumfassten Kirchenschiff wirkt sie in der märkischen Landschaft fremd und exotisch.

Die »Heilandskirche von Sacrow« war ein Wunschprojekt Friedrich Wilhelms IV., der vier Monate nach Thronbesteigung im Juni 1840 das Gut Sacrow kaufte, seinem Gartendirektor Peter Joseph Lenné den Auftrag zur Parkgestaltung erteilte und die eigenen, schon vor Jahren gezeichneten Kirchenentwürfe dem Hofarchitekten Ludwig Persius übergab.

Endlich durfte sich der 45-jährige König nach dem Tod des sparsamen Vaters die lang gehegten Träume erfüllen und im Schilfgürtel der Bucht von Sacrow, in der bei schlechtem Wetter Fischerkähne und Treckschuten Zuflucht suchten, mit einem Gotteshaus ein königliches Zeichen setzen. Vier Jahre später konnte Persius dem hochzufriedenen Bauherrn die auf einem Pfahlrost fast im Wasser stehende kleine Basilika übergeben, die dem Jungfernsee, fast zeitgleich mit der gerade entstehenden Villa Schöningen, die optische Krönung bescherte.

Die Fernwirkung verblüfft: Italien an der Havel. Erst beim Näherkommen enthüllt dieses wundersame Kirchenbauwerk seine ganze Schönheit. Mit gestoppter Maschine liegt die SEEHASE so dicht unterhalb der Mauerfundamente, dass im Schatten der dunklen Säulen der umlaufenden Arkade das kunstvolle Mauerwerk aus gelblichrosa Backsteinen mit den horizontalen Streifen aus blau-weiß lasierten Fliesen zu unterscheiden ist, das dem Kirchenschiff ein fast antikes Aussehen gibt.

Mit kurzer Rückwärtsfahrt gewinnt das Boot Abstand vom Ufer. Nun kann das gesamte Gebäude überblickt werden: Das schöne Gleichmaß des Bogengangs mit den kleinen romanischen Fenstern, die Rundung der versetzten Apsis und die flach geneigten Dächer. Der eigentliche Blickfang ist der Campanile, der wenige Meter neben dem Haupteingang aufragende, im Jahr 2012 erneut sanierte Vierkant-Glockenturm mit frischer Fassade und neu vergoldetem Firstkreuz.

Um das Ausmaß der Anstrengungen zur Rettung dieses Baudenkmals ermessen zu können, muss an jene Zeit erinnert werden, als Horst Behrend, der langjährige Leiter der Berliner Vagantenbühne, im Jahr 1976 in einem kleinen Büchlein schrieb: »Heute ist von Westberlin aus diese Kirche auf normalem Wege unerreichbar, und wer von Nikolskoe aus zum Ufer ›drüben‹ schaut, ist zutiefst erschrocken über die Stacheldrähte und Abwehrzäune. Aber in jedem Frühjahr blüht der Flieder wieder, dunkelrot und lila und weiß und blau, als wollte er durch die vielfältigen Wunder der Natur die Wirrnis und Verworrenheit dieser Trennung unseres Landes, unserer Stadt und all das Grauen unserer Zeit überdecken.«

Damals kamen Ruder- und Motorboote, die zwischen dem Ostufer und den in Fahrwasser-Mitte ausgelegten DDR-Grenzbojen entlangfuhren, erheblich dichter ran als die Beobachter auf den Höhen der Wannseeinsel. Was Sportler und Freizeit-Skipper sahen, war ebenso deprimierend wie alarmierend. Der Campanile als Teil der Sperrmauer. Hohe, hässliche Betonplatten und Stacheldraht. Die Heilandskirche einsam und verloren im scharf bewachten, völlig abgeriegelten Niemandsland, deutlich sichtbar dem Verfall preisgegeben. Schon wenige Monate nach dem Bau der Mauer, im August 1961, hatten die DDR-Sicherheitsorgane das Innere der Kirche verwüstet, um Gottesdienste unmöglich zu machen – der Beginn der Beinah-Vernichtung eines großartigen Denkmals preußischer Geschichte.

Als im Lauf der Jahre das Ausmaß der Schäden so groß wurde, dass Einsturzgefahr bestand, reagierte der damalige Regierende Bürgermeister von West-Berlin, Richard von Weizsäcker, und schaffte es in schwierigen Verhandlungen mit DDR-Regierungsstellen, dass 1984/85 wenigstens das Äußere des Kirchengebäudes mit West-Geld saniert und damit gerettet werden durfte. Inzwischen ist all das Geschichte. Die »Heilandskirche« am Port von Sacrow zeigt sich im alten Glanz und auch der Innenraum konnte trotz unwiederbringlicher Verluste weitgehend wiederhergestellt werden.

Auf einer ins Wasser vorgebauten Plattform steht zwischen Kircheneingang und Campanile ein fast fünf Meter hohes, graues Steinkreuz. Dort findet alljährlich am letzten Septemberwochenende ein in Deutschland einmaliges Ritual statt: Der »Ökumenische Sportschiffergottesdienst« zum Ausklang der Saison. Fast 25 Mal haben seit der Wende auf der gemauerten Empore und unter den Säulenbögen Kirchen- und Posaunenchöre die feierliche Andacht musikalisch eingerahmt. Und sogar der Bischof der *Evangelischen Kirche Berlin-Brandenburg-schlesische Oberlausitz* hat hier schon zusammen mit dem Generalvikar des *Erzbistums Berlin* über das jährlich wechselnde Motto gepredigt, das, dem besonderen Schauplatz gerecht werdend, mal »Bei Gott gehe ich nicht unter«, »Gott führt dich zum frischen Wasser« oder »Im Sturm des Lebens« lautet.

Im Halbrund der Bucht liegen dann dicht gedrängt 60 bis 70 Ruder-, Segel- und Motorboote in sogenannten »Päckchen« von drei bis fünf miteinander vertäuten Schiffen vor Anker, zu denen sich ein oder zwei Ausflugsschiffe eingefunden haben, die mit Sonderfahrten Touristen die Teilnahme ermöglichen. Ein unvergessliches Bild: Die Vielfalt der vollbesetzten Fahrzeuge,

Kurs auf das weiße Schloss der Pfaueninsel

auf denen die für diese Stunde auf eigenem Kiel zusammengekommene »Gemeinde auf den Wellen« dem mit Lautsprechern übertragenen Gottesdienst zuhört, gemeinsam singt und zu den Schlägen einer Schiffsglocke das Vaterunser betet. Danach macht ein kleines, motorisiertes Schlauchboot die Runde, das die Kollekte mit einem an langer Stange befestigten Klingelbeutel einsammelt. Zum Schluss ertönen die Signalhörner als Dankesgruß der Bootsbesatzungen an die Veranstalter.

Königliche Landmarken: Moorlake, Nikolskoe und St. Peter und Paul

Zögernd kommt die SEEHASE in Bewegung und dreht den Bug nach Nordosten, bis die Peilung zu einem der schönsten Ansteuerungspunkte des Reviers in 1,7 Kilometern Entfernung steht: Das weiße Schlösschen auf der Pfaueninsel. Mit gedämpftem Motorbrummen und vernehmlich rauschender Heckwelle geht es zügig weiter havelaufwärts. Auch dieser Sommersonnentag verspricht prächtiges Segelwetter. Der Wind ist zwar noch unbeständig, riffelt aber von Zeit zu Zeit in schwachen Böen die Wasserfläche und hält so einige Boote mit gesetzten Segeln in leichter Fahrt.

An der Steuerbordseite zeigt sich eine kleine, tief eingeschnittene, von dunklem Hochwald umrahmte, auf der Karte als Ankerplatz ausgewiesene Bucht, vor der auf acht Meter Tiefe eine grüne Fahrwassertonne liegt. Für einen Augenblick wird die Sicht auf die Gartenterrassen eines der schönsten Ausflugslokale Berlins frei: das *Wirtshaus Moorlake*. An der Wannseeinseluferseite ist dies das erste von drei eigenwilligen Bauten, die zwei preußische Könige, Vater und Sohn, im Abstand von 750 Metern errichten ließen. Ursprünglich war Moorlake ein Forsthaus mit Stallgebäuden, das Ludwig Persius 1840 im Auftrag Friedrich Wilhelms IV. im alpenländischen Stil bauen musste, weil der König seiner aus München stammenden Gemahlin, Prinzessin Elisabeth von Bayern, in Preußen ein Stück Heimat schenken wollte. Das idyllisch und herrlich abgeschieden gelegene Haus fand denn auch ihren Beifall und wurde für stille Erholungsaufenthalte wie die Parforce-Jagdgesellschaften Prinz Carls genutzt. Ab 1896 verpachtete das Königshaus Moorlake als Gaststätte, behielt sich aber das Recht vor, das obere Stockwerk selbst oder für Gäste zu nutzen, ein Recht, das erst mit Ende der Hohenzollern-Monarchie im November 1918 erlosch.

Die Gaststätte *Blockhaus Nikolskoe* in den 1930er-Jahren

Auch das zweite Gebäude, einige Fahrminuten flussaufwärts, ist heute ein beliebtes Ausflugslokal. Wer den von Laubwald fast verdeckten Standort hoch auf der Haveldüne nicht kennt, fährt unten auf dem Wasser daran vorbei, obwohl auch hier im Sommer einige Sonnenschirme die Lage anzeigen. Es ist das *Blockhaus Nikolskoe*, von dessen Terrasse sich ein fantastischer Blick auf die Pfaueninsel und die weit ausgedehnte Wasserlandschaft mit ihren Buchten und Wäldern bietet.

Das kleine Blockhaus ist Friedrich Wilhelm III. zu verdanken, der, ebenso wie Sohn Fritz mit Moorlake als Gabe für die bayerische Gemahlin, einem

Kaffeegarten in Nikolskoe, Gemälde von Max Liebermann, 1916

besonders geliebten Familienmitglied eine Freude machen wollte. In diesem Fall war es Tochter Charlotte (Alexandra Fjodorowna), die im Juli 1817 als 19-Jährige den russischen Großfürsten Nikolaus geheiratet hatte und bei ihrem ersten gemeinsamen Besuch in Berlin im Herbst 1820 eine Überraschung erleben sollte.

Im Waldgelände von Klein-Glienicke stand oberhalb des Havelufers ein im Vorjahr von Soldaten des Garde-Pionierbataillons in nur sechs Wochen aus runden Baumstämmen gezimmertes russisches Blockhaus, das zu Ehren des Schwiegersohns »Nikolskoje« – »dem Nikolai gehörend« getauft war. Friedrich Wilhelm III. hatte bei seinem Russland-Besuch aus Anlass der Enkeltaufe in der Zaren-Sommerresidenz Pawlowsk, unweit von St. Petersburg, im Sommer 1818 einige glückliche Stunden in einem dort aufgebauten Bauernhaus verbracht, über das Alexandra gesagt haben soll, »man könne darin ebenso vergnügt sein wie in einem Palast.« Diese Worte waren für den ohnehin dem einfachen Leben zugeneigten König Anlass, sich aus St. Petersburg genaue Pläne des besuchten Bauernhauses schicken zu lassen und den Bauplatz am Havelufer selbst zu bestimmen.

Am 24. Oktober 1820 wurde das Großfürstenpaar zum ersten Mal vom preußischen König in der Teestube im Obergeschoss des neuen Blockhauses empfangen. Dabei bediente Iwan Bockow, der ehemalige Leibkutscher des Zaren, den Samowar in russischer Tracht. Nach zwölf Jahren Leibkutscher-Dienst bei Friedrich Wilhelm III. hatte er es geschafft, den begehrten Posten eines Kastellans zu bekommen, der die Aufgabe hatte, das Blockhaus in Ordnung zu halten und die drei mit ihm unter einem Dach lebenden Matrosen zu beaufsichtigen, die den Fährverkehr zur Pfaueninsel besorgten.

Schon bald wurde der weißbärtige Mann im Russenkittel zur Attraktion für Sonntagsausflügler aus Berlin und Potsdam, denen er illegal, aber stillschweigend geduldet, Bier, Kaffee und Schinkenstullen zu verkaufen begann und damit das »Russische Haus« zu einer Schankwirtschaft im Grünen machte.

Daraus entstand eine Tradition, die fast ohne Unterbrechung über mehr als 150 Jahre aufrechterhalten werden konnte, so lange, bis am 19. Juni 1984 in den frühen Morgenstunden die Besatzung eines auf der Unterhavel ankernden Bootes Flammen über den Baumwipfeln entdeckte und die Feuerwehr alarmierte. Die rückte mit drei Löschzügen an, konnte aber trotz stundenlanger Brandbekämpfung nichts mehr ausrichten. Das Haupthaus mit dem hübschen Balkon und kunstvoll geschnitzten Firstbrettern, die große Gaststube und der Fürstensalon im ersten Stock waren völlig zerstört, nur südlich angrenzende Wirtschaftsgebäude blieben erhalten. Bei Aufräumarbeiten fand man die Leiche eines 38-jährigen Tellerspülers, der in der Giebelkammer geschlafen hatte, und das verkohlte Gerippe eines Hundes. Als Täter wurde ein 52-jähriger Küchenhelfer verhaftet, der zwei Tage zuvor vom Wirt entlassen worden war und das wertvolle, unter Denkmalschutz stehende Gebäude nach starkem Wodka-Konsum wohl aus Rache mit Benzin als Brandbeschleuniger angezündet hatte.

Die Wiederaufbauarbeiten unter Regie des Landeskonservators waren kompliziert, da es keine Baupläne gab. Nur mithilfe alter Postkarten und von Porzellangemälden aus den Archiven der *Königlichen Porzellanmanufaktur* gelang es schließlich, das Blockhaus originalgetreu wiederaufzubauen. Dafür mussten 60 Jahre alte Kiefernstämme mit einem Durchmesser von 28 Zentimetern gefunden werden, die man durch Ausschreibungen in der Sowjetunion und Finnland zu finden hoffte. Schließlich wurde abgelagertes Holz aus der Pfalz verwendet. Als das Blockhaus dann für 1,7 Millionen DM nach halbjähriger Bauzeit im November 1985 wieder stand, gab es kurz vor der Wiedereröffnung Behördenstreit, weil die Türen, wie beim Originalgebäude, nach innen aufgingen und die Sicherheitsabnahme verweigert wurde. Doch auch diese Hürde konnte genommen werden und bald kamen wieder Gäste aus aller Welt.

Wie anziehend dieser romantische Ort mit der »echt russischen Bauernstube« für die Prominenz aus Politik und Showgeschäft in den Blütejahren Berlins vor dem Zweiten Weltkrieg, aber auch in den 1960er-Jahren war, konnte bis zu dem verheerenden Brand ein Blick in das ledergebundene Gästebuch bestätigen, in dem sich fast alle Berühmtheiten von Film und Theater verewigt hatten, und dem ebenfalls zu entnehmen war, dass Prinz Friedrich Karl von Preußen dort bei einem festlichen Essen im Dezember 1961 seine Hochzeit mit der schottischen Adligen Lady Hermione Stuart gefeiert hat.

Heute präsentiert sich Nikolskoe als beliebtes Ausflugsziel, das vor allem Fremde überrascht, die völlig unerwartet im Berliner Forst vor einem russischen Blockhaus stehen.

In unmittelbarer Nachbarschaft ragt am Steilhang weithin sichtbar die mit ihrem Zwiebelturm ebenso malerisch wie fremdartig aussehende Kirche St. Peter und Paul aus dem Wald. Auch sie wäre ohne Alexandra nicht entstanden, die bei ihrem dritten Berlin-Besuch von Mai bis Juli 1829 bereits seit vier Jahren Kaiserin von Russland war und ungewollt die Anregung zum Bau gegeben haben soll.

Theodor Fontane beschreibt in den *Wanderungen durch die Mark Brandenburg* im Band *Fünf Schlösser* den entscheidenden Augenblick: »Mit ihrem Vater, dem Könige, bei Sonnenuntergang zwischen den Bäumen der Pfaueninsel auf und ab schreitend, äußerte sie, ›wie schön und erbaulich es sein müsse, wenn diese Abendstille vom Glockengeläut einer am andern Havelufer errichteten Kapelle durchtönt würde‹, Worte, die ganz der Stimmung des Königs entsprachen und kurze Zeit danach bei diesem zu dem Entschluss führten, in der Nähe des russischen Blockhauses eine den Aposteln Petrus und Paulus zu stiftende Kirche entstehen zu lassen: die Kirche von Nikolskoe.«

Vom Entschluss zur Ausführung – bei diesem König war das ein langer Weg. Friedrich Wilhelm III., von der Beamtenschaft wegen seines Zögerns und Zweifelns gefürchtet, ließ sich Zeit. Erst einmal gab er Gutachten in Auftrag, und nachdem ihm schriftlich versichert wurde, dass die Kirche an dieser Stelle sinnvoll sei, weil sie den 80 Bewohnern der Pfaueninsel den sonntäglich weiten Weg nach Stolpe erspare, erteilte er die Genehmigung zur Planung mit der Auflage, dass ein neues Kirchspiel für Stolpe, Klein-Glienicke und die Pfaueninsel entsteht. Außerdem müsse die Kirche, so wie das Blockhaus, im russischen Stil gehalten werden, damit sich Zar Nikolaus I. bei seinen Besuchen am Havelufer heimisch fühle.

Zwei Baumeister, Friedrich August Stüler und Albert Dietrich Schadow, erhielten Weisung, den Bau auf der Höhe von Moorlake in einer Art Werkgemeinschaft vorzubereiten und dabei nicht, wie in Russland üblich, fünf Kuppeln, sondern nur eine vorzusehen. Auch der architektonisch und zeichnerisch begabte Kronprinz, der wenige Jahre später regierende Friedrich Wilhelm IV., steuerte Entwürfe bei, die im Vorfeld zu einigen kontroversen Debatten zwischen den beteiligten Herren führten.

Am 2. Juni 1834 ließ sich Friedrich Wilhelm III. zur Festsetzung des endgültigen Kirchenstandortes zum Nikolskoer Ufer rudern. Nur so konnte nach seiner Überzeugung der Idealpunkt gefunden und auch das Ziel, »Landschaftsverschönerung«, erreicht werden. Einige Matrosen mussten am Hang so lange gut sichtbare Fahnen in verschiedenen Höhen und Positionen in Baumkronen setzen, bis der in den Augen des Bauherrn beste Platz gefunden war. In der Ruderbarke saß ein König, dem die Errichtung dieser Kirche an dieser Stelle die Erfüllung eines Herzenswunsches bedeutete, denn er war nicht nur aufrichtig fromm, sondern hatte, über das politische Bündnis mit seinem Schwiegersohn, dem Zaren, hinaus, eine Vorliebe für alles Russische, für die orthodoxe Liturgie wie die gesamte Lebensweise.

Nach dieser Exkursion erhielt das Hofmarschallamt den Befehl zur Freigabe der bereits vor acht Tagen von »Seiner Majestät« aus der Privatschatulle bereitgestellten Mittel in Höhe von 37 457 Talern, 20 Groschen und sechs Pfennigen.

Als im Oktober desselben Jahres die Zarin Alexandra zum vierten Mal für einige Wochen in die alte Heimat zurückkehrte, konnte ihr der Vater zwar nur die Pläne zeigen und den Bauplatz beschreiben, aber im Mai 1838, bei der fünften Reise von St. Petersburg nach Berlin, war die im Vorjahr, am 13. August 1837, geweihte »Kirche St. Peter und Paul auf Nikolskoe« in Augenschein zu nehmen. Es gibt darüber keine Berichte, doch es reizt, sich vorzustellen, dass dies auf die einzig angemessene Weise geschah: Mit einer Vorbeifahrt der ROYAL LOUISE. An Bord das Zarenpaar und der 68-jährige, schon leicht kränkelnde König mit dreien seiner vier Söhne: Kronprinz

St. Peter und Paul mit Aussicht auf Havel und Pfaueninsel, kolorierte Lithografie nach einer Zeichnung von Xaver Sandmann, um 1850

Friedrich Wilhelm, dem vom Schloss Babelsberg kommenden Wilhelm und Alexandras Lieblingsbruder Carl, dem Herrn des Jungfernsees.

Unterhalb der Kirche zieht die SEEHASE mit einigem Abstand feierlich langsame Kreise. Das Boot befindet sich in geschichtsträchtigen Gewässern. Hier sind die Gondeln und Barken, die Fregatten und Dampfer der preußischen Könige entlanggefahren, genau hier hat Friedrich Wilhelm III. im Boot gesessen und Anweisungen für die Hand- und Flaggenzeichen gegeben, nach denen die Matrosen in die Bäume kletterten. Das steinerne Ergebnis dieser erlauchten Erkundung steht dort seit über 175 Jahren. Ein hohes, etwas abweisend und nicht gerade russisch wirkendes Backsteingebäude mit einer Uhrenrosette über dem Eingang, Rundbogenfenstern und achteckigem Turm mit kreuzgekrönter Zwiebelkuppel, die aus Sparsamkeitsgründen nicht, wie geplant, vergoldet wurde, sondern auf Wunsch des Königs nur einen grünen Anstrich erhielt.

1883 bekam die Kirche St. Peter und Paul zusätzliche Bedeutung, als sich Prinz Carl von Preußen als Schlossherr von Klein-Glienicke in der eigens gebauten Gruft beisetzen ließ und das Gotteshaus damit zur Grablege seines Familienzweiges machte. Hier ruht außer ihm und seiner Frau Marie noch der gemeinsame Sohn Friedrich Karl, jener Heerführer, der es in den Kriegen von 1864, 1866 und 1870 bis 1871 zu einigem Ruhm brachte. Die Gruft wurde nach dem Zweiten Weltkrieg zugemauert, nachdem sich ein makabrer Zwischenfall ereignet hatte. Im Mai 1945 drangen Soldaten der siegreichen *Roten Armee* in die Grabanlage ein, nahmen die Gebeine aus den Särgen und zerschossen sie mit Maschinenpistolen. Einer der Soldaten zog der Leiche Prinz Friedrich Karls die rote Husaren-Litewka aus und ritt, mit dieser bekleidet, zum Entsetzen der deutschen Augenzeugen durch den Park von Glienicke.

Ungestört blieb dagegen die Ruhe der Toten auf dem kleinen Friedhof direkt hinter der Kirche. Von dichtem Kiefernwald umgeben, liegen hier alte preußische Obristen, königliche Hofgärtner, Kammerdiener und ein Mann, auf dessen übermannshohem, vor einigen Jahrzehnten wieder aufgestelltem Grabkreuz in goldener Schrift zu lesen ist: »Hier ruht in Gott der Sandwichinsulaner Maitey 1872.« Der Heinrich Wilhelm Maitey Getaufte stammte von der Insel O'ahu (Hawaii). Als halbwüchsiger Vollwaise kam er auf eigenen Wunsch an Bord des Bremer Vollschiffs MENTOR, als dieses dort während der ersten deutschen Weltumseglung im Auftrag der *Königlich Preußischen Seehandlung* im November 1823 fünf Tage ankerte. In Berliner Hofkreisen war der junge Südseeinsulaner dann eine bestaunte Sehenswürdigkeit, bevor er zum Tischdiener ausgebildet wurde und schließlich wieder auf einer Insel landete: als Gehilfe des Maschinenmeisters auf der Pfaueninsel.

Der heute verwunschen zugewachsene Waldfriedhof hinter dem Forsthausgarten ist vom Boot aus nicht zu sehen, dafür aber einige der 28 Glocken in den Fenstern des hohen Kirchengemäuers, die seit dem 1. August 1985 wieder zu jeder vollen Stunde *Üb' immer Treu und Redlichkeit* läuten, jenes Lied, das bis zu ihrer Zerstörung in der Potsdamer Garnisonkirche erklang und danach nur vom Tonband über das Havelufer schallte.

St. Peter und Paul und die Heilandskirche sind in Berlin-Brandenburg die einzigen protestantischen Kirchen, die mitten in die Landschaft gesetzt wurden, ohne Mittelpunkt einer städtischen oder dörflichen Gemeinde zu sein. Während in Sacrow nur gelegentlich gepredigt wird, ist St. Peter und Paul, trotz der Abgeschiedenheit, ein lebendiger Ort geblieben, mit regelmäßigem Gottesdienst am frühen Sonntagnachmittag, mit Hochzeiten, Taufen und Konzerten.

Vom Wasser aus ist die Kirche nicht zu übersehen. Zu auffällig überragt ihr Turm die Baumwipfel und auch die zahlreichen Radfahrer, die auf dem gut ausgebauten Uferweg die Wannseeinsel umrunden, können bei einem kurzen Halt, nach oben blickend, durch eine frei geschlagene Schneise das königliche Bauwerk mit dem überdachten Eingang und der vorspringenden Terrassenbastion erkennen, von der aus, wie Fontane schreibt, »man über die nächsten Bäume hinweg das vielfach bewegte Waldterrain, das Flußgebiet mit zahlreichen Buchten und großen Wasserflächen sowie die eine kleine Meile entfernte Residenz Potsdam mit ihren Schlössern und ihren rings um die Stadt gelegenen romantischen Villen übersieht.« Fontane war überzeugt, dass »die Aussicht gerade von diesem Punkt aus zu den schönsten hiesiger Gegend zählt.«

Die SEEHASE verlässt das Wannseeinselufer in Richtung Hauptfahrwasser. Reger Schiffsverkehr. Gerade hat das Dampfschiff GUSTAV der *Weissen Flotte Potsdam* bei der Schlösserrundfahrt den nördlichsten Punkt erreicht und dreht, nachdem der Schiffsführer den Passagieren das Pfaueninsel-Schloss erklärt hat, wieder nach Südwesten ab, zum Jungfernsee mit den Zielen Marmorpalais und Cecilienhof. In 200 Metern Abstand folgt die KÖNIGSWALD derselben Reederei, während auf Gegenkurs die LICHTENBERG der *Stern und Kreisschiffahrt* auf die Pfaueninsel zufährt. Daneben ziehen einige kleinere Motorboote ihre Bahn sowie ein auffallend schönes, altes Segelboot, das mit eleganten Linien und Mahagoni-Kajütaufbau besticht.

Damit es nicht zu Behinderungen oder unklaren Situationen kommt, muss auf sogenannte »Entgegenkommer« und »Aufholer« geachtet werden. Beim Passieren der KÖNIGSWALD ist jedes Wort der Lautsprecheransage zu verstehen, die das gerade zur vollen Stunde erklingende Glockenspiel von St. Peter und Paul übertönt.

Das Boot hat jetzt eine Position erreicht, auf der in einigen Hundert Metern Entfernung an Backbord in Richtung Kladow im Wasser die Landesgrenze zu Brandenburg verläuft, die bis 1990 der »Eiserne Vorhang« zur DDR war. Dort könnte der Punkt sein, von dem der Ruderer Hans-Jürgen Wilzcoch erzählt, als er sich an ein Erlebnis erinnert, das noch vor dem Mauerbau stattfand: »Da hatte man so zwei oder drei große Schilder vor der Pfaueninsel im Wasser hingestellt, die gleichen Schilder wie am Checkpoint Charly: ›You are leaving the american sector‹. Sah genau so aus, Schrift, alles das Gleiche. Die waren an Pfählen angebracht, relativ dünnen Eisenrohren, und damit die nicht umgeblasen wurden und dem Winddruck besser standhielten, hatte man in die weißen Flächen zwischen den Schriftzügen kopfgroße Löcher geschnitten. Und dann sind wir Jungs – wir waren damals so 15 bis 16 – aus dem Ruderboot an den Dingern hochgeklettert und haben mit List und Tücke unsere nackten Hintern durch die Löcher gedrückt. Und auf der anderen Seite hat der Jugendwart fotografiert und das Bild ist damals in der BZ veröffentlicht worden, unter dem Motto: ›Das ist das, was die Berliner Jungs von der Grenze halten‹«.

Wie auf Kommando, als ob es verabredet wäre, taucht ein Achter mit kräftigem Schlag aus der Durchfahrt zwischen Pfauen- und Wannseeinsel auf. Die Ruderer haben bei ihrer Inselumrundung bald die Hälfte der 16-Kilometer-Strecke geschafft, auf der sie sich mit ihren Rollsitzen pausenlos hin und zurück bewegen und Riemen oder Skulls einige Tausend Mal gleichzeitig im Takt durchs Wasser ziehen. Für die Schönheit der Landschaft bleibt kein Blick, der ist auf den Rücken des Vordermanns und auf das sich drehende Blatt des Schlagmanns geheftet.

Mit erstaunlicher Geschwindigkeit kommt das schlanke Holzboot näher, schießt querab vorbei und folgt dem Kielwasser der GUSTAV und KÖNIGSWALD. Am sechszackigen roten Stern auf den Ruderblättern und Trikot-Rücken ist zu erkennen, dass dort die Männer des *Berliner Ruder-Clubs* dem gemeinsamen zweiten Frühstück im Kaiserpreiszimmer entgegenrudern.

Die Pfaueninsel

Brandenburgische Südseeträume

Mit Marschfahrt hält die SEEHASE Kurs auf die schmale Durchfahrt zwischen Pfauen- und Wannseeinsel. Zur Linken das von Weitem sichtbare pittoreske Schloss mit den beiden ungleichen Ecktürmen. Der eine mit Zinnen, der andere ein kuppelförmiger Dachaufsatz mit Uhr und Fahnenmast. Während das weiße Gebäude im Stil einer künstlichen Ruine im Vorbeifahren schnell hinter hohen Parkbäumen verschwindet, schiebt sich das aus der Entfernung eher wie ein zeitgenössisch-kleinbürgerliches Eigenheim aussehende, aber bereits 1830 von Schinkel entworfene »Schweizerhaus« in den Vordergrund.

Bei Annäherung an die Engstelle ist auf die 2011 in Dienst gestellte, über 30 Meter lange und sieben Meter breite 150-Personen-Fähre zu achten, mit der Besucher, Bewohner und manchmal auch Fahrzeuge zur Pfaueninsel übergesetzt werden. Kein Lichtsignal auf dem erhöhten Steuerhaus der mit dem Namen einer Königin geadelten schwimmenden Plattform verrät, wann sie sich in Bewegung setzt. Weil die *Luise* gerade angelegt hat und ihre Fahrgäste über die ausgeklappte Rampe entlässt, gelingt die Durchfahrt der SEEHASE zügig. Am schmalsten Punkt erscheint für Augenblicke an Backbord das Dach des Kastellanhauses von 1796 und das benachbarte Fährhaus, gleichzeitig ist auf der Wannseeinselseite an Steuerbord kurz der Gebäudekomplex der zum *Wirtshaus zur Pfaueninsel* umgebauten ehemaligen königlichen Stallungen zu sehen, Sekunden später der letzte Anleger der *Stern und Kreisschiffahrt* vor Erreichen des Großen Wannsees.

Das Boot fährt jetzt direkt auf den 1832 für die ROYAL LOUISE errichteten Fregattenhafen zu, der offenbar die Zeitläufte unbeschadet überstanden hat. Um dieses nach einem Entwurf von Albert Dietrich Schadow entstandene kleine Bauwerk aus der Nähe betrachten zu können, drosselt die SEEHASE ihr Tempo und kommt nach kurzem Rückwärtsschub der Schraube zu völligem Stillstand. Der Blick aus der Nähe lohnt sich. Es ist erstaunlich, mit wie viel Sorgfalt die Altvorderen selbst unwichtige Bauten geplant haben. Auf einem Fundament gelblicher Backsteine steht am steilen Südufer, direkt im Wasser, ein reetgedeckter Schuppen mit einem bogenförmigen, halbhohen Einfahrtstor, hinter dem sich im Dämmerlicht das wie eine Grotte wirkende Wasserbassin verbirgt. Die Außenwände bestehen aus einer Holzkonstruktion dunkelbraun gestrichener Bohlen mit hübschen Verzierungen an den Traufen, während unterhalb der Firstbretter zwei kunstvoll geschnitzte Delphine die Giebelfront als Glücksbringer zieren. Hier hat die ROYAL LOUISE früher Schutz vor den harten märkischen Wintern gefunden – jedes Mal eine aufwendige Aktion, weil die gesamte Takelage mit Rahen und Obermasten abgenommen werden musste, damit die königliche Miniatur-Fregatte in ihre »Schiffsgarage« einfahren konnte.

Erneut nimmt die SEEHASE Fahrt auf und läuft, sich zwischen den zurücktretenden Ufern in der Mitte des Fahrwassers haltend, die Havel stromaufwärts. Zu beiden Seiten Mischwald aus Kiefern- und Laubbäumen. Nur auf der Backbordseite, am Ufer der Pfaueninsel, unterbrechen zwei Gebäude die Naturkulisse: zunächst das Maschinenhaus, dessen alte englische Dampfmaschine längst durch einen modernen Elektromotor ersetzt ist, der das Havelwasser zu einem Becken am höchsten Punkt der Insel pumpt. Nach 500 Metern erscheint an der südöstlichen Inselspitze ein durch große Bogenfenster auffallender, über Jahre geheimnisvoll hinter Planen verborgener kubischer Pavillon. Auf der Karte steht: »Beelitzer Jagdschirm«. Seit November 2012 kann diese historische Rarität nach aufwendiger Restaurierung wieder von der Land- und Wasserseite bewundert werden.

1796 – also vor fast 220 Jahren – wurde der Jagdschirm auf Wunsch Friedrich Wilhelms II. vom königlichen Revier in den Beelitzer Bergen auf die Pfaueninsel versetzt, eine zur Tarnung vollständig mit Eichenborke verkleidete Hütte, in deren frühklassizistisch ausgestaltetem Salon die Damen durch Glasfenster den schönen Havelblick genießen konnten, während im Sockelgeschoss hochherrschaftliche Jagdgäste ihre Steinschlossflinten durch schmale Schießscharten schoben, um auf Enten und Schnepfen anzulegen.

Vor dem Bug breitet sich jetzt die weite Wasserfläche zwischen dem Quastenhorn auf der Kladower Seite und dem Großen Tiefenhorn als nördlichster Spitze der Wannseeinsel aus. Hier, in der gut 1 000 Meter breiten Havel, schwimmt als romantischer Akzent mittendrin die kleine, pilzartig mit hohen Bäumen bestandene Insel Kälberwerder. Sie ist nur 5 000 Quadratmeter groß, war einst Rinderweide und zu Beginn des 19. Jahrhunderts Spielplatz für die Söhne Königin Luises, die als junge Preußenprinzen auf die Insel kamen, um sich in Zeiten mittelalterlichen Ritterglücks zurückzuträumen. Seit fast 90 Jahren ist Kälberwerder im Besitz des 1906 gegründeten *Ruderklubs am Wannsee* und darf nur von Vereinsmitgliedern betreten werden.

Auf dem weißen Kajütdach blendet die Sonne. Beim Blick nach achtern glänzt im Gegenlicht das quirlende Kielwasser, dessen Schaumspur auf die vor einigen Minuten passierte Fährstelle weist. Voraus kaum Boote, aber plötzlich eine aufregende Entdeckung. Was ist das? Eine Halluzination, eine Fata Morgana?

Aus dem Großen Wannsee kommend, hält ein dreimastiges Vollschiff mit vom Nordostwind geblähten Rahsegeln auf die SEEHASE zu. Verblüffte Frage: Dreht das *Studio Babelsberg* einen Spielfilm? Etwa eine Fortsetzung von *Master and Commander* mit Russell Crowe als Captain Jack Aubrey oder steht William Bligh auf dem Achterdeck der BOUNTY mit einer Ladung Brotfruchtbäumen an Bord?

Mit erhöhter Motordrehzahl und leicht angehobenem Vorschiff rauscht das kleine Boot dem wundersamen Bild entgegen. Unzweifelhaft: Ein historisches Segelschiff vom Typ Fregatte mit Klüver, Mars-, Bram- und Besansegel, das vor dem Hintergrund der dicht bewaldeten Wannseeinsel die Illusion einer Südsee-Szenerie entstehen lässt. Beim Näherkommen werden die Mündungen von Schiffsgeschützen sichtbar, die aus dem weißen Streifen der von Admiral Nelson eingeführten Batteriedeck-Bemalung herausragen. Gleichzeitig irritieren die merkwürdig großen Körper der Besatzungsmitglieder. Könnte das Schiff eine wiederauferstandene ROYAL LOUISE sein? Erst die Umrundung der Heckgalerie bringt Gewissheit. In leicht verschnörkelten Großbuchstaben steht tatsächlich dieser Name über den weißen Sprossenfenstern der Achterkajüte.

Um Details betrachten zu können, fährt die SEEHASE in einigem Abstand neben der Miniaturfregatte her: Wanten, Taljen, Blöcke, Belegnägel über dem Schanzkleid, darüber der Turm der Segel – alles wurde offenbar originalgetreu und maßstabsgerecht nachgebaut. Was für ein Wunder, welche Bereicherung – und was für ein Geschenk für die Havelgewässer!

Während der Umkreisung kreuzt das kleine Kajütboot den Kurs der ROYAL LOUISE so dicht am weit vorragenden Klüverbaum, dass die Galionsfigur, ein pechschwarzer Adler mit dem preußischen Wappen in den Fängen, gut zu erkennen ist. Nach einer letzten staunenden Vorbeifahrt dreht der motorgetriebene Zwerg ab und lässt die britische Fregatte im Schmuck ihrer blendend weißen Rahsegel Richtung Jungfernsee windgetrieben davonziehen.

Am nördlichen Pfaueninsel-Ostufer fällt, wenige Meter vom Schilfgürtel entfernt, zum vorletzten Mal bei dieser Wannseeinselumrundung auf nur

Auf der Havel – die Miniaturfregatte ROYAL LOUISE unter voller Besegelung

anderthalb Meter Wassertiefe der Anker. Die Neugier ist zu groß. Woher kommt die ROYAL LOUISE? Wer hat sie gebaut? Was vor einigen Jahren noch eine schwierige, zeitaufwendige Recherche gewesen wäre, geht heute in Sekunden. Das Internet gibt Auskunft: 1998/99 im Rahmen eines Arbeitsförderprojekts in Berlin-Köpenick als Nachbau der historischen ROYAL LOUISE entstanden. Länge: 17,83 Meter, Breite: 4,36 Meter, Tiefgang: 1,50 Meter. Fahrgebiet: Untere Havel von Berlin bis Potsdam. Sommerliegeplatz: *Verein Seglerhaus am Wannsee*. Winterquartier im Fregattenschuppen auf der Pfaueninsel. Seit 2004 Eigentum des *Royal Louise Yacht- und Schifffahrtsvereins zu Potsdam e.V.* Ansprechpartner: Lothar Voß, stellvertretender Vorsitzender, Erbauer und Erster Kapitän. Und der reagiert bei einem Anruf per Handy erfreulich aufgeschlossen: »Willkommen an Bord – sobald wir vom Lehnitzsee zurückgekommen sind und an unserem Steg im Großen Wannsee festgemacht haben.«

Auch dies ist ein ungewöhnlich schöner Ankerplatz, der sich jedoch von der Römerbank mit dem Kranz der sechs Schlösser und geschichtlichen Aufladung durch die Nähe Potsdams erheblich unterscheidet. Hier geht der

Blick weiter, nach Nordosten havelaufwärts über den 1899 zu Ehren Kaiser Wilhelms I. errichteten 55 Meter hohen *Grunewaldturm* bis zu den weißen Kuppeltürmen am Horizont, der ehemaligen Abhörstation der US-amerikanischen Streitkräfte auf dem Teufelsberg. Natürlich wäre ein Ankern am entgegengesetzten Inselufer zu Füßen des Pfaueninsel-Schlosses interessanter. Man könnte das weiße Bauwerk zwischen den Bäumen in Ruhe betrachten und mit dem Fernglas erkennen, dass die Fassade aus Holzbrettern besteht, dass die Steinquader-Fugen mit Ölfarbe aufgemalt sind. Außerdem wären Einzelheiten der filigranen Eisenbrücke zu entdecken, die in schwindelnder Höhe die beiden Türme verbindet, oder Details der einen Landschaftsausblick vortäuschenden Illusionsmalerei am Haupttor. Und ebenso reizvoll könnte es sein – das großformatige Buch von Michael Seiler mit dem Titel *Pfaueninsel, Berlin* auf den Knien – Farbfotos anzusehen, die das Innere des Schlosses zeigen. Zum Beispiel das »Otaheitische Kabinett« im Erdgeschoss des linken Turmes, hinter dessen Rundbogenfenstern sich ein Zeugnis der Sehnsucht nach fernen, damals gerade neu entdeckten Ländern verbirgt, nach dem Idealbild einer verzaubert-paradiesischen Südsee mit Kokospalmen, Riesenfarnen, Korallenriffen, bunten Papageienvögeln und »edlen, unverdorbenen Wilden«.

Als das Pfaueninsel-Schloss 1794 von dem Potsdamer Hofzimmermeister Johann Gottlieb Brendel errichtet wurde, hatte fast 30 Jahre zuvor Louis Antoine de Bougainville bei der ersten französischen Weltumseglung im April 1768 Otaheite – also Tahiti – entdeckt. James Cook folgte in den Jahren 1769, 1773 und 1777. Die überschwänglichen Schilderungen Bougainvilles und der differenziertere, 1779 in Deutschland erschienene Reisebericht des jungen Georg Forster über die *Weltumseglung mit Kapitän Cook* löste in den europäischen Salons ein regelrechtes Südseefieber aus. Allzu begeistert hatte vor allem der Franzose die Fruchtbarkeit und Schönheit Tahitis gepriesen, die Glückseligkeit und das Entzücken beim Anblick von Landschaften und Menschen.

Das kleine »Otaheitische Kabinett« im Holzfachwerkschlösschen auf dem Havel-Eiland spiegelt auf wunderbare Weise das damalige Verlangen nach fernen pazifischen Inselwelten. Es ist nichts weiter als eine auf Leinwand gemalte Bambushütte. Palmen und prächtige Tropenpflanzen ranken bis unter die kuppelförmige Decke, die Wände zieren üppig umwucherte kleine, exotisch stilisierte Bilder vom Marmorpalais und Pfaueninsel-Schloss – die preußische Nahwelt als Teil des Traums von Tahiti.

Aber die romantische Position vor dem Schloss hat einen Nachteil: Die vorgelagerte flache Sandbank bietet dem Anker kaum Halt. Bei den vorherrschenden Südwestwind-Lagen wird das Boot zu leicht auf das Ufer getrieben, sodass Gefahr besteht, über jene unsichtbare Linie zu geraten, die eine Kette rot-weiß-roter, die Insel umschließender Tonnen markiert, die signalisieren: »Absolutes Fahrverbot«. Kein Schiff, nicht einmal ein Paddelboot, darf diese Grenze überqueren. Zum Schutz des Weltkulturerbes und der Brutplätze des Fauna-Flora-Habitat-Gebietes gilt: »Anlanden streng verboten!«

Seit einigen Jahren ist die 68 Hektar große, etwa 1500 mal 500 Meter messende, zum Ortsteil Wannsee gehörende Pfaueninsel zusätzlich mit einem Elektrozaun gesichert, der weniger unwillkommene Wassertouristen, sondern schwimmende Wildschweine abschrecken soll.

Das kleine Eiland, dessen Umrisse auf Luftbildern und Karten an einen Delphin oder Wal mit erhobener Schwanzflosse erinnern, gibt sich, vom Wasser gesehen, eher abweisend und verschlossen. Bäume wie steile Ufer verstellen den Blick auf das überraschend weite, vielgestaltige Inselinnere, das wach beobachtende Besucher mit einer Fülle von Besonderheiten überrascht: Seltene Pflanzen, von der Grasnelke bis zur Wiesenglockenblume, uralte, zum Teil bizarr verfallene, knorrige Eichen als idealer Lebensraum für vom Aussterben bedrohte Käfer- und Fledermausarten. Wer weiß schon, dass diese Insel einer der vogelreichsten Bezirke Berlin-Brandenburgs ist, mit Schwarzmilanen, Eisvögeln und einem brütenden Seeadlerpärchen?

Für ein Boot mit so wenig Tiefgang ist der Platz am Ostufer ideal: windgeschützt und mit festem, muschelüberwachsenem Grund, in dem die Flunke des Pflugscharankers zuverlässig hält. Wie auf der Römerbank beginnt die SEEHASE zu »schwojen«, also unmerklich kreisförmig hin und her zu schwingen, sich in der leichten Dünung zu wiegen, die schnelle Motorboote oder die in einiger Entfernung am Ufer der Wannseeinsel in beiden Richtungen entlangziehenden Fahrgastschiffe erzeugen. Auch hier kommen die Pulks von Blesshühnern und Stockenten in der Hoffnung auf Nahrhaftes eilig herangeschwommen. Kein Fluglärm an- oder abfliegender Maschinen stört in diesem Augenblick die Stille. Über der breit und gemächlich dahinfließenden Havel wölbt sich ein tiefblauer Himmel mit ungewöhnlich vielen Haufenwolken, die an ein berühmtes Wannseegemälde von Philipp Franck erinnern. Auf dem Wasser werden die optischen Akzente durch die weißen Dreiecke der Segelboote gesetzt. Dies ist ihr Revier, obwohl die Havelseen wegen der unterschiedlichen Tiefen mit Vorsicht zu befahren sind.

Auch zwischen der Pfaueninsel und Kälberwerder gibt es Flachstellen, die allzu schnell zum Hindernis werden können.

Mit ausgeklappter Badeleiter liegt die SEEHASE sicher vor Anker. Es macht Freude, das bei den Drehbewegungen ständig wandernde Sonnenlicht auf den Maserungen der Holzflächen zu beobachten, am Heck das Schwappen des Wassers zu hören und bei einem Rundblick die schönen Uferlinien wahrzunehmen. Nichts stört das Auge, scheinbar unversehrte Natur, wohin man sich wendet. Richtung Nordosten: Die von Kälberwerder fast verdeckte, unter Naturschutz stehende kleine Insel Imchen vor den Hafenanlegern von Kladow. Dort haben Kormorane ihre Brutkolonie mit unzähligen Nestern im Geäst der Bäume. Und beim Blick nach Norden in knapp zweieinhalb Kilometern Entfernung die Insel Schwanenwerder und der Anfang des Großen Wannsees.

Ankerplatz Pfaueninsel – in Sichtweite des Luisentempels

Das Boot liegt am Saum von Seerosenfeldern auf einer Muschelbank, exakt auf der Verbindungslinie zweier Sperrtonnen. Im Uferbereich steht eine Reihe von Reusenstangen mit leicht auswehenden weiß-roten Fähnchen, die zum Revier des Fischers Mario Weber aus Potsdam gehören.

Es ist schon ein erhebendes Gefühl, ein Privileg, der vielgerühmten Pfaueninsel so nah zu sein, dabei zwar nicht an Land gehen zu dürfen, aber doch über den Schilfgürtel hinweg zwischen den Bäumen zwei steinerne Zeugnisse des späten 18. und frühen 19. Jahrhunderts sehen zu können: Die hellen Mauern der in Formen einer verfallenen gotischen Klosteranlage erbauten Meierei und den von Eichen beschatteten kleinen Luisentempel, der hier 1829 zur ehrenden Erinnerung an die unvergessene Königin aufgestellt wurde.

Eine Insel als »Perle im Havelmeer«, über die Theodor Fontane im viel zitierten ersten Satz des Kapitels *Die Pfaueninsel* im Band *Havelland* seiner *Wanderungen durch die Mark Brandenburg* 1872 schrieb: »Pfaueninsel! Wie ein Märchen steigt ein Bild aus meinen Kindertagen vor mir auf: ein Schloß, Palmen und Känguruhs; Papageien kreischen, Pfauen sitzen auf hoher Stange oder schlagen ein Rad, Volieren, Springbrunnen, überschattete Wiesen; Schlängelpfade, die überall hinführen und nirgends; ein rätselhaftes Eiland, eine Oase, ein Blumenteppich inmitten der Mark.«

Arkadien im Havelstrom – die Insel der Pfauen und Eichen

Von der Insel dringt kein Papageienkreischen zum ankernden Boot, auch die Pfauen sind stumm und auf den Wiesen hüpft kein Känguruh. Dafür ist aus dem Laubwald vielstimmiges Vogelgezwitscher zu hören: Teich- und Drosselrohrsänger und Pirole, die hier ebenso wie Nachtigallen brüten.

Landeinwärts, direkt hinter der Schilfzone, führt der äußere Inselrundweg entlang, den die meisten Besucher wählen. Ab und zu werden Köpfe und Oberkörper von einzelnen Spaziergängern und Gruppen sichtbar, die damit die Hälfte der gut einstündigen Strecke geschafft haben. Für sie gibt es auf dieser Insel nur Natur und einige historische Gebäude. Hunde und Fahrräder dürfen nicht mitgenommen werden, Rauchen wurde schon im 19. Jahrhundert verboten, Getränke und Gegrilltes gibt es erst seit 2010, dem »Luisenjahr«, als die Schlösserverwaltung glaubte, eine Konzession an den Zeitgeist machen zu müssen und einem Pächter erlaubte, im Inselzentrum eine Holzhütte mit Planwagen, einigen Tischen und Sonnenschirmen aufzustellen. Früher musste man sich bis zur Rückfahrt mit der Fähre gedulden, um dann im *Wirtshaus zur Pfaueninsel* durstig einzukehren.

Wenn die Gäste hinter den grünen Schilfspitzen auftauchen, haben sie bei ihrer Wanderung gegen den Uhrzeiger bereits den Fregattenhafen mit der Matrosenküche, Gewächshausanlagen, den Ergänzungs-Rosengarten und Beelitzer Jagdschirm auf dem vorgelagerten, über zwei Brücken zu erreichenden Mini-Eiland mit dem Biberteich gesehen und auf der Tafel gelesen: »Mit dem neuen Naturverständnis im Zeitalter der Aufklärung änderten sich auch die Jagdgewohnheiten. Statt dem großen Spektakel bevorzugte der preußische Königshof intime Jagdgesellschafen mit gesteigertem Naturerlebnis. Die Jagd wurde wie Kegeln, Scheibenschießen und Tanz als Sport und Freizeitvergnügen angesehen.« Die meisten Besucher standen auch vor den dorischen Säulen des einem griechischen Tempel nachempfundenen

Luise-Mausoleums, dabei die auffällig kleine, von Christian Daniel Rauch geschaffene Marmorbüste der Königin betrachtend, die sie mit einem Kranz Margeriten im Haar und leicht zur Seite geneigtem Kopf anrührend zart und mädchenhaft zeigt.

Danach führt der Weg im sanften Bogen an grasenden Haflingern und Shetlandponys vorbei zu einem weißen Gebäude, das auf dem am Fährhaus erhältlichen Inselplan mit der Nummer 28 und dem Zusatz »Meierei« bezeichnet ist. Mit jedem Annäherungsschritt erscheint das Bauwerk merkwürdiger. Neogotische Fenster, darüber ein zackig abgebrochener erster Stock mit in den blauen Himmel ragenden Mauerstümpfen. Am Eingang die Erklärungstafel: »Die Meierei auf der Pfaueninsel. Hinter der kulissenhaften Architektur verbirgt sich im Obergeschoss ein phantasievoll mit Malereien und Stuckaturen dekorierter Festsaal sowie ein Gedenkraum, der Königin Luise gewidmet ist. Das Erdgeschoss beherbergt Kuhstall und Molkenstube, eine Ausstellung mit dem Schwerpunkt Milchkult um 1800 und ländliche Spiele, die Einblicke in die bewegte Inselgeschichte gewährt«.

Inselbesucher können das Haus an Wochenenden gegen eine Gebühr betreten und im ersten Stock aus den Fenstern des »Gotischen Saals« nach Südwesten über Feuchtwiesen auf die fast kreisrunde Wasserfläche des Parschenkessels schauen, bevor sie an den im Stil einer gotischen Kapelle errichteten Stallgebäuden weiterwandern und möglicherweise einigen pechschwarzen Wasserbüffeln und Heidschnucken begegnen, die das Gras kurz halten sollen.

Es dürfte kaum jemanden geben, der nicht das Außergewöhnliche dieses Erdenflecks spürt und nicht von der Naturschönheit berührt ist. Herrliche, zum Teil hochbetagte Bäume mit gewaltigen Stämmen und Kronen – Eichen, Buchen, Platanen. Gepflegte Wege, die sich in umsichtig komponierten Linienführungen durch das hügelige Gelände ziehen und immer wieder mit neuen Durch- und Anblicken überraschen: Die Fassade des wie ein englisches Landschloss aussehenden Kavalierhauses, eine Fontäne, eher ein Kandelaber, über dessen Schalenstufen das Wasser in das große Becken rinnt, die Reste eines römischen Tempels, das zeltartige Gitterwerk der in Europa fast einzigartigen Voliere, Segelboote draußen auf der Havel und Schubverbände, deren dumpfes Dieselbrummen sich mit Vogelzwitschern mischt, das weitaus erfreulicher klingt als die ab und zu ertönenden Klagerufe der unsichtbar bleibenden *Blauen Pfauen.*

Erst der Blick auf den gedruckten Plan schafft Orientierung im Netz der »Schlängelpfade«. Auf der Insel-Zeichnung sind die sehenswerten Punkte aufgelistet: Von 1, dem Schloss, bis zum Ergänzungs-Rosengarten unter der Nummer 39. Darunter gibt es rätselhafte, neugierig machende Stationen: Reste des Palmenhauses, Bauteil der russischen Rutschbahn, Lama-Brunnen, Kunckelstein. Zu einem Gebäude kommen jedoch alle Besucher, niemand möchte den Höhepunkt versäumen: Das Pfaueninsel-Schloss. Es ist tatsächlich aus Holzbrettern, die gestrichen werden müssten, und es klingt hohl, wenn man dagegen klopft. Vor der Schlossrückseite steht inmitten eines kleinen Rondells, von Blumenrabatten eingefasst, eine Stele mit der Marmorstatuette einer diadembekränzten Dame im griechischen Gewand. Zu ihren Füßen ein Datum: 13. Juli 1852.

Wer das Schloss bei einer Führung betritt, sieht diese Dame in der bescheidenen Eingangshalle ein zweites Mal und erlebt beim Rundgang ein kleines Wunder: Fast alles ist im Original erhalten. Die Räume, Tapeten, Möbel, wundervolle Edelholz-Fußböden, Stuckaturen, klassizistische Kassettendecken, aber auch kleine, persönliche Accessoires der Königin Luise, wie ihr Nähtisch und ihre Hüte.

Im Erdgeschoss sieht der Besucher das Teezimmer mit 29 allegorischen Gipsreliefs und eine lebensgroße *Pomona*, die römische Göttin der Baumfrüchte, als beheizbare Figur über dem Eck-Kamin. Das daneben liegende Otaheitische Kabinett diente stillen Lesestunden und im Obergeschoss präsentiert sich das Turmzimmer mit Ansichten der Vatikanischen Museen auf aquarellierten Kupferstichen in Nachbarschaft zum handwerklich überaus kunstvoll holzvertäfelten Saal. Aus dessen hohen Rundbogenfenstern bietet sich ein weiter Blick auf die Havel in Richtung Marmorpalais und vermittelt eine Ahnung von der wahrhaft königlichen Idee, die Sichtachse vom Neuen Garten zur Pfaueninsel mit einem theatralischen, auf Fernwirkung berechneten Bauwerk zu krönen: Dem weißen Ruinenschlösschen im »Stil einer römischen Landhausvilla«.

Während der Führung ist zu hören, dass 1910 die Holzlattung abgenommen und durch einen Betonmantel ersetzt wurde. Das fatale Resultat: es bildete sich Feuchtigkeit. Die alten, bis unter die Decke reichenden Stofftapeten verfärbten sich und dunkelten nach, sodass das Verspielte, licht Ornamentale zum Teil verloren ging. Erst Mitte der 1970er-Jahre hat man den Fehler korrigiert, den Beton entfernt und die alte Konstruktion mit Eichenholzbrettern wiederhergestellt.

Nach Verlassen des Schlosses lockt vor der Schaufassade ein fabelhafter Aussichtspunkt, vor allem an schönen Tagen, wenn bei einem bestimmten Sonnenstand die Havel im Nachmittagsgegenlicht zu glitzern beginnt. Dann entsteht ein großartiges Bild: Zur Rechten die weit ausschwingende, vom Grün der Bäume eingefasste Bucht der Sacrower Lanke und links, auf der Wannseeinsel, die Umrisse der St. Peter und Paul-Kirche, von der bei günstigem Wind zur vollen Stunde das Glockenspiel zu hören ist.

Einige Inselgäste gehen auf dem Weg zum Fähranleger nicht durch den überwachsenen Bogengang am Runden Garten, sondern kommen am 1830 für die Bediensteten des Hofes errichteten Schweizerhaus vorbei, überrascht, welche architektonischen Feinheiten das kleine Gebäude aus der Nähe preisgibt.

Wenige Schritte entfernt, von zwei Pyramidenpappeln und blauen Hortensien umrahmt, das über 200 Jahre alte Kastellanhaus. Dort wohnt seit 35 Jahren ein für seine Verdienste um das Berlin-Potsdamer UNESCO-Weltkulturerbe hochgeehrter Mann: Der seit Ende 2004 pensionierte Gartendirektor der *Stiftung Preußische Schlösser und Gärten Berlin-Brandenburg*, Michael Seiler.

Beim Betreten des Hauses ist jeder Gast von der filmreifen Atmosphäre der mit Büchern vollgestopften Gelehrtenstube mit wandhohen Regalen, gestapelten Folianten, Mappen und Karten beeindruckt. Inmitten dieser Schätze steht ein älterer Herr mit wachem Blick, der ohne Umschweife zur Sache kommt. Thema: »Die Pfaueninsel«.

14 Jahre war Michael Seiler hier als Nachfolger einst königlicher Hofgärtner und Kastellane »Herr der Insel«, oder, wie er selbst etwas bescheidener sagt: »Ich habe mich um die Gärtner gekümmert, einschließlich Lohnauszahlung, und musste die Fähre organisieren und jeden Abend das Fährgeld zählen.« In Wirklichkeit hat er in den Jahren von 1979 bis 1993 mit Hingabe daran gearbeitet, die Naturschönheit der Pfaueninsel wiederherzustellen.

»Gärten sind ja immer die Vermählung des Ortes, an dem man ist, mit einem Sehnsuchtsort, ob Italien, Frankreich oder England, dieses Element steckt in der ganzen Gartenkunst«, stellt Seiler fest und betont die Sonderstellung der Havelinsel, den »geschlossenen Rhythmus mit unendlich vielen Anspielungen, mit dem Traum von den Südseeinseln, was den König angezogen hat, also das Exotische im Einheimischen zu erkennen.«

Michael Seiler ist es 1989 mit geringen finanziellen Mitteln geglückt, den ersten Rosengarten Preußens wiedererstehen zu lassen und er hat dafür gesorgt, dass viele der verloren gegangenen, früher hochgeschätzten, damals aus Amerika eingeführten Sträucher neu gepflanzt wurden, Sträucher, deren Laub duftet und deren unterschiedliche Grüntöne das Bild beleben. Und weil die Pfaueninsel unter Experten den Ruf hat, die »Wiege der Blattpflanzenmode« zu sein, wurden Spanisches Rohr und Tulpenbäume gesetzt und die Pflanzenkulisse um das 1880 bei einem Brand untergegangene Palmenhaus wieder so hergestellt, wie es der Hofgärtner Ferdinand Fintelmann 1837 beschrieben hat.

Zwei Punkte lagen Michael Seiler als Gärtner besonders am Herzen: Die Eichen und die Wege. »Die Insel ist die Insel der Eichen. Hier standen etwa 300 uralte Eichen, als der König sagte: ›Ich möchte sie haben – bitte nichts absägen.‹ Und für mich sind deshalb die alten, toten Eichen ein Symbol. Als mal meine Kollegen auf die Insel kamen, rümpften sie die Nase: ›Die toten Eichen, wie sieht das denn aus.‹ Ich sagte: ›Das gehört dazu.‹ Hier ist es sozusagen inszenierte Wildnis. Ich würde in Sanssouci nicht unbedingt eine tote Eiche stehen lassen. Hier gehört es einfach zum ganzen Mythos der Insel, das Schloss ist ruinös, die Meierei ist ruinös – dann eben auch Eichen als Ruinen.«

Die Restaurierung der von Peter Joseph Lenné zwischen 1816 und 1834 im Auftrag Friedrich Wilhelms III. geschaffenen Wegeführungen empfand Michael Seiler als Auftrag. Wege in Parks und Gärten sind für ihn die Möglichkeit, »die Schönheit der Erdoberfläche wie eine Plastik, wie eine Skulptur zu streicheln.«

Bevor Seiler 1979 seinen Dienst auf der Pfaueninsel antrat, hatte er die Chance, für die gerade neu gegründete Berliner Gartendenkmalpflege unter Klaus-Henning von Krosigk im Glienicker Schlosspark im Bereich des Pleasuregrounds mit Hilfskräften die zerstörte Bodenmodellierung und Wegeführung durch Grabungen zu rekonstruieren. Dabei entdeckte er die Größe des Mannes, der über ein halbes Jahrhundert die Berlin-Potsdamer Kulturlandschaft entscheidend prägte und zu einem Gesamtkunstwerk mitgestaltete. Beim Namen Lenné gerät Seiler ins Schwärmen: »Dieses Stück Land, dieser 160 mal 280 Meter große Pleasureground – da steckt der ganze Lenné in Reinform drin. Wenn mich jemand fragte: ›Können sie mir erklären, was Lenné ist?‹ – dann würde ich sagen: ›Gehen sie mal nach Glienicke und in einer Stunde haben sie es begriffen oder sie werden es nie begreifen.‹« Lennés Stil mit den drei Kernelementen »Bodenmodellierung«, »Blickführung« und »Pflanzengruppierung« ist nach Auffassung Seilers Bildhauerarbeit. Er zollt dem berühmten Gartenkünstler rückhaltlose Anerkennung: »Lenné war ein Vorwärtsstürmender, von sich und seiner Mission, der Gartenkunst, überzeugt, von der Vorstellung, dass Gartenkunst die Welt und die Menschheit verbessert – das denke ich übrigens auch heute noch. Ich bewundere seine Begeisterung, mit der er immer weit über das Ziel hinaus wollte, und dem König und allen Leuten, die ihn beschäftigten, denen hat er Ziele gesteckt, die die noch gar nicht wollten.«

Für Michael Seiler gibt es noch einen weiteren bewunderungswürdigen Menschen, den er als Glücksfall und entscheidend für sein Leben bezeichnet. Es ist der 2003 im Alter von 84 Jahren verstorbene Kunsthistoriker Martin Sperlich, der von 1969 bis 1984 als Direktor der *Staatlichen Schlösser und Gärten (West-Berlin)* amtierte und als Professor für Gartengeschichte an der *Freien Universität* lehrte. Martin Sperlich hatte Seiler – damals noch Vermessungstechniker und beurlaubter Berufsschullehrer – die Möglichkeit zu den Grabungen in Glienicke eröffnet und ihn anschließend als Leiter der Dienststelle auf die Pfaueninsel berufen. Von Sperlich ermutigt, begann Seiler nebenbei Garten- und Landschaftspflege zu studieren, machte sein Diplom, schrieb in den Nachtstunden die Dissertation und hielt schließlich zusammen mit seinem Mentor die inzwischen legendären Vorlesungen in der Kapelle von Schloss Charlottenburg.

1993 dann die Krönung seiner Laufbahn: Gartendirektor in der *Verwaltung der Staatlichen Schlösser und Gärten Berlins*, die zwei Jahre später im wiedervereinigten Deutschland als *Stiftung Preußische Schlösser und Gärten Berlin-Brandenburg*, die Landesgrenzen überschreitend, neu gegründet weiterbestand. In dieser Position kamen ihm die früheren, auf zahlreichen Exkursionen gepflegten Kontakte zu den Kollegen aus DDR-Zeiten zugute, sodass er über zehn Jahre mit großem Erfolg daran arbeiten konnte, die durch den Mauerbau verwüsteten Grenzgebiete in Babelsberg, im Neuen Garten und in Sacrow vorbildlich zu restaurieren.

Heute erinnert sich Michael Seiler gelegentlich an diese Zeit und auch daran, wie bereits lange vor der Wiedervereinigung ein stilles, freundschaftliches Einverständnis mit einigen Gartenverantwortlichen von »drüben« bestand, die eines Tages Sturmschäden nutzten, um gegen den Willen der Grenztruppen eine Sichtschneise vom Potsdamer Ufer auf das Pfaueninsel-Schloss freizuschneiden. Und er stellt rückblickend mit einem Lächeln fest: »Es hat sich hier eigentlich nicht viel geändert, seitdem die Mauer da nicht mehr ist. Nur für uns. Wir hatten ja früher immer die Grenzbeleuchtung in

Sacrow gesehen. Unsere Kinder waren, als 1990 die Lichter ausgingen, noch relativ klein und die sagten: ›Och – das ist aber schade, das sah immer so schön beleuchtet aus da drüben.‹ Sacrow, das war eine einzige Lichterkette abends. Wie der Lido von Venedig, der ging dann plötzlich aus.«

Michael Seiler lebt auch als Pensionär mit seiner Familie auf der Pfaueninsel. Was früher Residenzpflicht war, ist heute Privileg. Das Wohnen in Berlins bester Lage, vom Alltag durch Wasser getrennt und nur mit einer Fähre erreichbar, die für die Inselbewohner allerdings täglich über 24 Stunden verfügbar ist.

Im alten Kastellanhaus schreibt der Vorsitzende der *Pückler Gesellschaft* an seinem letzten Buch über die Pfaueninsel und versucht, die Fachgespräche zweier enger Freunde nachzuempfinden, den Gedankenaustausch zwischen Ferdinand Fintelmann, dem einfachen Hofgärtner der Pfaueninsel, und Peter Joseph Lenné, dem gefeierten königlichen Gartendirektor zu Potsdam.

Zaubergarten – Zufluchtsort und Ausflugsziel

Pfauen haben der Insel ihren Namen gegeben: Pfauwerder – Pfaueninsel. Dabei hieß sie vorher schon mal Große Werder – also Große Insel – und Kaninchenwerder. Die Pfauen kamen nicht wegen ihrer prächtigen Schwanzfedern auf das wilde Eiland. Grund war das zarte, nahrhafte Fleisch, so wie das etwas zähere der dort früher gehaltenen Kaninchen, deren jährlich etwa 800 erlegten Exemplare 200 Taler für die Hofkasse des Großen Kurfürsten gebracht hatten.

Der schenkte Kaninchenwerder 1685 dem Alchimisten und Glasmacher Johannes Kunckel mit dem Auftrag, im Nordosten eine Glashütte einzurichten, in der Farbglas, vor allem Rubinglas, hergestellt werden sollte, das sich in Form von »Korallen« hervorragend zum Tauschhandel mit den Ureinwohnern der zwei Jahre zuvor neu gewonnenen kurbrandenburgischen Kolonie Groß Friedrichsburg an der Goldküste von Westafrika eignete. Glasperlen gegen Gold, Elfenbein und Sklaven. Nach ersten, durchaus beachtlichen Erfolgen führte der Tod des Großen Kurfürsten im Jahr 1688 zum Untergang der Produktionsstätte. Der allzu schnell reich gewordene Kunckel hatte zu viele Neider und Feinde, die umlaufende Gerüchte über rätselhafte Vorgänge in dem geheimnisumwitterten Insel-Laboratorium so zu schüren wussten, dass schon 1689 die gesamte Fabrikations- und Experimentieranlage durch Brandstiftung in Flammen aufging. Für acht Jahrzehnte gehörte die Insel wieder ganz den Kaninchen, den Jägern und Fischern – bis es 1769 oder 1770 zu einem Sommertag kam, an dem eine von königlichen Knechten geruderte Gondel zum ersten Mal am Ufer von Kaninchenwerder anlegte. An Bord ein junges Liebespaar: Der 25-jährige Kronprinz und die neun Jahre jüngere Tochter eines Hofmusikers in den Diensten Friedrichs II.

Niemand weiß, wie oft Prinz Friedrich Wilhelm und Wilhelmine Enke in jenen Sommern das schilfumfasste, verwilderte Eiland auf ihren Lustpartien ansteuerten, begleitet von einer kleinen Hofgesellschaft, die Vergnügen daran fand, in stimmungsvollen abendlichen Stunden unter bunten, in Büschen aufgehängten Lampions zu lagern, aus mitgebrachten Körben erlesene Delikatessen zu verspeisen und sich bei Musik, Schäfer- und Pfänderspielen zu amüsieren. Die blutjunge, schöne Wilhelmine war der Mittelpunkt, sie wurde zur »Königin der Insel« gekürt und die beiden Verliebten malten sich aus, hier einmal ein »Lusthaus« zu errichten, wenn sich der Kronprinz in den König verwandelt hätte.

16 Jahre später war es soweit. Nach dem Tod des Onkels, Friedrich II., kam der Prinz als Friedrich Wilhelm II. auf den Thron. Wilhelmine Enke hatte ihm in dieser Zeit als Mätresse sechs Kinder geboren, war aber, inzwischen bürgerlich verheiratet, jetzt nur noch eine hochgeschätzte Freundin.

Der König hatte die Insel seiner Jugendliebe nicht vergessen. 1793 kaufte er, drei Jahre nach Fertigstellung des im Neuen Garten am Heiligen See entstandenen Marmorpalais, die in Sichtweite liegende Insel Kaninchenwerder.

Jetzt schlug die Stunde der gereiften und umfassend gebildeten wie kunstsinnigen »schönen Wilhelmine«. Als Vertraute und Beraterin Friedrich Wilhelms II. – und von ihm gerade zur Gräfin von Lichtenau erhoben – nahm sie die Gestaltung der einstigen »Liebesinsel« entschlossen in die Hand, wobei sie der König gewähren ließ. Zuerst wurde der Name Kaninchenwerder durch das klangvollere Pfaueninsel ersetzt, dann begann der Ausbau im Geschmack der neuen Gräfin: etwas Gotik, etwas Italien und nach Möglichkeit Ruinen, denn die waren gerade als Zeichen der Vergänglichkeit in Mode. Zusätzlich beeinflusst von der seit einigen Jahren in den Salons kursierenden Rousseau-Lektüre mit der Botschaft vom glücklichen, naturhaften Urzustand des Menschen, entstanden das Schloss und die Meierei mit weidenden Kühen und der Illusion vom einfachen, ländlichen Leben.

Ansicht der Pfaueninsel mit Schloss und Kastellanhaus um 1810, Kupferstich von Friedrich August Schmidt

Dem König, dem Preußen das Aufblühen von Handel und Handwerk, von Wissenschaft und Kunst verdankte, blieb nur eine kurze Frist der Freude an der für ihn geschaffenen Theaterkulisse auf der Pfaueninsel. Er starb im November 1797 und ließ seine lebenslang geliebte Wilhelmine zurück, der Willkür und Gnade des Sohnes ausgeliefert.

Dieser, Friedrich Wilhelm III., hatte schon als Knabe Gefallen an der romantisch-rätselhaften Insel gefunden. Für den kontaktscheuen, einsilbigen und melancholischen König war ein von Wasser umschlossener Rückzugsort das Ideale. Weniger Begeisterung zeigte seine Gattin Luise, die das Schloss kalt und zugig fand und sich über die dünnen Wände beklagte. Trotzdem entfaltete sich bei den regelmäßigen Aufenthalten eine beinah bürgerliche Idylle, die indes im Oktober 1806 jäh gestört wurde, als sich die Königsfamilie nach der preußischen Niederlage bei Jena und Auerstedt durch Flucht vor den anrückenden Truppen Napoleons in Ostpreußen in Sicherheit bringen musste.

Erst nach Befreiungskriegen, Völkerschlachten, Fürsten-Kongressen und neu geschlossenen Bündnissen konnte der König die Abgeschiedenheit der

»île de paon« in den Sommermonaten wieder auskosten. Und er veranlasste, dass Fintelmann und Lenné begannen, die Insel in einen Landschaftspark im englischen Stil zu verwandeln. Gleichzeitig erhielt Karl Friedrich Schinkel den Auftrag, das Kavalierhaus zu erweitern, in dem Gäste und die Kinder, die Prinzen Friedrich-Wilhelm, Wilhelm, Carl, Albrecht und die Prinzessinnen Charlotte, Alexandrine und Luise, bei den Familienausflügen zusammen mit der Dienerschaft wohnen sollten.

Schinkel machte dem König den originellen Vorschlag, für die Schauseite des zu vergrößernden Gebäudes die Fassade eines zum Abbruch bestimmten spätgotischen Patrizierhauses in Danzig zu verwenden. Die Idee fand Zustimmung, und so verschiffte man die nummerierten Steine auf Lastkähnen über Ostsee, Oder und Finowkanal havelabwärts zur Pfaueninsel. Dort entstand ein Bauwerk, das wie ein vornehmes englisches Landhaus aussieht und durch die mit Eifer verbreiteten Gerüchte, die Schmuckornamente hätten bereits 1360 den erzbischöflichen Palast zu Nürnberg geziert oder stammten sogar aus Venedig, zusätzlichen Glanz erhielt.

Einige Jahre später, um 1830, durfte Schinkel die Insel mit einem Meisterwerk verschönern: dem Palmenhaus. Ausgelöst durch den königlichen Ankauf einer französischen Palmensammlung, schuf er ein 34 Meter langes, 14 Meter hohes und ebenso breites Gebilde aus Holz und Glas, das im Innern durch den Einbau einer altbirmanischen Marmor-Pagode höchst exotische Reize entfaltete. Diese Tempelteile hatte ein englischer General aus Bengalen mitgebracht und im April 1829 in Hamburg versteigern lassen. Im neuen Palmenhaus wurde das Fernöstliche durch tropische Pflanzen, durch Dattelpalmen, Bananenbäume und Ananasstauden effektvoll verstärkt. Beim Betreten des kleinen Glaspalastes waren Besucher vom Zusammenspiel der indisch wirkenden Innenarchitektur mit den fremdartig wuchernden Gewächsen geradezu überwältigt. In Europa gab es zu jener Zeit nichts Vergleichbares.

»In der Geschichte der in den Gärten inszenierten Utopien hat das Palmenhaus auf der Pfaueninsel nicht seinesgleichen«, schreibt Michael Seiler. »Wurde in den Gärten des Rokoko durch Pergolen und Drachenhäuser die ›idealere‹ Welt Chinas beschworen, im frühen Landschaftsgarten Mittelalter und Antike, später die Südsee und dann die Schweiz, so kündet das Palmenhaus von einem der letzten Gartenräume Europas, der Welt der asiatischen Tropen. Im Palmenhaus wurden tropische Vegetation und indo-islamische Architektur zu einer Einheit verschmolzen und in den Landschaftsgarten bruchlos eingefügt.«

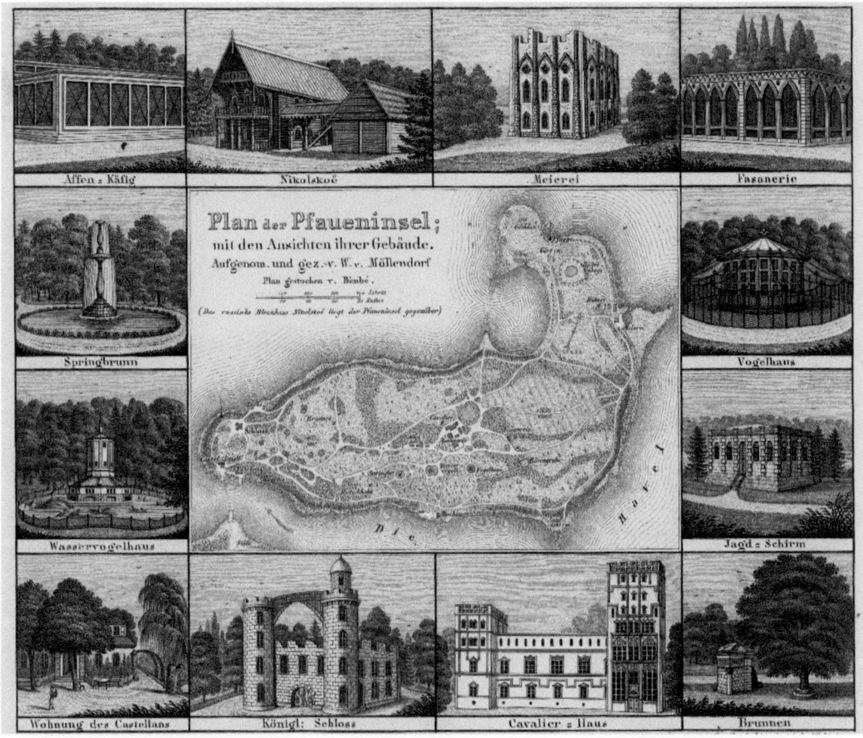

Die Pfaueninsel um 1830, Stahlstich nach einer Zeichnung von W. v. Möllendorf

Zur selben Zeit wurde unter Schinkels Regie am Ostufer der kleine Portikus zum Gedenken an Königin Luise errichtet, zu dem der König, wie sein persönlicher Seelsorger Bischof Eylert berichtet, häufig allein ging, »und verweilte daselbst oft lange in ernsten Betrachtungen«.

Das Jahrzehnt zwischen 1830 und 1840 war die Blütezeit der Pfaueninsel, die Zeit der Vollendung. Zu den Aufsehen erregenden neuen Gebäuden kam eine neue Passion Friedrich Wilhelms III., die Anlage einer Menagerie, eines Tiergartens, der alles übertraf, was sich die damals sesshaften Zeitgenossen vorstellen konnten.

August Kopisch in seiner Bestandsaufnahme der *Königlichen Schlösser und Gärten zu Potsdam* im Jahr 1853: »So verschönert und belebt war das Eiland nicht nur eine Freude des Königs, sondern die Lust des ganzen Landes geworden. Zwei Tage in der Woche, Dienstags und Donnerstag, ward der Besuch allen Einheimischen gestattet, den Fremden mit größter Bereitwilligkeit auch an anderen Tagen; selbst bei Anwesenheit des Königs auf der

Insel wurden einzelne Besuche gestattet. Tausende kamen hin, dort die schönen Anlagen zu sehen, reich belebt durch eine so mannigfaltige Thierwelt. Eine Fahrt nach der Pfaueninsel wurde als schönstes Familienfest des Jahres betrachtet, die Jugend fühlte sich überaus glücklich, so vielerlei interessante Geschöpfe dort zu sehen, die munteren Sprünge der Affen, die drollige Plumpheit der Bären, das seltsame Hüpfen der Känguruhs, die Riesen und Zwerge. Alles erfüllte das jugendliche Gemüth mit staunender Lust. Das Palmenhaus ward mit manchem Ach! des Entzückens betreten. Man träumte in Indien zu sein und sah mit einer Mischung aus Lust und Grauen hier auch von Gittern überschleiert die südliche Thierwelt repräsentiert durch lebendige Alligatoren und Schlangen, ja durch das wunderbare Chamäleon, welches opalisierend oft alle Farben der blühenden Umgebung wiederzuspiegeln schien.«

Die Insel als ein Garten voller Sensationen. Aus Berlin, Potsdam und den brandenburgischen Dörfern strömten die Neugierigen in Scharen, unter ihnen der junge Fontane. Begüterte kamen mit eigenen Kutschen, die Mehrheit in Mietdroschken oder als Wanderfreudige zu Fuß, vorwiegend über die Berliner Chaussee, auf dem von *Stimmings Krug* abzweigenden, extra verbreiterten Fahrweg. Alle wollten das Lama-Haus und den Känguru-Stall sehen, die Falken, Adler, brasilianischen Papageien und den wilden Löwen hinter seinen Käfigstangen. Wer Glück hatte, konnte auch die seltsamen Menschen erspähen, den »Sandwich-Insulaner« Heinrich Wilhelm Maitey, den »Riesen« Carl Licht oder die zwei »Zwerge«, die Kleinwüchsigen Friedrich und Marie Strackow.

Mit dem Tod Friedrich Wilhelms III. im Juni 1840 war die große Zeit der Pfaueninsel zu Ende. Sein Nachfolger, Friedrich Wilhelm IV., interessierte sich mehr für Schloss Sacrow und den Bau der Heilandskirche. Bereits wenige Jahre nach seiner Thronbesteigung verschenkte er alle Tiere der Menagerie und einen Teil der Gehege an den gerade entstehenden Berliner Zoo.

Obwohl sie ein beliebtes Ausflugsziel blieb, es wurde stiller auf der Pfaueninsel. Nur im Revolutionsjahr 1848 spielte sie in einer kurzen Episode eine kleine Rolle, die als Fußnote in die Inselgeschichte einging. In der hellen Mondnacht des 21. März landete, in aller Heimlichkeit von Kladow kommend, ein von preußischen Soldaten gerudertes Boot, die als Fischerknechte verkleidet waren. Dem Boot entstieg Prinz Wilhelm – in Zivilkleidern. Als kommandierender General des Gardekorps war er auf der Flucht vor den Berliner Aufständischen. Der aus dem Schlaf geschreckte Hofgärtner Fintelmann betrachtete es als Ehre, den Verfolgten zu verstecken, bevor der Prinz auf Weisung seines königlichen Bruders unter bürgerlichem Tarnnamen nach London weiterreiste.

Vier Jahre später, am 13. Juli 1852, sollte die Pfaueninsel noch ein letztes Mal Schauplatz eines großen, glanzvollen Hohenzollern-Festes werden. Sechs Tage nach dem fröhlichen Wasserkorso auf dem Jungfernsee lud Friedrich Wilhelm IV. das noch besuchsweise in Potsdam residierende Zarenpaar zu einem Abend auf die Pfaueninsel. Es sollte der 54. Geburtstag von Schwester Charlotte, der Zarin Alexandra Fjodorowna, gefeiert werden, der zugleich 35. Hochzeitstag des russischen Kaiserpaares war.

Als Höhepunkt und besondere Überraschung des Abends hatte sich der König etwas Exquisites ausgedacht: Den Auftritt der europaweit berühmten französischen Schauspielerin Elisa Rachel, die den Ruf genoss, größte Tragödin ihrer Zeit zu sein. Das Engagement der zartgliedrigen Künstlerin war nicht ohne Risiko. Wie würde Zar Nikolaus I., wie würden die geladenen Fürsten und Würdenträger reagieren? Denn noch vor vier Jahren hatte Mademoiselle Rachel in Paris, als »Freiheit« kostümiert, während der Revolution auf der Bühne der *Comédie Française* die *Marseillaise* gesungen und die Barrikadenkämpfer angefeuert.

Doch der Auftritt hinter dem Pfaueninsel-Schloss wurde ein Triumph. Im Fackelschein der milden Julinacht deklamierte Elisa Rachel im schlichten altgriechischen Gewand Passagen aus Racines *Phädra,* ohne das zu jener Zeit übliche Pathos, mit solcher Eindringlichkeit, dass die erlauchte Hofgesellschaft zutiefst beeindruckt war. Die Begeisterung über das Kunsterlebnis dieser Nacht ging so weit, dass die Zarin die Schauspielerin nach St. Petersburg einlud und Friedrich Wilhelm IV. einem Christian Rauch-Schüler den Auftrag erteilte, eine weiße Marmorstatue zu schaffen, die als Kopie noch heute an dem Platz steht, an dem die »große Rachel« eine königlich-kaiserliche Festgesellschaft durch Sprache gebannt und verzaubert hatte.

Nach diesem royalen Großereignis fiel die Pfaueninsel in einen etwa 80-jährigen Dornröschenschlaf. Die königliche Familie zog andere Plätze und Schlösser vor. Prinz Wilhelm, vielleicht durch die Erinnerung an seine Flucht beeinflusst, setzte als König und Kaiser nur noch selten einen Fuß ans Ufer der Pfaueninsel und auch sein Enkel, Wilhelm II., konnte mit der Stille und Schönheit der Havelinsel wenig anfangen.

Am 15. August 1936, am Vorabend des Abschlusstages der XI. Olympischen

Spiele in Berlin, geriet die Pfaueninsel zum ersten und einzigen Mal in den Scheinwerferkegel weltöffentlichen Interesses. Die neuen Herren des Reiches hatten Ehrengäste und Mannschaften zum großen Sommerfest geladen. Joseph Goebbels, Minister für Volksaufklärung und Propaganda, ließ alle Register ziehen, um die ausländischen Gäste zu beeindrucken: Botschafter, Sportfunktionäre, königliche Hoheiten, Mitglieder des Olympischen Komitees und 600 Wettkampfteilnehmer. Von deutscher Seite war die gesamte Reichsregierung erschienen, Reichs- und Gauleiter der NSDAP und die Spitzen der Wehrmacht. Pioniere hatten mit Booten eine Pontonbrücke gebaut, auf der Soldaten Spalier standen. Weißgekleidete, fackeltragende Mädchen flankierten die Inselwege, während Tausende von Glühbirnen die Baumkronen illuminierten, unter denen die Gäste an Einzeltischen saßen.

Der Reporter des *Berliner Tageblatts* textete ergriffen: »Wir sind am Schloss, dessen lustige lange Rundtürme in Fahnen gehüllt sind. Die fünf Ringe leuchten auf. Der weite Rasen ist mit gelben Gartentischen bedeckt. Pokale gleißen im Schein der gelben Lampions, zu einem riesigen, ewig wachsenden Blumenteppich reiht sich Gast an Gast. Man spielt leise Musik dazu. Kulissenhaft ragen im diskreten Scheinwerferlicht Eichen und Platanen. Wie eine geheime Verabredung ist's, dass jeder leise spricht. Unterbrecht nicht die stille Vieltönigkeit der Landschaft! Sie macht diese genial gedachte Veranstaltung zu einer Feier, zu einem Siegesfest der Olympioniken und ihrer Bewunderer. Sie sind alle da und genießen Atmosphäre, Glanz und Geheimnis dieser einzigen lieblichen Insel Berlins.«

Dem Kammerton des Beginns folgte schnell das Spektakel: historisierende Schauprogramme, Radetzkymarsch, Trachtentänze und das gesamte Ensemble des *Deutschen Opernhauses*.

Propagandaminister Goebbels notierte am 16. August 1936 hochzufrieden in sein Tagebuch: »Dann zur Pfaueninsel. Das Wetter ist herrlich. Alles, was Beine hat, da. 2700 Gäste. Die ganze Welt. Zuerst etwas steif. Dann Musik, Ballett, Feuerwerk; der Bann ist gebrochen. Ein wirkliches Freudenfest. Ein tolles Feuerwerk. Und ein Leben, wie nie. Feenhafte Beleuchtung. Ein unwahrscheinliches Wunder.«

Das mitternächtliche Feuerwerk, nach Goebbels Willen das größte der Welt, geriet tatsächlich zu einer gewaltigen Demonstration der Stärke. Explosionen erschütterten den Inselboden und die Feuerkaskaden, Kränze und Pilze am nächtlichen Himmel waren kilometerweit zu sehen. Der französische Botschafter beschrieb seine gemischten Gefühle mit dem Satz: »Die prasselnden Raketen machten den Eindruck eines gewaltigen Artilleriefeuers«, und sein amerikanischer Kollege bestätigte, dass sich »viele Leute über diese Form von Kriegspropaganda beschwerten.«

Neun Jahre nach diesem propagandistisch perfekt inszenierten Großereignis, Ende April 1945, lag Deutschland in Trümmern und auf der Höhe von Nikolskoe hatten in der Nähe des Blockhauses russische T-34-Panzer Stellung bezogen und feuerten über die Pfaueninsel hinweg auf das Kladower Ufer, wo Reste von versprengten Wehrmachtsverbänden letzten Widerstand leisteten.

In diesen Tagen des Untergangs war die Insel Ziel einer bizarren Operation. Am 29. April 1945 erhielten im Führerbunker zwei Gruppen von Wehrmachts-Offizieren den Auftrag, sich durch den russischen Einschließungsring um Berlin zu schlagen und auf der Pfaueninsel Befehlsdokumente an die verzweifelt erwartete Entsatz-Armee General Wencks zu übergeben sowie Abschriften des Führer-Testaments in den Westen, zum Dönitz-Hauptquartier in Plön und ins Parteiarchiv nach München, zu bringen. Beide Gruppen schafften es, die Insel in nächtlichen Bootsfahrten zu erreichen. Doch die Übergabe der Dokumente an zwei über Funk angeforderte Kurierflugzeuge scheiterte. Ein nachts auf dem Wasser gelandetes dreimotoriges Ju-52-Flugboot musste unter russischem Maschinengewehrfeuer überhastet starten und der Pilot des *Fieseler Storches,* der auf der Inselwiese niedergehen sollte, kreiste um Mitternacht so lange vergeblich im Tiefflug über den Baumwipfeln, ohne das verabredete grüne Lichtzeichen der Landemarkierung zu entdecken, bis ihm nichts anderes übrig blieb, als wegen Benzinmangels abzudrehen. Zwei Tage zuvor hatte sich Hitler im Bunker erschossen.

Heute muss die Pfaueninsel, auf der 40 Pfauen leben, alljährlich 120 000 Besucher verkraften. In der Reihe jener beliebten Ranking-Fernsehsendungen strahlte der RBB im Mai 2013 eine Folge mit dem Titel: *Die schönsten Parks und Gärten* und der Frage aus: »Wo gehen Berliner und Brandenburger besonders gern spazieren?« Von den 300 vorgeschlagenen Park- und Gartenanlagen kamen 15 in die Endauswahl. Die Pfaueninsel belegte Platz 3, nach Sanssouci und den *Gärten der Welt* in Marzahn.

Ja – die Pfaueninsel ist ein vom Wasser eingefasstes Juwel, bei dessen Anblick einst humanistisch Gebildete Vergleiche mit Kythera, dem mythischen Eiland der Aphrodite, bemühten oder den Zauber der Borromäischen

Inseln im Lago Maggiore beschworen. Und auch für Fontane war sie mehr »Feen als Pfaueninsel«.

Aber dieses wunderbare Stück Landschaft im Havelstrom war seit der Entdeckung und Erweckung durch ein 15- oder 16-jähriges Potsdamer Mädchen namens Wilhelmine zahlreichen Gefährdungen ausgesetzt. Im Herbst 1806, als französische Truppen das Land besetzten und die Soldaten glücklicherweise dem Befehl Napoleons gehorchten, »die Wohnsitze des preußischen Königshauses in Ehren zu halten.« Nach dem Ersten Weltkrieg, als es Pläne für eine Villenkolonie, Internatsschule und ein Luxussanatorium für Senioren gab. Vorhaben, die erst 1924 endgültig aufgegeben wurden, nachdem die Insel als zweites Berliner Naturschutzgebiet amtlichen Sonderstatus erhielt. Besonders gefährdet war sie gegen Kriegsende 1945, als die Soldaten der Roten Armee von den Höhen bei Moorlake aus Panzerrohren und Stalinorgeln feuerten und dabei kein Zielschießen auf das weiße Schloss oder die Meierei veranstalteten. All das fand nicht statt oder wurde rechtzeitig verhindert, so dass die Pfaueninsel noch immer eine der schönsten, historisch interessantesten Inseln ist, über die Wolf Jobst Siedler ein bis heute unübertroffen wundervolles Büchlein mit dem Untertitel *Spaziergänge in Preußens Arkadien* geschrieben hat, dessen zentrale Botschaft eine Besprechung in der ZEIT vom April 1987 so zusammenfasst: »Preußen – Das war eben nicht nur Militarismus und Säbelrasseln, nicht nur karges Soldatentum und Kasernenhofdrill, nicht nur Obrigkeitsstaat und Autoritarismus. Preußen – Das war auch der architektonische Gestaltungswille seiner Herrscher, das war eine Kulturanstrengung, die eine Landschaft vorfand und formte.«

Schauplatz Havel

Klassische Segeljachten – Flugboote als Blockadebrecher

Die Kumuluswolken haben sich aufgelöst. Von Südwesten ist Wind aufgekommen, der die ankernden Boote mit ihren Heckpartien in Richtung Kälberwerder dreht und so den Blick auf die gesamte Havelbreite freigibt. In einem kleinen Deckstuhl sitzend, kann das Wasser- und Wellentheater in Ruhe betrachtet werden. Auf der blaugrau schimmernden Grundfläche wechselt die Szenerie in gemächlichem Tempo. Alles Menschengemachte ist ohne Bildstillstand in ständiger Bewegung: Ausflugsdampfer halten ihren Kurs, vereinzelte, unterschiedlich tief beladene Binnenschiffe bleiben in der von Nordost nach Südwest grün-rot betonnten Fahrrinne, Motor- und Segelboote ziehen kreuz und quer durchs Wasser und hinterlassen ein Gewirr flüchtiger Linien, Jachten, die auf die Pfaueninsel zuhalten, zeigen in aufkommenden Böen unter Winddruck für Augenblicke die farbigen Unterwasseranstriche ihrer Rümpfe, während andere auf Gegenkurs mit ausgebaumtem Großsegel friedlich nach Norden steuern.

Noch vor wenigen Tagen wäre die Ankerposition ein Logenplatz für eine besondere Veranstaltung gewesen: Die *Havel Klassik Berlin-Brandenburg.* Alljährlich am letzten Wochenende im Juni versammeln sich am Seglerhaus und Jachthafen des 1886 gegründeten, ältesten deutschen *Akademischen Segler-Vereins* etwa 100 Jachten aller Typen und Größen, die nur zwei Bedingungen zu erfüllen haben: sie müssen aus Holz und älter als 40 Jahre, also »Klassiker« sein.

Am Samstagvormittag wird in drei Gruppen zur Wettfahrt um den »Havel-Klassik-Pokal« unweit vom Vereinsstandort an der Scharfen Lanke, der nördlichsten Berliner Havelbucht, gestartet: Jollen, Jollenkreuzer und Kieljachten. Die Regatta-Felder segeln auf Südwestkurs am Grunewald-Turm, der Pfaueninsel und Sacrower Heilandskirche vorbei und erreichen auf Höhe der Matrosenstation Kongsnaes in Sichtweite der Glienicker Brücke die Wendemarke, nach der es wieder heimwärts, Richtung Spandau geht.

Diese gemeinsam mit dem *Freundeskreis klassischer Yachten* bereits seit 1996 auf der Havel veranstaltete Regatta ist einmalig in Deutschland. Aus allen Regionen der Republik, bis hinunter zum Bodensee, kommen historische

Schiffe mit ihren Besatzungen, um an der größten Holzboot-Wettfahrt auf den Berliner Revieren teilzunehmen. Mit von der Partie: Jachten aus Österreich, Italien und England, die zusätzlich miteinander um den Sonderpreis für die Anreise vom entferntesten Heimathafen wetteifern. Das Treffen ist ein sichtbarer Beweis für die 1989 beginnende Renaissance in der deutschen Klassikerszene, einer überschaubaren Gruppe von Enthusiasten, die alte Boote lieben und nicht davor zurückschrecken, jedes Jahr vor Saisonbeginn unzählige Stunden hingebungsvoll mit Ziehklinge und Holzleim zu arbeiten, zu schleifen, Schicht um Schicht zu lackieren und Verschlissenes historisch getreu zu restaurieren.

Das Resultat dieser Bemühungen wäre vom Ankerplatz der SEEHASE am besten am zweiten Tag, am Sonntagvormittag, zu sehen. Dann läuft hier die gesamte Flotte ohne sportlichen Ehrgeiz zwei Mal während des großen Korsos vorbei, bei dem sich die alten Schiffsschönheiten in Fahrt präsentieren. Auf der gesamten Havel bietet sich ein prächtiges Bild: wahre Kleinode der Bootsbaukunst, schlanke Drachen und Schärenkreuzer mit schönen Linien, kleine und große Kreuzerjachten, offene Jollen, Gaffelkutter mit breitem Heck, steilem Steven und langem Klüverbaum, ein holländisches Plattbodenschiff mit grünblauem Rumpf und als besonderer Blickfang eine alte Lady, die 1969 gebaute PROSIT IV, das zweimastige Flagg- und Ausbildungsschiff des *Akademischen Segler-Vereins,* mit einer Länge von 20 Metern das größte Segelschiff Berlins. Mit von der Partie: die Fregatte ROYAL LOUISE mit ihren drei Rahsegel-Masten. Sie ist jedes Mal nicht nur die unangefochtene Königin des Regattafeldes, sondern zugleich Symbol für das Engagement und den Idealismus, geschichtliche Zeugnisse der Seefahrt über Wasser zu halten.

Beim Blick havelaufwärts entsteht mit etwas Fantasie aber nicht nur das festliche Panorama einer fröhlichen Flotte unter weißen Segeln auf windgekräuselten Wellen, sondern auch – um gut sechseinhalb Jahrzehnte zurückversetzt – das Bild von Norden anfliegender viermotoriger Sunderland-Flugboote, die auf derselben, damals völlig leeren Wasserfläche im Sprühnebel aufschäumender Gischtfahnen landen und, mit aufheulendem Motor weiterschwimmend, in einer großen Linkskurve hinter der Insel Schwanenwerder verschwinden.

Während der Berlin-Blockade durch die Sowjetunion von Juni 1948 bis Mai 1949 waren im Aktionsrahmen der *Luftbrücke* in den ersten sieben Monaten auch zehn britische Flugboote im Einsatz, die über den nördlichen Korridor, von Finkenwerder bei Hamburg kommend, auf der Höhe des Gutsparks Neu-Kladow mit Kohle- und Salzladungen an Bord wasserten. Mit Salz, weil nur Rümpfe von Wasserflugzeugen der Korrosion des in leicht ausrieselnden Säcken transportierten Nahrungsmittels widerstehen konnten. Nach der Landung fuhren die Maschinen mit eigener Kraft in die Klare Lanke, eine nordöstlich liegende Inselbucht Schwanenwerders, machten dort an Bojen fest, damit die Fracht, auf Schuten umgeladen, über Spandau und Charlottenburg zum Westhafen befördert werden konnte.

In den Sommerferien jenes dritten Friedensjahres machte sich ein 13-Jähriger, an der Zufahrtsbrücke von Schwanenwerder im Haus seiner Eltern lebender Schüler namens Georg eifrig Notizen. Tagelang verfolgte er mit einem Fernglas alle Starts und Landungen der fremden Frachtmaschinen, erfasste ihre Kennzeichen, führte Listen und konnte so feststellen, dass einige Flugzeuge drei- bis viermal am Tag die Route Hamburg – Berlin und zurück fliegen mussten. Heute befinden sich diese Aufzeichnungen als Ausstellungstücke in einer Vitrine des *AlliiertenMuseums* in Berlin-Dahlem.

Zeit für die SEEHASE, den Anker zu lichten und eine der reizvollsten Positionen auf dieser Inselumrundung zu verlassen. Voraus, wenige Hundert Meter hinter Kälberwerder, verläuft quer zum Kurs die Grenzlinie für das Gebiet des UNESCO-Welterbes der Potsdam-Berliner Kulturlandschaft.

Bei der Annäherung an das Nordwestufer der Wannseeinsel sind auf der Promenade, dem Uferweg vom Heckeshorn zum Glienicker Schloss, hinter Buschwerk und Baumgruppen deutlich die Radfahrer und Spaziergänger zu sehen. Davor das Ufer mit dem schmalen, durch Holzpfostenreihen gegen den ständigen Wellenschlag von Motorbooten und Fahrgastschiffen geschützten Schilfgürtel. Alte Fotos zeigen, wie kümmerlich die Reste heute sind, wie weit früher breit vorgelagerte Rohrbestände Wasservögeln Schutz und Brutplätze boten.

Und es ist kaum zu glauben, dass von den 1950ern bis zum Beginn der 1980er-Jahre die gesamte Uferstrecke vom Heckeshorn bis zur Pfaueninsel ein einziger Campingplatz mit wilden Badestellen war. Von Mai bis Oktober lebten hier in Hunderten von Zelten ganze Familien, gingen von ihrem Freiluft-Seequartier zur Arbeit oder zur Schule. Es wurden kleine Parzellen in Besitz genommen, mit Liguster und Koniferen umpflanzt, Getränkebuden und Verkaufsläden sorgten für Umsatz, und Wannseer Bürger, die den Uferweg mit dem Fahrrad entlangfahren wollten, wurden häufig in barschem Ton zum Absteigen und Schieben gezwungen. Erst im Mai 1980 fand die Wirtschaftsverwaltung des Senats den Mut, dem Campingverein mitzuteilen, dass dies die letzte Saison sei, weil der Zeltplatz am Heckeshorn aus Umweltschutzgründen aufgelöst werden müsse, eine Ankündigung, die in der Presse zu heftigen Auseinandersetzungen führte. Denn für die Camper, mehrheitlich die »kleinen Leute« aus der staubig-steinernen Stadt, war das Wannsee-Havelufer in der von der DDR eingeschlossenen Insel Berlin ein erreichbares Freizeitparadies, ein Platz mit Wasser, Licht und Sonne.

Schwanenwerder – die Insel der Bankiers und Fabrikanten

Mit gemächlicher Geschwindigkeit hält die SEEHASE direkt auf die berühmte Insel Schwanenwerder zu. Von Weitem fällt ein lang gestrecktes, schneeweißes Gebäude auf, das die Bebauungsproportionen der Insel schmerzlich sprengt. Bereits bei Baubeginn im Jahr 2008 löste der Komplex Empörung und Gerüchte aus. Empörung über Masse, Maß und die seltsame Sondergenehmigungspraxis des Bezirksamtes Steglitz-Zehlendorf; und Gerüchte, weil man zeitweise vermutete, dass der als Skandal empfundene Bau das künftige Domizil des Hollywood-Traumpaares Angelina Jolie und Brad Pitt mit ihren sechs Kindern werden sollte, oder, für viele eine beunruhigende Vorstellung, eine exklusive Begegnungsstätte für *Scientology*.

Das Gerücht, der gigantische Neubau sei für die beiden US-Leinwandstars bestimmt, erhielt durch Beauftragung des weltweit tätigen Berliner Architekturbüros *Graft* Nahrung, das mit höchster Geheimhaltung zu Werke ging und bereits mit einem für Brad Pitt gebauten Atelierhaus in den Staaten einigen Ruhm geerntet hatte. Bauherrn und Besitzer sind zwei zu Geld gekommene Software-Unternehmer aus Zehlendorf, die sich auf dem 10 000 Quadratmeter großen Grundstück mit Blick auf die Pfaueninsel ein »Wohngebäude mit Gästehaus« errichten ließen, das heute bei manchen Passagieren von BVG-Fähren und Ausflugsdampfern irritiertes Staunen und Kopfschütteln auslöst.

Die Insel Schwanenwerder

Erheblich ernster sieht das Georg Schertz, der als Knabe während der Luftbrückenzeit Flugzeuge zählte, später Jura studierte, dann über Jahre als Richter amtierte und in Zeiten der Wende zuletzt Polizeipräsident von Berlin war: »Das ist die größte aller Bausünden auf Schwanenwerder. Dieser weiße, riesige gestreckte Bau an der Südwestseite ist eine Katastrophe schlimmster Sorte. Die Bebauungsvorschriften der Insel besagen seit 1936, dass die Häuser soweit zurücktreten müssen, dass die Uferkulisse nicht gestört wird. Das ist dort alles verletzt worden. Es sieht aus wie eine moderne Burg und wirkt landschaftbeherrschend. Ich habe dieses Ding in der Presse attackiert und habe gesagt, das sähe aus wie ein Bunker der Kriegsmarine an der Atlantikküste Frankreichs. Seitdem heißt es zum Leidwesen der Eigner ›Marinebunker‹. Gegen alle Vorschriften gibt es einen undurchlässigen Zaun mit Metallstäben und Sichtblenden, alle zehn Meter stehen Masten mit Scheinwerfern, Videokameras und akustischen Hörgeräten. Ich bin ja mal bei Justiz und Polizei gewesen. Aber diese Sicherheitsmaßnahmen sind vollkommen unverständlich. Das ist außergewöhnlich und sieht aus wie ein Hochsicherheitstrakt.«

Die Stimme des fast 80-Jährigen klingt entrüstet. Doch nach diesem Satz wird das Tonbandgerät mit einem Tastendruck gestoppt. Es herrscht Stille auf der vor einer halben Stunde ein letztes Mal vor Anker gegangenen SEEHASE, die jetzt unterhalb des »Marinebunkers«, etwa 50 Meter vom Ufer entfernt, leicht an der Kette zupft. Beim Anblick des architektonisch durchaus zeitgemäß anmutenden Gesamtgebäudes stellt sich zumindest eine Frage: Wie kann man zu zweit, selbst wenn es Personal geben sollte, auf so vielen Hundert Quadratmetern Wohnfläche leben?

Das Band mit dem bereits vor einigen Wochen geführten Interviewgespräch wird auf Anfang zurückgespult. Georg Schertz ist als einer der wenigen übriggebliebenen »Ureinwohner« zum gefragten Schwanenwerder-Historiker, zum Chronisten der Insel geworden. So wie Michael Seiler auf der Pfaueninsel jeden Busch, Baum und Winkel kennt, so vertraut ist Georg Schertz mit der Geschichte und den aktuellen Vorgängen auf Schwanenwerder. Der Polizeipräsident a.D. ist ein temperamentvoller, farbig formulierender Erzähler, dem das Thema am Herzen liegt. Er berichtet von den ersten Anfängen der Besiedlung der 25 Hektar großen, noch fast kahlen Insel im Jahr 1882, als der in einer Villa am östlichen Steilufer des Wannsees fast in Sichtweite wohnende, durch Erfindung des Petroleum-Rundbrenners reich gewordene Lampenfabrikant Friedrich Wilhelm Wessel das »Cladower Sandwerder« genannte Stück Land für 9000 Goldmark von dem Neu-Cladower Gutsbesitzer Hugo von Platen kaufte. Auch Wessel wollte, dem Vorbild der am Wannsee zweieinhalb Kilometer südlich gegenüberliegenden Colonie Alsen folgend, ein Refugium für Reiche schaffen, einen romantisch gestalteten Rückzugsort, von dem alles Störende verbannt ist. Sein anfänglich in nur fünf Parzellen aufgeteiltes Paradies sollte erheblich exklusiver sein als Alsen und so ließ der »Lampenkönig« mit großem finanziellem Aufwand einen Gemeinschaftspark mit Aussichtsplätzen anlegen, für den in großen Mengen Erde aufgeschüttet und Bäume gepflanzt wurden. Eine Holzbrücke stellte die Verbindung zum Festland her und zur gleichen Zeit erreichte die zuständigen Behörden der Antrag, der Insel Sandwerder den schöneren Namen »Schwanenwerder« zu gewähren.

Wessel war bewusst, dass zu einer Trauminsel nicht nur die Inszenierung üppiger Natur, sondern auch optische Akzente gehören. Und so erwarb er

1884 bei einem Paris-Besuch aus dem Trümmerberg der Tuilerien, des 1871 beim Aufstand der Pariser Kommune zerstörten französischen Königsschlosses, einige Baufragmente. Eine Säule mit korinthischem Kapitell und einen Bogenteil mit Konsole nebst Widderkopf, die er über London nach Berlin transportieren und auf seiner Insel am Hauptweg aufstellen ließ. Das etwas bizarr wirkende Ruinendenkmal zeigt am Sockel eine schwarze Marmorplatte mit der Jahreszahl 1884 und dem eingemeißelten Spruch: »Dieser Stein vom Seinestrande hergepflanzt in deutsche Lande, ruft dir, Wanderer, mahnend zu: ›Glück, wie wandelbar bist du!‹«

Friedrich Wilhelm Wessel sollte die Vollendung seines Inselidylls nicht mehr erleben. Als er 1898 mit 68 Jahren starb, waren erst zwei Grundstücke verkauft. Es gab kaum Interesse an dem abgelegenen Eiland, das nur mit zeitaufwändigen Kutschfahrten zu erreichen war. Die Investition schien als Spekulationsprojekt ein Fehlschlag, doch von seinen Erben erkannten die Söhne Franz und Hermann Wessel als Architekten und gemeinsame Betreiber eines großen Bauunternehmens ihre Chance. Durch Grundstücksteilungen erhöhten sie die Anzahl der Parzellen und bauten 1901 zur Selbstversorgung zuerst einmal einen Wasserturm, dann ein Dampfmaschinenhaus für die Elektrizitätserzeugung und bezogen noch im selben Jahr werbewirksam ihre eigenen Sommervillen auf der Insel.

In den Folgejahren gelang es, die großzügig geschnittenen Grundstücke mit Wasserblick ertragreich zu vermarkten. Vor allem die neue Verkehrsverbindung der Wannseebahn in die Innenstadt von Berlin mit Haltepunkt Nikolassee verbesserte die Erreichbarkeit und steigerte das Kaufinteresse von Berliner Großbürgern: Bankiers, Fabrikanten und Generaldirektoren, die sich mit ihren Familien für die Sommermonate auf Schwanenwerder in komfortablen Landhäusern niederließen.

Nach dem Ersten Weltkrieg, zu Beginn der 1920er-Jahre, schlug die Stunde der Kriegs- und Krisengewinnler, der neureichen Aufsteiger und Glücksritter, die mit auf zweifelhafte Weise gewonnenen Vermögen Inselvillen kauften, während die alten Familien aus der wilhelminischen Zeit durch die inflationäre Geldentwertung an Einfluss verloren. Finanzjongleure und Hochstapler beherrschten die Szene und es kam zu einigen spektakulären Börsen- und Korruptionsskandalen.

Die schillerndste und zugleich politisch umstrittenste Figur jener Jahre war Alexander Israel Lazarewitsch Helphand, ein in Russland geborener geheimnisvoller Revolutionär, Verleger, Finanzier und Schriftsteller, der seine Kolumnen in der sozialistischen Presse unter dem Pseudonym »Parvus« (der Kleine) veröffentlichte. Während des Krieges war Alexander Helphand Hauptberater des deutschen Generalstabs für die Revolution in Russland. Von ihm stammte 1917 der Plan, Lenin und Gefährten aus der Schweiz in einem plombierten Eisenbahnwaggon durch Deutschland fahren zu lassen, damit sie über Schweden und Finnland das Ziel St. Petersburg erreichten. Danach wurde Helphand für kurze Zeit zum »Finanzier der Weltrevolution«, indem er auf undurchschaubaren Kanälen etliche Millionen Goldmark der Deutschen Reichsregierung zur Unterstützung Lenins nach Russland transferierte. Ohne den Mittelsmann Helphand, der einige Jahre später in einen der größten Finanzskandale der Weimarer Republik verwickelt wurde, hätte die russische Oktoberrevolution möglicherweise nicht – oder in ganz anderer Weise – stattgefunden. Bis zu seinem Tod im Dezember 1924 wohnte »Doktor Parvus«, von livrierten Dienern versorgt, völlig zurückgezogen in einer Villa auf Schwanenwerder.

Anfang der 1930er-Jahre war die Insel endlich zu dem geworden, was sich Friedrich Wilhelm Wessel vorgestellt hatte: Eine kleine, wasserumspülte Festung der großbürgerlichen Elite. An den Hangkanten standen, malerisch gruppiert, prächtige Landhäuser, unter ihnen palastartige Gebäude mit 32 Zimmern, zu denen Stallungen, Gewächshäuser, Eiskeller, Obstgärten, Tennis- und Krocketplätze gehörten. Eine Heerschar von Köchen, Gärtnern, Dienstmädchen, Chauffeuren und Bootsführern sorgte für das Wohlergehen ihrer betuchten Arbeitgeber. Am Ufer: Landungsstege für Privatjachten, reetgedeckte Bootshäuser und Teepavillons.

Inzwischen hatten sich weitere wohlhabende Mitglieder der Berliner jüdischen Gemeinden auf einem der 15 Anwesen der Kolonie Schwanenwerder niedergelassen: Bankdirektoren, Textilunternehmer, Kaufhauseigentümer und Zeitungsverleger. Einige Familien waren miteinander verwandt, andere arbeiteten in denselben Unternehmen oder Geldinstituten. Über alle Religions- und Herkunftsunterschiede hinweg pflegte diese illustre Gesellschaft in der Abgeschiedenheit ihrer märkischen Insellandschaft einen überaus kultivierten Lebensstil. Niemand konnte ahnen, dass diese Blütezeit Schwanenwerders wenige Jahre später unwiederbringlich enden würde.

Nazi-Hochburg und US-amerikanische Kommandozentrale

Als Erster hatte der Mann, der die Machteroberung der Nationalsozialisten seit 1926 als Gauleiter von Berlin vorangetrieben hatte, die besonderen Vorzüge der Insel am Stadtrand erkannt: Luxus, Ruhe und eine schmale, leicht zu kontrollierende Brücke, die eine wirksame Abschirmung vor Neugierigen und Unbefugten garantierte. Im Olympiajahr 1936 erwarb Joseph Goebbels, seit drei Jahren Reichsminister für Volksaufklärung und Propaganda, vom Vorschuss für die Verlagsrechte an der geplanten Veröffentlichung seiner Tagebücher, für 270 000 Reichsmark die eingeschossige Landhausvilla mit ausgebautem Walmdach samt Gärtnerhaus in der Inselstraße 8 bis 10. Der Reiz des Grundstücks: ein weiter Blick auf Grunewaldturm und Klare Lanke.

Verkäufer war der seit 1933 als Aufsichtsratsvorsitzender der *Deutschen Bank* amtierende Oskar Schlitter, der als fast 70-Jähriger die Insel aus Altersgründen verlassen wollte. Während Goebbels an Schlitter noch einen marktgerechten Preis gezahlt hatte, wechselte im selben Jahr die zweigeschossige Villa Inselstraße 23 bis 26 auf einem fast 30 000 Quadratmeter großen Seegrundstück zu einem »Verfolgungspreis« weit unter Wert den Besitzer. Das Prachtanwesen gehörte Georg Solmssen, der ursprünglich Salomonsohn hieß und bis zur Machtübernahme der Nazis als Vorstandssprecher der *Deutschen Bank* über erheblichen Einfluss in der deutschen Wirtschaft verfügte. Solmssen, bereits 1934 mit seiner Frau in die Schweiz emigriert, hatte zwei Monate nach Hitlers Ernennung zum Reichskanzler in einem Brief an einen befreundeten Bankier die Entwicklung hellsichtig vorausgesehen: »Ich fürchte, wir stehen noch am Anfang einer Entwicklung, welche zielbewusst, nach wohlüberlegtem Plan auf wirtschaftliche und moralische Vernichtung der jüdischen Rasse, und zwar völlig unterschiedslos, gerichtet ist.«

Neuer Eigentümer wurde Theo Morell, ein bei Film- und Bühnenschauspielern beliebter Berliner Modearzt mit einer Praxis für Haut- und Geschlechtskrankheiten am Kurfürstendamm. Morell war Hitlers Leibarzt und gehörte seit 1937 zum »inneren Kreis« um den Führer. Albert Speer schreibt in seinen *Erinnerungen*: »Hitler ließ nicht mehr von seinem Leibarzt; im Gegenteil, dessen Haus auf Schwanenwerder bei Berlin wurde immer häufiger das Ziel Hitlerscher Teebesuche; der einzige Ort außerhalb der Reichskanzlei, zu dem es ihn noch hinzog.«

Offenbar war Hitler von Schwanenwerder so angetan, dass der Chef der Reichskanzlei 1939 Anweisung erhielt, persönlich den Zwangsverkauf des Morellschen Nachbaranwesens Inselstraße 19 bis 22 durchzusetzen, das noch der ins Ausland geflohenen Familie Salomonsohn gehörte. Der Führer hat in der für ihn bestimmten Villa zwar nie gewohnt, soll aber zusammen mit Morell vom Balkon Tanzvorführungen auf den großen Wiesenflächen beobachtet haben, die ihm zu Ehren von den Kursteilnehmerinnen der NSDAP-Reichsbräuteschule veranstaltet wurden. Die gab es seit 1937 im südlichen Inselteil auf einem Grundstück, das einmal einige Jahre dem Kaufhausgründer Rudolph Karstadt gehört hatte. Unter Leitung der Reichsfrauenführerin Gertrud Scholtz-Klink wurden hier in sechswöchigen Lehrgängen die Verlobten von SS-Offizieren und NS-Funktionären ideologisch im Sinne »der Reinerhaltung der arischen Rasse« geschult. Sie lernten Säuglingspflege, Kochen, Nähen, Hausputz, Blumenstecken und sollten so zu »wahrem Muttertum in Familie und Beruf« ertüchtigt werden.

Direkt neben der Reichsbräuteschule, mit Blick auf den Großen Wannsee, lag ein unbebautes, fast 26 000 Quadratmeter großes Gelände, das sich im Besitz der Baronin Marie-Anne von Goldschmidt-Rothschild befand, die am 4. Oktober 1938, am Tag der Unterzeichnung des Verkaufsvertrages, Deutschland für immer verließ.

Die dem Goebbels-Haus gegenüberliegende Parzelle Inselstraße 7 erwarb der am Schlachtensee wohnende Generalbauinspekteur und Hitler-Intimus Albert Speer, der acht Jahre später, für seine Mittäterschaft im verbrecherischen Unrechtsregime zu 20 Jahren Haft verurteilt, am 2. Oktober 1946 in sein *Spandauer Tagebuch* erschreckend verharmlosend schrieb: »Meine Träume galten immer nur den Bauten, ich wollte keine Macht, sondern ein zweiter Schinkel werden.«

Speer zahlte 1938 für das riesige Areal auf Schwanenwerder 150 000 Reichsmark, umgerechnet 6 Mark für den Quadratmeter, der eigentlich 40 bis 50 wert war. Er hatte die Absicht, sich dort nach dem »Endsieg« eine Villa zu bauen und ließ als Erstes am Ufer ein Bootshaus aufstellen. Am 11. Februar 1943 – neun Tage nach der Kapitulation in Stalingrad! – verkaufte Speer jedoch den gesamten Besitz an die *Deutsche Reichsbahn* zum Preis von 389 506 Reichsmark. Der erzielte »Entjudungsgewinn«, wie es damals offiziell hieß, war so ungewöhnlich hoch, dass in der Partei Unruhe aufkam und eine Untersuchung in Gang gesetzt wurde, die aber, wahrscheinlich auf

Betreiben Hitlers, abgesehen von einigen Verkehrswertberechnungen und Ausgleichsvorschlägen, ergebnislos im Sande verlief.

Ende der 1930er-Jahre war der gesamte jüdische Besitz auf Schwanenwerder durch »Notverkäufe« in der Hand von Nazi-Größen oder stand unter Zwangsverwaltung. In der Bevölkerung hieß die Insel hinter vorgehaltener Hand nur noch »Bonzenwerder« und der Wannsee »Lago di Bonzo«. Wie empfindlich die braunen Herren selbst auf Nebensächliches reagierten, zeigt sich am Beispiel von *Monopoly*. Das Gesellschaftsspiel kam 1936 aus Amerika nach Deutschland. Es geht dabei darum, ein Grundstücksimperium von Straßen, Bahnhöfen, Elektrizitäts- und Wasserwerken zu erwürfeln und die Mitspieler in die Insolvenz zu treiben. Reichsweit wurde das Brettspiel mit Berliner Namensbezeichnungen vertrieben: Das Feld Prenzlauer Allee kostete 2800, der Lehrter Bahnhof 4000, Unter den Linden 6400 und das mit Abstand teuerste Objekt war die Insel Schwanenwerder für 8000 Reichsmark.

Goebbels soll darüber so erbost gewesen sein, dass er das Spiel verbieten ließ, offiziell mit der Begründung, *Monopoly* sei typisch für die jüdischen Immobilienspekulationsgeschäfte und damit undeutsch.

Georg Schertz ist ein Zeitzeuge. Er hat seine Kindheit und Jugend in dem kleinen, direkt am Inseleingang von einem halben Dutzend tief in die Erde gerammten Eisenbetonpfählen getragenen, fast im Wasser stehenden Haus seiner Eltern verlebt. Es ist das einzige Gebäude, das einen Blick nach Norden und nach Süden hat, auf die Klare Lanke und den Wannsee. Georg Schertz kann sich an die Zeit des Krieges erinnern, an die Einschulung im Jahr 1941, als er mit Helmut Goebbels, dem einzigen Sohn des Propagandaministers, in der Grundschule von Nikolassee in der ersten Bankreihe saß, und sich damit für den Goebbels-Sohn, wie von den Eltern gewünscht, ein Spielgefährte fand, dessen Vater nicht Gärtner war. »Ich bin mit dem Sohn von Goebbels dann jeden Tag mit der Pferdekutsche zur Schule gefahren und im Winter mit dem Pferdeschlitten. Wir haben eine Kinderfreundschaft entwickelt, die dazu führte, dass ich täglich in dem Goebbels-Haus war und die Familie in ihrem privaten Leben genau studieren konnte.«

Zurückblickend erinnert sich Schertz an den Bunker für die Inselbewohner auf dem Speer-Grundstück gegenüber der Goebbels-Villa, in dem es für diese Familie mit Sohn und fünf Töchtern einige separate Räume gab, die sie aber nie genutzt haben. Unvergessen ist auch der geheimnisvolle, von der SS bewachte Motorkahn, der Ende April 1945 tagelang am Südufer vor Anker lag. Es war das Fluchtschiff für Magda Goebbels, das ihr Speer heimlich zur Verfügung stellen wollte: »Sie könne, so hatte ich mir ausgedacht, mit den Kindern unter Deck verborgen bleiben, bis das Boot in einem Nebenfluß auf der westlichen Seite der Elbe angelegt haben würde. Lebensmittel sollten reichlich verstaut werden, so daß sie einige Zeit unentdeckt hätte bleiben können.« Doch Magda Goebbels blieb im Führerbunker. Bevor sie mit ihrem Mann am 1. Mai 1945 Selbstmord verübte, wurden alle sechs Kinder durch Gift getötet. Sohn Helmut war neun Jahre alt.

Einige Tage zuvor hatten die SS-Männer das einsame Schiff verlassen. Beherzte Inselbewohner gingen mit Ruderbooten längsseits und holten sich hocherfreut den Proviant von Bord. Das Kriegsende ist dem damals, am 24. April gerade seinen zehnten Geburtstag feiernden Georg Schertz mit vielen Einzelheiten im Gedächtnis geblieben. Er erzählt, wie sein Vater, ein wegen Freimaurer-Mitgliedschaft vom Dienst suspendierter Schutzpolizei-Major, in den letzten Kriegstagen trotz der Gefahr, wegen Wehrkraftzersetzung erschossen zu werden, zur Inselbrücke ging, um dem das Kommando führenden Marineoffizier klar zu machen, dass alles keinen Zweck mehr habe und er mit seinen Männern abrücken solle. Wenige Tage später saß im elterlichen Haus ein Sowjetsoldat, der als Artilleriebeobachter die Beschießung des Flugplatzes Gatow durch die am Strandbad Wannsee stehenden russischen Batterien leitete.

Zu diesem Zeitpunkt waren die meisten Inselbewohner in Sicherheit. Das verdankten sie einer großzügigen Geste der *Dänischen Gesandtschaft*, die wegen der Bombenangriffe auf die Berliner Innenstadt in die *Villa Waltrud* in der Inselstraße 16 bis 18 umgezogen war. Obwohl die Dänen wegen der Besetzung ihres Landes eigentlich hätten deutschfeindlich sein müssen, holten sie alle Frauen und Kinder zum Schutz vor den Russen in das mit der rot-weißen Flagge Dänemarks als Auslandsvertretung gekennzeichnete Haus.

Im Krieg hatten die wenigen Bombenangriffe auf Schwanenwerder kaum Schäden angerichtet. Erst nach der bedingungslosen Kapitulation wurden die von den Nazis überstürzt verlassenen Villen durch Soldaten der *Roten Armee* geplündert. Danach verschafften sich Einheimische trotz eines an der Brückeneinfahrt aufgebauten Holztores Zugang und es kam zur endgültigen Zerstörung wertvoller Inneneinrichtungen.

Anfang Juli 1945 übernahm die US-amerikanische Besatzungsmacht die Kontrolle und verlangte die vollständige Räumung der Insel innerhalb von zwei Stunden. Die übriggebliebenen Bewohner – unter ihnen die Familie

Schertz – kamen für ein dreiviertel Jahr in einem nur 500 Meter entfernten Barackenlager unter.

General Dwight D. Eisenhower, Oberbefehlshaber der alliierten Streitkräfte in Nordwest-Europa, bezog für einige Wochen mit seinem Stab Quartier auf Schwanenwerder. Standort: Die *Villa Waltrud* des in russischer Kriegsgefangenschaft festgehaltenen, mit der Erfindung der Spalt-Tabletten reich gewordenen Maximilian Baginski. Das schlossähnliche Gebäude, 1913 für den Generaldirektor der *Schultheiss-Patzenhofer Brauerei*, Kommerzienrat Walter Sobernheim, von dem damals berühmten Architekten Bruno Paul errichtet, war mit seiner luxuriösen Ausstattung und dem 23 000 Quadratmeter großen Parkgrundstück mit Blick havelaufwärts bis zur Insel Lindwerder ein angemessener Rahmen für die Sieger. Hier bereitete Eisenhower im Kreis hoher amerikanischer Militärs Material für seinen am Griebnitzsee residierenden Präsidenten Truman vor, das dieser für die *Potsdamer Konferenz* benötigte. Nach Abschluss der Dreimächte-Verhandlungen im Schloss Cecilienhof ging Eisenhower nach Frankfurt, übernahm dort den Posten des Militärgouverneurs für die amerikanische Besatzungszone, bevor er 1953 der 34. Präsident der USA wurde.

Als Nachfolger Eisenhowers zog in die *Villa Waltrud* General Lucius D. Clay ein, der es als Initiator und »Vater der Luftbrücke« bei den Berlinern zu größter Beliebtheit brachte. Die Versorgung der Stadt durch Flugzeuge der Westalliierten wurde in den Räumen der Inselstraße 16 logistisch geplant und koordiniert. Die amerikanischen Offiziere konnten aus den Bürofenstern die landenden und startenden Flugboote sehen und mussten auch in ihrer Freizeit den ohrenbetäubenden Lärm der viermotorigen Maschinen in dem in einem Nebengebäude untergebrachten *Lakeside Club* ertragen.

Kinder in Luft und Sonne, Dornröschenschlaf und Baggerlärm

Als 1949 eine Treuhandverwaltung die Verfügung für das NSDAP-Vermögen der auf Schwanenwerder leer stehenden Häuser übernahm, waren einige, wie die Goebbels-Villa, bereits Ruinen. Amerikanische Soldaten hatten das Dach abgedeckt, um die Dachsparren als Laternenpfähle für die ausgefallene

Straßenbeleuchtung zu verwenden. Seitdem war das Gebäude schutzlos der Witterung ausgesetzt.

Die einst so belebte Insel machte einen trostlosen Eindruck. Es gab keine festlichen Abendessen mehr, keine fackelerleuchteten Gartenpartys, Dichterlesungen oder Konzerte im kleinen Kreis. Weder Mitglieder der Reichsregierung, noch hochkarätige Wirtschaftsführer trafen sich, wie in Zeiten der Weimarer Republik, zu vertraulichen Gesprächen am Kamin. Auf der einzigen, in einer Innenschleife geführten Inselstraße rollten keine Maybach-, Horch- oder Daimler-Benz-Limousinen, an den Bootshaus-Stegen fehlten die feinen Mahagoni-Motorjachten, die ihre Besitzer zum Anleger am Wannsee-Bahnhof bringen oder zu Spazierfahrten auslaufen sollten.

Nach einer Verfügung der Alliierten durfte das Land Berlin die Grundstücke ehemaliger NS-Führer und Organisationen, und damit fast die Hälfte der Inselfläche, zur Nutzung übernehmen. Zur selben Zeit liefen mit den ins Ausland geflohenen jüdischen Eigentümern Verhandlungen, bei denen es um Rückübereignung und Entschädigung ging. Obwohl alle emigrierten Schwanenwerder-Bewohner das Nazi-Regime überlebt hatten, wollte niemand nach Deutschland zurückkehren, zumal die meisten fürchteten, dass sie als nächstes von den Russen enteignet würden. Außerdem erforderten die maroden, wegen ihrer Größe ohne Personal kaum zu bewohnenden Häuser erhebliche Investitionen. Deshalb gingen die Anwesen durch Ankauf in den Besitz des Landes Berlin über, das beschloss, bedürftigen Kindern und Jugendlichen aus dicht besiedelten Stadtgebieten im Rahmen des Programms »Kinder in Luft und Sonne« Freizeitaufenthalte am Wasser zu ermöglichen. Einzelne Bezirksämter richteten Jugenderholungsstätten ein, bestimmten Flächen für Sommer-Zeltlager und sorgten mit dem Aufbau von Baracken für zusätzliche Unterkünfte.

1961, im Jahr des Mauerbaus, setzte der Zeitungsverleger Axel Springer als erster prominenter Insel-Neubürger nach dem Krieg ein Hoffnungszeichen, als er das zeitweise Hitlers Leibarzt Morell gehörende Grundstück erwarb und darauf einen modernen Glaspavillon mit Gartenschwimmbad setzte, der 1966 bezugsfertig war – rechtzeitig zur Einweihung seines neu gebauten Verlagshochhauses, das als »Turm der Freiheit« im Stadtzentrum, direkt neben der »Schandmauer«, eine politische Demonstration gegen das DDR-Regime sein sollte.

Ein wesentlicher Schritt, etwas von der alten Bedeutung Schwanenwerders zurückzugewinnen, war 1974 die Eröffnung einer Außenstelle des US-amerikanischen *Aspen Institute for Humanistic Studies,* das seine Arbeit als internationale Begegnungsstätte in einem auf den Fundamenten der abgerissenen Goebbels-Villa errichteten Flachbau aufnahm. In dem von der Senatskanzlei angekauften Haus trafen sich, in direkter Nachbarschaft zu einer Station der Wasserschutzpolizei, über Jahre bedeutende Politiker, Wirtschaftsexperten, Wissenschaftler und Publizisten im Geist transatlantischer Partnerschaft zu Seminaren und informellen Gesprächen über Fragen des Ost-West-Konflikts und der Entspannungspolitik.

Die Wiedervereinigung im Jahr 1990 markiert auch für die Havelinsel eine Wende. Gleich zu Beginn des neuen Jahrzehnts kam es im Senat zu ersten Überlegungen, die jetzt besonders begehrten, von den Jugendfreizeiten genutzten Grundstücke zu Geld zu machen, um damit die leeren Kassen der hoch verschuldeten Stadt zu füllen. Für die alten Inselbewohner eigentlich eine positive Entwicklung, hatten sie doch vergeblich gegen den Lärm der Zeltlager geklagt. Knapp zehn Jahre später aber lauteten die Schlagzeilen der Berliner Tageszeitungen: »Baggerlärm statt Dornröschenschlaf« – »Bauboom auf Schwanenwerder« – »Havelinsel erlebt mit exklusiven Villen ihre zweite Gründerzeit«.

Im Jahr 1997 – zu einem Zeitpunkt, als die Verlegerwitwe Friede Springer ihre *Villa Tranquillitati* (Der Ruhe gewidmet) mit dem 2,7 Hektar großen Park verkaufte, weil ihr 1 200 Quadratmeter Wohnfläche doch etwas zu viel waren, entstanden im Innenbereich der Insel eine Reihe sogenannter »Stadtvillen«, über die Georg Schertz sagt: »Es ist ein Stück Zerstörung. Auf diesen kleinteiligen, vom Land Berlin veräußerten Grundstücken hat sich eine wahnsinnig dichte Bebauung ergeben, die dem Landschaftbild der Insel wirklich abträglich ist. Was veranlasst die Leute, sich dort Häuser zu kaufen? Sie sind überall besser bedient, sie sind weitab von jedem Geschäft, haben keine Verkehrsverbindung, keinen Wasserblick. Dass sich dort eine so dichte Besiedlung ergeben hat, liegt an der Eitelkeit der Leute, die eine Schwanenwerder Adresse haben wollen.«

Wer heute die von Eichen beschattete stille Inselstraße entlanggeht, wird vergeblich nach privaten Namensschildern Ausschau halten. Es ist ganz wie in alten Zeiten: Nur der Briefträger weiß Bescheid. Es gibt dagegen einige aufklärende großformatige Hinweise. Ein erster: Die weiße Berliner Gedenktafel für den legendären Shepard Stone, den Gründer und Direktor des

Aspen Instituts, der dieses von 1974 bis 1988 so erfolgreich leitete, dass er 1983 Ehrenbürger von Berlin wurde. »Ein Amerikaner von Geburt – ein Berliner aus Neigung« steht unter seinem Namen.

Inzwischen ist das Institut in die Berliner Friedrichstraße umgezogen und das Haus auf politisch heiklem Grund wurde 2011 vom Liegenschaftsfonds meistbietend an private Interessenten verkauft. Nach wenigen Schritten folgt ein auffällig großer, moderner Gebäudekomplex auf dem Gelände der damals leider nicht unter Denkmalschutz gestellten, erst 1972 abgerissenen *Villa Waltrud*. Firmenfahnen verraten, dass hier zwischen 1998 und 2003 die Berliner Repräsentanz der weltweit operierenden Unternehmensgruppe *Würth* entstanden ist. Unter den bogenförmigen, türkisfarbenen Dächern residiert bei Hauptstadt-Besuchen der fast 80-jährige Prinzipal, der Schrauben-Unternehmer und Kunstsammler Reinhold Würth, während die Gesamtanlage mit Konferenzen, Empfängen und Konzerten der politischen und kulturellen Kontaktpflege in der Hauptstadt dient.

Vier Hausnummern weiter, Inselstraße 20, das Schild: »Kinder- und Jugendhaus Schwanenwerder«. Von der Straße kaum einzusehen, ist im Hintergrund das 1898 gebaute Landhaus zu erkennen, in dem Hitler nach siegreich geführtem Krieg bei Berlin-Aufenthalten hätte wohnen sollen. Heute verrät eine fröhlich-bunte Schwanenplastik aus Kunststoff, dass hier Kitagruppen und Grundschulklassen im Haupthaus wie im kleinen Bungalowdorf »Luft und Sonne« am Wasser erleben können.

Am nordwestlichen Ende der Insel: Eine architektonisch gelungene weiße Villa mit grünen Fensterläden. Auf der polierten Messingtafel am Torpfosten die Beschriftung: »Evangelische Bildungsstätte auf Schwanenwerder GmbH – Zutritt nur für Gäste des Hauses«. Das ansehnliche Gebäude aus dem Jahr 1913 gehört seit 1947 verschiedenen kirchlichen Einrichtungen und ist seit etwa zehn Jahren eine evangelische Bildungs- und Tagungsstätte mit Übernachtungsmöglichkeit, deren Gäste das Privileg haben, sich in dem 26 000 Quadratmeter großen, unter Gartendenkmalschutz stehenden Park mit Ausblicken auf Kladow und die davorliegende kleine Insel Imchen zu erfreuen.

Für Spaziergänger gibt es auch beim Rückweg zur Inselbrücke keine Möglichkeit, Havelwasser zu sehen. Über eine längere Strecke versperrt der schwarze, übermannshohe Stahllamellenzaun mit den Kamera- und Lichtmasten die Sicht. Nur schräg gegenüber ist am höchsten Punkt der Insel ein Blick auf die innere Bebauung möglich. Hier steht das älteste, von der

Gründerfamilie Wessel errichtete Gebäude, der heute sichtlich renovierungsbedürftige *Schwanenhof*, dessen aufwendiger Torbau zeigt, wie viel Freude Baumeister und Bauherren früher an schönen Schmuckformen hatten. Gleich daneben, als Kontrast, ein Beispiel für die Trostlosigkeit zeitgenössischer Einfamilienhaus-Architektur.

Auf der dem Großen Wannsee zugewandten Seite liegen im Südteil der Insel mehrere verwilderte, unbewohnte Grundstücke. Dort sind Reste eines zerstörten reetgedeckten Landhauses zu sehen und halbverfallene Baracken zwischen Kiefern, Buschwerk und Laubbäumen. Offenbar handelt es sich um die Parzellen der früheren NS-Liegenschaften der Reichsbräuteschule und Albert Speers, die wohl noch unter Verwaltung der Bezirksämter Schöneberg und Steglitz-Zehlendorf stehen.

Am Endpunkt der Straßenschlaufe, der zugleich Beginn des Rundgangs ist, wird an die besondere Geschichte der Insel erinnert. Im Rahmen des Themenjahres »Zerstörte Vielfalt« und der Sonderausstellung im *Deutschen Historischen Museum*, mit der 2013 an die nationalsozialistische Machtübernahme 1933 und das Novemberpogrom von 1938 erinnert werden sollte, wurde auch auf Schwanenwerder im Einvernehmen mit den Anwohnern ein bleibender Gedenk-Ort geschaffen. Auf dem Dreieck der Straßeninsel stehen fünf knapp drei Meter hohe, rechteckige Stelen, Glaswände mit Texten und Bildern, auf denen die Besiedlungsentwicklung, die Blüte der Insel, die Vertreibung der jüdischen Mitbürger und die Nachkriegsgeschichte dokumentiert werden.

Nach Passieren der Tuilerien-Säule zur Linken erwartet den Schwanenwerder-Besucher zum Abschluss, kurz bevor er die zum Wannseebadweg führende Brücke und das zweigeschossige Haus von Georg Schertz mit dem Sinnspruch »Ich zähle nur die heiteren Stunden« erreicht, auf der anderen Straßenseite noch eine Überraschung: Eine zartrosafarbene Mauer mit schmiedeeisernem weißen Torgitter, durch dessen reiche Verschnörkelung ein ebenfalls zartrosa gestrichenes, schlossartiges und doch zurückhaltende Eleganz ausstrahlendes Bauwerk mit achteckigem Turmaufsatz gemustert werden kann. Es ist die seit 1987 unter Denkmalschutz stehende *Villa Monheim*, über die es in der Fachliteratur heißt: »künstlerisch betrachtet, eine der wertvollsten noch erhaltenen Anlagen der Insel, ein herausragendes, seltenes Beispiel für ein Wohnhaus im Stil des expressionistischen Neobarock der zwanziger Jahre.«

Errichtet wurde das Landhaus mit Wirtschaftstrakt 1925 von der *Schwanenwerder Erholungsheim AG,* die es sechs Jahre später an den Aachener Schokoladenfabrikanten Richard Monheim verkaufte. Seit dieser Zeit blieb das Anwesen, bis auf das kurze Intermezzo der amerikanischen Besetzung, in der Hand der Familie. Heute lebt hier zeitweise der inzwischen hochbetagte Dieter Monheim, der den Besitz 1951 mit zwei Schwestern erbte. 1973 brachte es der Unternehmer durch Sportbegeisterung zu bundesweitem Ruhm, als er mit seiner Jacht CARINA III und zwei weiteren deutschen Booten vor der englischen Insel Isle of Wight den berühmten *Admirals Cup* gewann und Aufsehen erregend Australier, Engländer und Amerikaner besiegte.

Die *Villa Monheim* strahlt mit ihren dezenten Farben und klassischen Formen das Flair südlicher Landschaften aus, Liebhaber meinen, hier einen Hauch von Riviera zu spüren.

Obwohl es noch einige schöne Gebäude und Gärten auf Schwanenwerder gibt, von der früheren Pracht ist nicht viel geblieben. Dabei zerstörten Inflation und Krieg nur den herrschaftlich-großbürgerlichen Lebensstil, nicht aber die Bauwerke. Das besorgten Gier und Gleichgültigkeit vor allem in den 50er- und 60er-Jahren des vorigen Jahrhunderts. Weitgehend intakte Villen verfielen zu Ruinen, wurden abgerissen oder durch Um- und Anbauten entstellt. Gegen gültige Bestimmungen kam es zu Grundstücksteilungen und zur Errichtung von Häusern, die architektonisch nicht zum Charakter der Insel passen. 1977 versuchten Axel und Friede Springer noch einmal, ein Zeichen gegen den Zeitgeist zu setzen. Als sie aus Sicherheitsgründen ihr Flachdach-Glashaus aufgeben mussten, entstand ein Neubau in historisierender Form im Stil einer Landhausvilla mit Mansarddach und einer Vielzahl kleinteilig gegliederter Fenster. In den luxuriösen Räumlichkeiten versammelte sich, wenn zu Hauskonzerten mit prominenten Solisten eingeladen wurde, damals die politische und kulturelle Elite der Bundesrepublik.

Wohnen am Wasser war zu allen Zeiten attraktiv. Auch gegenwärtig ist das Interesse an solchen Grundstücken erheblich, versprechen sie Investoren doch satte Gewinne. Für Eigentümer auf Schwanenwerder, wie das Land Berlin, steigt die Verlockung, Flächen an den Höchstbietenden zu verkaufen und Bebauungsvorschriften zu ändern, nur um Kasse zu machen. Doch das schnell eingenommene Geld verschwindet im Stadthaushalt, eine Naturlandschaft dagegen ist unwiederbringlich zerstört. Noch ist die breit hingelagerte Insel trotz der von Westen weithin sichtbaren jüngsten Bausünde für die Vorbeifahrenden auf Ausflugsdampfern, Fährschiffen und Freizeitbooten eine Augenweide. Das wird aber nur so bleiben, wenn sich auf großen Grundstücken Natur entwickeln kann, mit großen Bäumen, die das Gebaute beschatten und verhüllen. Ohne üppiges Grün wäre die »Insel der Schwäne« nicht mehr das, was sie sein soll – einer der Höhepunkte der Havellandschaft.

Großer Wannsee

Lido von Berlin, Wassersport und Feuerwerk

Auf geringer Wassertiefe fährt die SEEHASE sehr nah und sehr langsam am Schilfgürtel Schwanenwerders entlang nach Osten. Die verwilderten Grundstücke des Südufers bieten mit einigen von überhängenden Weiden gesäumten kleinen Buchten lauschige Ankerplätze für flachgehende Boote. Nach etwa 500 Metern ist das erste Ziel erreicht: die *Villa Monheim*, deren volle Schönheit sich erst von der Seeseite erschließt. Oberhalb der Ufermauer ein Beet mit üppig rot-gelb blühenden Blumen und dunkelgrünen Buchsbaumkugeln. Dahinter der leicht ansteigende Garten mit Schlängelwegen, Einzelbäumen und Gruppen. Eine frei gehaltene, zentrale Blickachse ermöglicht die Sicht über eine Springbrunnen- und Terrassenanlage hinweg auf das Schlösschen, dem französische Fenster im ersten Stock sowie der halbrund vorgebaute Wintergarten und der kleine Turmaufsatz mit kreisrunden Sprossenfenstern eine vornehm-heitere Note geben. Am Ufer ist das im Jahr 1925 errichtete, achteckig-zweigeschossige Tee- und Badehäuschen mit umlaufendem Balkon und Pagodendach noch ein hübscher optischer Akzent. Wie das Haupthaus leuchtet es denkmalgeschützt in Zartrosa und Weiß über den See.

Um nicht in die Hafenbucht des *Berliner Yacht-Clubs* einzulaufen, der hier nach Vertreibung aus Grünau seit 1959 eine neue Heimat gefunden hat, ändert die SEEHASE ihren Kurs nach Süden. Schwanenwerder bleibt im Kielwasser zurück. Aber noch ist die kleine Inselbrücke zu erkennen, unter der im Herbst 1942 der 39-jährige Hansheinrich Kummerow Sprengladungen angebracht hatte, die er, als Angler getarnt, in dem Augenblick zünden wollte, wenn die Goebbels-Limousine die Brücke passiert. Der zur Widerstandsgruppe *Rote Kapelle* gehörende Fernmeldeingenieur wurde jedoch von einem Schutzmann beobachtet, verhaftet, vier Wochen später durch ein Sondergericht zum Tode verurteilt und zwei Jahre danach, im Februar 1944, mit dem Fallbeil hingerichtet.

Je weiter der Abstand zur Insel wächst, umso leichter fällt es, sich mit etwas Einbildungskraft auf ihrem höchsten Punkt den Wasserturm vorzustellen, der früher bis nach Potsdam zu sehen war. Über Jahrzehnte prägte das 34 Meter hohe, mittelalterlich-wehrhaft wirkende schlanke Gebäude mit spitzem Schieferdach die Landschaft. Als Joseph Goebbels 1936 die neu erworbene Villa bezog, gab er sofort Anweisung, den für die Wasserversor-

Das Strandbad Wannsee

gung seit 1929 nicht mehr benötigten Turm abzureißen. Grund: Man könne von oben in sein Grundstück sehen. In Wirklichkeit fürchtete der Propagandaminister bereits 1936, das auffällige Bauwerk würde im Kriegsfall feindlichen Flugzeugen als Zielorientierung dienen.

Immer weiter läuft die SEEHASE in das ausgedehnte Rund des Großen Wannsees ein. An Backbord tauchen die ersten weiß-roten Bojen auf, mit denen die Schwimmzone des Strandbades Wannsee abgegrenzt wird. Schon von Weitem war die langgestreckte, in den Hang gebaute Terrassenanlage zu sehen, jetzt sind auf dem über einen Kilometer breiten, mit Ostseesand aufgeschütteten Strand Einzelheiten zu unterscheiden: Sonnenhungrige auf Badetüchern, Liegestühlen und in den zahlreichen Strandkörben. Im flachen Wasser planschen Kinder, im tieferen bewegen sich die Köpfe der Schwimmer und über allem liegt die typische Lärmglocke einer Badeanstalt.

Das *Strandbad Wannsee* ist das größte Binnenseebad Europas und seit mehr als hundert Jahren als »Lido von Berlin« ein Publikumsmagnet. Angefangen hat alles mit wilden Badestellen und Verboten. Erst 1907 wurde die Uferpartie amtlich zum Volks-Bad erklärt und damit, sehr zum Unmut der nachbarlichen Villenbesitzer, vor allem ein Tummelplatz für die aus den Mietskasernen der Stadt flüchtenden, Luft und Sonne suchenden Arbeiterfamilien. Holzzäune trennten die Geschlechter. Grenzverletzungen der Damen- und Herrenstrände wurden streng geahndet, unschickliche Badeanzüge gerügt. Leinwandzelte und Bretterbuden dienten beim Umkleiden als Sichtschutz. Mitte der 1920er-Jahre entstanden erste feste Holzbauten auf Betonfundamenten, die aber bei einem Brand vernichtet wurden. 1930 konnte dann ein modernes, einer Metropole würdiges »Weltstadtbad« eröffnet werden. Die Stadtbaumeister Martin Wagner und Richard Ermisch hatten einen Großkomplex für Erholung und Unterhaltung im Stil der *Neuen Sachlichkeit* entworfen, der aber wegen der Weltwirtschaftskrise aus Geldmangel ein Torso blieb. Den Zweiten Weltkrieg überstand das Strandbad fast unbeschadet und kam 1951 zu erheblichem Schlagerruhm, als die achtjährige Cornelia Froboess in die RIAS-Mikrofone trällerte: »Pack die Badehose ein, nimm dein kleines Schwesterlein und dann nischt wie raus nach Wannsee.«

Badefreuden in der Saison 1912

Obwohl das Strandbad bundesweit besungen wurde, die Baulichkeiten verfielen. Als Folge sanken seit den 1960er-Jahren die Besucherzahlen, zumal es sich immer mehr Menschen leisten konnten, an echte Strände zu reisen. 1983 wurden die maroden Gebäude zwar unter Denkmalschutz gestellt, aber die dringend notwendige umfassende Sanierung kam trotz nicht unerheblicher Investitionen des *Bezirksamtes Zehlendorf* für Sicherungsmaßnahmen nicht recht voran, sodass ganze Bereiche gesperrt werden mussten. Erst das bevorstehende 100-Jahr-Jubiläum sorgte für den nötigen Rückenwind. 2004 wurde der *Stiftung Denkmalschutz Berlin* durch Senatsbeschluss die fachgerechte Restaurierung der bauhistorisch wertvollen Anlage übertragen. Die Stiftung schaffte es, mithilfe von Spenden 8,5 Millionen Euro für die Erneuerung der Hallen, Wandelgänge und Promenaden aufzubringen. Für die Technik kamen vier weitere Millionen aus dem Haushalt der *Berliner Bäderbetriebe.*

Zum 100-Jahr-Geburtstag im Mai 2007 konnte das frisch renovierte Strandbad mit einem kleinen Festakt vor Ort dem Senat übergeben werden. Eine feuchte Feier, bei der auch die Ehrengäste mit Blick auf stürmische Wannseewellen unfreundlichen Regengüssen standhalten mussten. Das Strandbad hat seither einen großen Teil des alten Ansehens und Aussehens zurückgewonnen. In der Saison kommen wieder mehr Badegäste an den See, inzwischen alljährlich über 200 000. Kenner und Liebhaber bleiben bis zum späteren Abend, wenn die Stimme des Bademeisters zum letzten Mal auffordert, den Ostseesand zu verlassen; nur so können sie die am Wannsee schönen Sonnenuntergänge erleben.

Nachdem die letzte Boje achteraus zurückbleibt, beschleunigt die SEEHASE ihr Tempo und hält mit breiter, weißgesäumter Heckwelle auf die Seemitte zu, bis zu einem Punkt, an dem auf der Karte per Zirkelstich ein 600-Meter-Kreis gezogen werden kann, der das West-, Süd- und Ostufer berührt, während nach Norden, Richtung Schwanenwerder, offenes Wasser bleibt und das dreieinhalb Kilometer entfernte Kladower Ufer den Horizont bildet.

Mit etwas Fantasie entsteht die Illusion von Meer, zumal in der Ferne die Binnenschiffe bis nach Hamburg fahren.

Das Ziel der Inselumrundung ist erreicht. Sechs Seen sind durchfahren: Kleiner Wannsee, Pohle-, Stölpchen-, Griebnitzsee, die Glienicker Lake und der Jungfernsee. Nun schwimmt die SEEHASE in der Mitte des Großen Wannsees, der letzten Station, dem Abschluss und Höhepunkt der »Sieben-Seen-Rundfahrt«. Zwei Tage war das kleine Boot unterwegs, Passagiere der großen Fahrgastschiffe sind schon nach zwei Stunden wieder am Ausgangspunkt unterhalb des S-Bahnhofs Wannsee.

Um nicht zum Hindernis zu werden, verbietet sich das Ankern im Zentrum des Sees. Aber bei schwachem Wind ist es möglich, inmitten des Gewimmels kaum zählbarer Boote aller Größen und Bauarten fast unbeweglich dazuliegen, umgeben von langsam dahinziehenden Jachten unter Segel, mit höherer Geschwindigkeit auf Ziele zuhaltenden Motorbooten, dazu die Fähre nach Kladow und am Südufer, unweit der Wannsee-Brücke, eine Flotte von Opti-Jollen, etwa 20 kleine, kastenförmige Boote unter Sprietsegeln, mit denen die Jüngsten gerade eine Regatta austragen. Es ist ein besonderer Moment an einem besonderen Punkt. Obwohl sich der Müggelsee erheblich weiter ausdehnt, der Wannsee ist in Berlin das Synonym für Wassersport, ein Eldorado für Ruderer, Surfer und Segler. An seinen Ufern sind zehn Rudervereine, doppelt so viele Segelvereine und ein halbes Dutzend weiterer Sportvereine wie Tauch- oder Paddelclubs beheimatet. Ein Rundblick bestätigt die Statistik. Im Halbkreis des Ufers: Ein einziger, vor allem im Westen fast durchgehender Wald von Masten mit Hunderten von Booten an Stegen, hinter vorgebauten Molen und kleinen Hafeneinfahrten.

Berlin ist mit dem Umland, dem Zugang zur mecklenburgischen Seenplatte im Norden und den Dahme-Gewässern im Osten die wasserreichste Metropole der Welt und eine Hochburg des Segelsports. Allein im Wettfahrtbezirk Unterhavel gibt es 32 Clubs. Am Wannsee sitzen die drei aktivsten, mitgliederstärksten und historisch bedeutendsten Vereine. Alljährlich finden hier Dutzende von Regatten statt, tummeln sich zahllose Segler aus Freude am lautlosen Dahingleiten und am »Duell mit den Windgöttern«, so wie der segelbegeisterte Albert Einstein in den 1920er-Jahren, bevor er zum 50. Geburtstag einen Sieben-Meter-Jollenkreuzer aus Mahagoni geschenkt bekam, mit dem er wegen der Potsdamer Brücken von seinem Haus in Caputh am Schwielowsee nicht mehr nach Norden, bis in den Wannsee kam.

Der See ist nicht nur ein tolles Revier für Bootsbesitzer, Tretbootfahrer, Wasserskiläufer, Dampferpassagiere und Badegäste, sondern auch ein bei allen Berlinern und Touristen beliebter Vergnügungsort, der sich jedes Jahr Ende September in eine nächtliche Arena verwandelt, in der eine ungewöhnliche Vorstellung auf dem Programm steht: *Wannsee in Flammen*.

Kurz vor Beginn um 22 Uhr formiert sich ein Geschwader von bis zu 30 bunt beleuchteten Dampfern verschiedener Reedereien, die in einer Art Korso-Fahrt aus der Berliner Innenstadt und Potsdam kommen, um in der zunehmenden Dunkelheit auf dem Wannsee langsam in einem großen Karussell zu kreisen. An Bord Musik und Unterhaltung, an den Ufern Tausende Zuschauer auf Terrassen, Stegen, Straßen, im bis Mitternacht geöffneten Strandbad und auf Booten, die mit gesetzten Toplichtern in Ufernähe ankern. Sie alle wollen das Feuerwerksspektakel erleben, das dann als ein weltweit einzigartiges Ereignis demnächst zum 50. Mal in den nächtlichen Himmel steigt.

Der Große Wannsee ist aber mehr als ein Vergnügungs- und Freizeitort. Seine stille Schönheit ist vor allem im beginnenden Frühjahr zu erleben, zur Zeit der ersten, noch vereinzelten Boote, die in frischen Brisen Verheißung für die kommende Saison sind; oder im Spätherbst, wenn es erneut ruhig geworden ist, die Jachten an Land aufgebockt ihren Winterschlaf unter weißen Kunststoffplanen beginnen und die Uferzonen wie von frischem Schnee bedeckt erscheinen. Schön ist der See aber auch an Tagen mit strengem Frost und so dickem Eis, dass Eissegeln möglich ist und draußen, in der Leere der weiten, weißen Fläche, die russischen Eisangler vor ihren gebohrten Löchern auf kleinen Hockern sitzen.

Mit dem Wort Wannsee tauchen jedoch nicht nur Bilder von Sommerfrische und Winteridylle auf, sondern ebenso düster grundierte Ansichten. Nur wenige Orte in Deutschland spiegeln so eindrücklich und so sichtbar die Geschichte des 20. Jahrhunderts wider wie der Große Wannsee.

Noch immer liegt die SEEHASE in der Seemitte und hält trotz des Schiffsverkehrs absichtsvoll die Position. Mit hart steuerbord eingeschlagenem Ruder soll sie nun dreimal einen Halbkreis im Uhrzeigersinn von links nach rechts beschreiben, bei dem, wie beim Schwenk einer Filmkamera, über den Bug visiert, die Uferbebauung beschrieben wird.

Mit diesen drei Blickbewegungen sollen in drei Zeitsprüngen – 1913, 1943 und 2013 – die Veränderungen registriert, soll Geschichte erzählt werden.

Beim Panoramaschwenk auf dem Jungfernsee waren sechs Schlösser Zeugnisse königlich-preußischen Gestaltungswillens, der Wannsee präsentiert sich am Vorabend des Ersten Weltkriegs mit den beiden, sich gegenüberliegenden Villenkolonien dagegen als Bühne des Großbürgertums, des Geldadels der Gründerzeit. In den letzten davor liegenden vier Jahrzehnten sind am Ostufer, an der Hangkante der über 20 Meter hohen Haveldüne protzige Wohnsitze entstanden, mit herrlichem Blick nach Westen auf Sonnenuntergänge über der Schwesternkolonie Alsen und die dahinterliegenden Wälder.

1913 – Segler, Sammler und Mäzene

Sommer 1913. Das *Freibad Wannsee* ist seit einigen Jahren mit über einer halben Million Besucher pro Saison eine derart große Berliner Freizeitattraktion, dass der Strand auf einen halben Kilometer Länge erweitert werden soll. Nur wenige Hundert Meter in Richtung Bahnhof lädt das Restaurant *Schloss Wannsee* zur »Molle mit Schuss« ein. Das zweigeschossige Gebäude mit rot-weißem Zierfachwerk und dekorativem Turmanbau ist ein malerisches, bei den Berlinern beliebtes Ausflugslokal, das über zwei große Säle, Fremdenzimmer und eine eigene Dampferanlegestelle verfügt. Hauptanziehungspunkt ist der riesige, schattige Garten, in dem 2000 Gäste Platz finden.

Nach einigen weiteren Hundert Metern steigt die Düne an. Hier beginnt die Friedrich-Karl-Straße, an der sich die Perlenkette exklusiver Besitztümer aufreiht. Es ist ein imposanter Anblick, dieses gute Dutzend unterschiedlich großer Bauten mit Türmen, Erkern, Gesimsen und Konsolen, eine Mischung aller nur denkbaren Baustile, trutzige, neoromanische oder neogotische Burgen, spätbarocke oder klassizistisch-italienische Landhausvillen.

Auf dem größten Grundstück – mit über 17000 Quadratmetern – steht ein schlossartiges Gebäude, vor zwölf Jahren in Formen der italienischen Hochrenaissance errichtet und von einem englischen Landschaftsgarten umfasst. Geschwungene Sandwege führen an der offenen Bogenhalle und Aussichtsterrasse vorbei bis zur Uferpromenade und zu einem 1905 mit weißglasierten Klinkern ausgemauerten Hafenbecken, in dem eine Segeljolle und ein Motorboot liegen. Beides, Haus und Boote, gehören einem der reichsten Männer des Kaiserreiches. Es ist der Schwerindustrielle Oscar Huldschinsky, der

Der Wannsee im Sommer 1914, Gemälde von Philipp Franck

sein Vermögen im schlesischen Steinkohlebergbau sowie mit Röhren- und Hüttenwalzwerken gemacht hat. Der 67-Jährige hat zwei Passionen: seine Kunstsammlung und das Segeln. Beim Ankauf von Bildern lässt er sich vom Direktor des *Kaiser-Friedrich-Museums*, Wilhelm von Bode, beraten, und als Früchte dieser Zusammenarbeit hängen hinter den Rundbogenfenstern der Villa Werke von Rembrandt, Rubens, Botticelli und Tiepolo.

Seit Jahren ist Oscar Huldschinsky dem Rennsegeln verfallen und Eigner einer Reihe von schnellen Booten, die er auf Werften in Elbing und Rostock bauen und bei Regatten im heimischen Revier und auf der *Kieler Woche* starten lässt. Im Jahr 1904 war in Schottland auf den Reißbrettern von William Fife, dem berühmten Konstrukteur erfolgreicher America-Cup-Jachten, als Krönung die SUSANNE entstanden, eine Schonerjacht von beträchtlichen Ausmaßen, die von zwölf Matrosen und einem englischen Kapitän gesegelt wurde. Erwartungsgemäß ging die SUSANNE gleich beim ersten Start als Siegerin durchs Ziel. Sie gewann bei der Wettfahrt von Dover nach Helgoland den von »Seiner Majestät« gestifteten *Kaiserpreis* und setzte die Erfolgsserie bei Einsätzen in Schweden und Dänemark fort.

Die Villenkolonien am Ost- und am Westufer des Wannsees, Stich von S. Theuerkauf, um 1880

Im Jahr 1913 macht die Jacht bei ihrem Erscheinen zwar noch immer »einen bestrickenden Eindruck«, wie Augenzeugen berichten, ist aber bei Regatten nicht mehr zugelassen. Für Oscar Huldschinsky ist das, neben dem Alter, ein Anlass, sich vom aktiven Rennsegelsport zurückzuziehen und zugleich das kleinere Schwesternschiff mit demselben Namen seinem auf der gegenüberliegenden Seeseite beheimateten Club, dem *Verein Seglerhaus am Wannsee,* als Schuljacht zu schenken, zusammen mit den bei vielen internationalen Rennen gewonnenen wertvollen Siegerpokalen. Gleichzeitig stiftet er den »Huldschinsky-Preis, ein kostbar in Silber getriebenes und ziseliertes Prunkstück von imposanten Abmessungen.«

Oscar Huldschinsky ist einer der bedeutendsten Mäzene dieser Zeit, der nicht nur dem Seglerverein beträchtliche Mittel für den Neubau des Clubhauses, sondern vor allem den Berliner Museen kostbare Bilder und Plastiken von hohem kunstgeschichtlichem Wert übergeben hat.

Beim Blick auf die herrschaftliche Uferbebauung fallen – vier Grundstücke weiter nach rechts – zwei Häuser auf. Eines wird wegen der ungewöhnlich steil aufragenden Schieferdächer und der merkwürdigen Stilmischung aus Gotik und Renaissance als »Mäuseburg« verspottet. Es entstand 1886 für den Chemiker und Industriellen Franz Oppenheim, der das Anwesen mit Seeblick aber nach dem Tod seiner Frau Else im Jahr 1904 aufgab und sich gegenüber, in der *Colonie Alsen*, von Alfred Messel, dem Erbauer des Wertheim-Warenhauses, einen neuen Wohnsitz entwerfen ließ.

Als Zweites sticht die Guthmann-Villa ins Auge. Ihr alles überragender Vierkantturm mit dem runden, holländisch aussehenden, von einer hohen Wetterfahne gekrönten dreistufigen weißen Helmaufsatz, bildet eine unübersehbare Landmarke. Erbauer der wuchtigen »Ritterburg« aus roten Ziegeln und hellem Sandstein ist der vor zwei Jahren verstorbene Gründer der Rüdersdorfer *Zementwarenindustrie* Robert Guthmann. Mit den beiden Petroleum-Lampenfabrikanten Emil Wild und Friedrich Wilhelm Wessel befreundet, war er einer der Initiatoren der *Kolonie Wannsee*. Gemeinsam hatten sie im Jahr 1874, unmittelbar nach Eröffnung der Eisenbahnverbindung nach Berlin, das zum *Rittergut Düppel* gehörende Gelände von Prinz Friedrich Karl von Preußen erworben. Im Jahr 1913 stehen die Villen der inzwischen verstorbenen Bauherren in der Prinz-Friedrich-Karl-Straße noch immer gut nachbarlich nebeneinander: Hausnummer 1 (Wild), Hausnummer 3 (Wessel) und Hausnummer 5 (Guthmann); das erste elegant spätklassizistisch, das zweite vor zwei Jahren im neobarocken Stil umgebaut und die *Villa Guthmann* noch immer unverändert.

Vom Wasser aus ist der mächtige Bau oben am Hang mit dem geschwungenen Renaissance-Giebel, den drei großen, säulengestützten Rundbögen des Wintergartenvorbaus und dem charakteristischen Turm gut zu sehen. Von der Aussichtsterrasse führt ein Serpentinen-Weg an Platanen, Buchen und Eichen vorbei, den Steilhang bis zur Kaimauer hinunter. Nah am Wasser steht in der Mitte eines Kalksteinhalbrunds auf einem Sockel die lebensgroße Bronzeskulptur eines Stieres mit wütend erhobenem Schwanz, den ein Mann bei Hörnern und Schnauze gepackt hat. Es ist das 1907 aufgestellte Standbild *Herkules mit dem Stier*, dessen Schöpfer, der Berliner Bildhauer Louis Touaillon, die Gunst des Kaisers genießt und als Staatskünstler gerade einen Gipfelpunkt seiner Karriere erreicht hat. Zu Füßen der Villa ist sein Werk für die Familie Guthmann eine öffentliche Zurschaustellung von Bildung und Wohlstand.

Beim Weiterschwenk kommen die Häuser der Familien Wessel und Wild ins Bild, daneben das Grün einer Gartenanlage mit marmorner Borussia-

Blick vom Kaiser-Pavillon auf den Dampferanleger und Schwanenwerder, um 1910

Statue, der Verkörperung des Staates Preußen in Frauengestalt, und im Hintergrund überragt der Dachturm des beim gehobenen Bürgertum als Speiselokal und Ballhaus überaus beliebten, um die Jahrhundertwende neu errichteten *Kaiser-Pavillons* die Baumwipfel. Unten am Wasser, an der Anlegestelle der *Spree-Havel-Dampfschiffahrts-Gesellschaft Stern*, die 1913 ihr 25-jähriges Gründungsjubiläum feiert, herrscht lebhafter Betrieb. Über eine auf Pfählen in den See vorgebaute, teilweise überdachte, weiß lackierte Holzbrücke gehen Passagiere an Bord eines Salondampfers, der gleich mit dunkler Rauchwolke Kurs auf den Kleinen Wannsee nimmt und unter der nahen Prinz-Friedrich-Leopold-Brücke den hohen Schornstein umklappen muss. Vor der Brücke drehen sich etwa 20 an Bojen festgemachte, zum *Potsdamer Yacht Club* gehörende Segelboote mit kahlen Masten im Wind. Ursprünglich lag das Regatta-Revier des 1891 als *Seglerverein Unterhavel* in Potsdam gegründeten Clubs auf dem Jungfernsee, doch entschlossen sich 1904 die 74 Mitglieder des vier Jahre zuvor in *Potsdamer Yacht Club* umbenannten Vereins, verlockt von den besseren Bedingungen auf dem Wannsee, mit ihren 30 Booten zum Umzug: Zuerst in ein kleines Holzhaus auf einem Pachtgrundstück neben der Dampferanlegestelle, dann im Mai 1909 in das großzügige Clubhaus, das mit erheblicher Überschreitung der Baukosten auf dem eigenen Ufergrundstück neben der Brücke entstanden war. Der neue Standort hat in den letzten Jahren zum Aufblühen des Clubs geführt. Die Mitgliederzahlen steigen, ein 60-Meter-Steg wurde gebaut, der sportliche Aufschwung mit zunehmender Anzahl von Regatten und ausgelobten Preisen hält an, und als jüngste Neuerung findet die Einführung von Damenwettfahrten großen Zuspruch.

In direkter Nachbarschaft zum *Potsdamer Yacht Club* die Villa Alsen, ein zweistöckiger, wohlproportionierter Bau im Stil der Zeit mit eisernen Ziergittern auf den Dachfirsten, kunstvoll gemauerten Schornsteinen und rundem Aussichtsturm mit einer rot-weiß bemalten Fahnenstange, an der an diesem Tag kein Wimpel weht. Die Erbauer und Erstbewohner, Wilhelm Conrad und seine Frau Emilie, sind bereits verstorben. Der verehrte Gründer der *Colonie Alsen* 1899, seine Witwe drei Jahre später.

Am Südwestufer wird der weiterwandernde Blick durch eine Villa auf dem höchsten Punkt eines 20000 Quadratmeter großen Hanggrundstücks angezogen, die, 1874 im Stil der italienischen Renaissance mit Loggia, Bogenfenstern, Säulen, Terrassen und Freitreppen von dem Architekten Adolf Heyden zur Eigennutzung erbaut, 1885 an den Großindustriellen Eduard Arnhold und seine Frau Johanna als Sommersitz verkauft wurde. Fast 30 Jahre später ist das Anwesen, zu dem Stallgebäude, Gewächshäuser und Bootsschuppen, ein Tennisplatz, eine Kegel- und Bocciabahn und ein Aussichtspavillon am Wasser gehören, die Residenz eines der mächtigsten Wirtschaftsführer des Reiches, dem auch noch eine Stadtvilla in der vornehmen Berliner Regentenstraße, ein Rittergut bei Werneuchen und ein Bauernhof am Schliersee gehören.

Eduard Arnhold kann mit 64 Jahren auf eine beispiellose Karriere zurückblicken. Mit dem Handel schlesischer Steinkohle, dem Betrieb von Reedereien, Werften und durch Bankgeschäfte noch reicher geworden als Huldschinsky, ist er Mitglied in zahllosen Aufsichtsräten und einflussreichen Vereinigungen. Arnhold hat den Ruf eines kaufmännischen Genies und wird für seine »Herzensgüte und vornehme Gesinnung« geachtet. Er wirkt als Wohltäter und Mäzen, hilft Notleidenden, fördert Kunst und Wissenschaften. Das Jahr 1913 ist auch für Arnhold ein besonderes Jahr. In Rom öffnet gerade das von ihm gestiftete Atelierhaus – die spätere *Villa Massimo* – seine Tore für junge Künstler und wird dem Staat zum Geschenk gemacht. Kaiser Wilhelm II., der immer wieder Arnholds Rat sucht, beruft ihn als ersten gläubigen Juden zum Mitglied des *Preußischen Herrenhauses* und bietet die Erhebung in den Adelsstand an, eine Ehre, die dieser selbstbewusst ablehnt.

Auch Arnhold frönt einer privaten Leidenschaft: der Kunst. Über die Jahre hat er eine beachtliche Bilder- und Skulpturensammlung für das Stadthaus und die Wannseevilla zusammengetragen. Zuletzt sind es hauptsächlich die französischen Impressionisten, Cézanne, Degas, Renoir, Monet und Manet, aber auch deutsche Maler wie Leistikow, Corinth, Slevogt und Max Liebermann, der, mit Arnhold befreundet, in Sichtweite wohnt und ein Porträt von ihm gemalt hat. Es zeigt einen kräftigen, fast bäuerlich aussehenden Mann mit dickem Schnauzbart, der, die Zigarre in der Hand, den Betrachter prüfend anblickt.

Zu den Glanzpunkten seiner Besitzung gehört auch die von Johanna Arnhold gestaltete, zum Wasser hinabführende Parkanlage mit exotischen Pflanzen, Blumenrabatten und Palmen, eine in jeder Saison verschwenderisch blühende farbige Pracht, die Liebermann so entzückt, dass er den Garten des Freundes malt.

Zur Natur kommt das künstlerische Dekor. 1905 haben die Arnholds eine Bronzekopie des 1896 im Apolloheiligtum von Delphi gefundenen *Wagenlenkers* im Garten aufstellen lassen. Jetzt überrascht in Ufernähe, im Zentrum eines Rondells auf einem anderthalb Meter hohen Sockel, die 2,80 Meter hohe, in Rom gegossene Bronzestatue eines unbekleideten Olympioniken zu Pferd. Wie *Herakles mit dem Stier,* der in 500 Metern Luftlinie Entfernung im Garten der Guthmanns steht, ist die Großplastik mit dem Titel *Der Sieger* eine Arbeit des mit den Arnholds befreundeten Bildhauers Louis Tuaillon. Wie großartig Pferd und Reiter vor der Naturkulisse und Villa wirken, beschreibt der Direktor der *Berliner Nationalgalerie,* Hugo von Tschudi: »Doch der schönste Anblick bietet sich von der Wasserseite, wenn, von der Abendsonne beleuchtet, die bläulich grüne, wie mit leichtem Schimmel überzogene Patina der Bronze und der vergoldete Lorbeerzweig des Jünglings sich zarttonig von dem saftigen Grün des steil ansteigenden Gartens abheben.«

Vom Boot und von der Mitte des Sees aus ist die Gesamtansicht der von Wilhelm Conrad geschaffenen *Colonie Alsen* – von der Friedrich-Leopold-Brücke bis nach Norden Richtung Heckeshorn – gut zu überblicken. Oberhalb der Dächer, der Spitzgiebel und Turmaufbauten beherrschen einige Landmarken das Bild. Im Zentrum wird die Bebauung von der ironisch »Burg Stolzenfels« genannten Villa des Bankiers James Hardy überragt, einem klotzig-imposanten Bau mit hohen, zinnen-bekrönten Rundtürmen. Zur Rechten steht auf der Hügelkuppe einer Parkanlage das Monument des »Flensburger Löwen«, dahinter der Wasserturm. Unterhalb der *Villa Hardy* fällt eine in den See vorgebaute Plattform mit Umkleidekabinen der kleinen Badeanstalt für Koloniebewohner auf.

Der eigentliche Blickfang an der bogenförmig verlaufenden Uferlinie ist aber ein auffallend repräsentatives, dreigeschossiges Gebäude in Formen der gerade modischen englischen Landhausarchitektur. Über dem Sockel des breiten, mit Quadersteinen gemauerten Terrassengeschosses eine abwechslungsreich gegliederte Fassade: Erker, große und kleine Giebel, Gauben, Vorbauten, Fachwerk- und Schindelpartien, Sprossenfenster mit Klappläden.

Beim Blick durchs Fernglas sind als Schmuckelemente nur einige sparsam an den Giebeln angebrachte Putten mit Segelgeräten in den Händen auszumachen. Vor der Kaimauer liegen an zwei kurzen Stegen Ruderboote

Blick von der Villa Hardy auf den Großen Wannsee, im Vordergrund die Badeanstalt der Villenkolonie Alsen, dahinter das Seglerhaus und der Schwedische Pavillon, am Horizont Schwanenwerder mit Wasserturm, Aufnahme von 1904

und Jollen im Wasser, während sich bis weit in die Bucht hinaus Dutzende von Segelbooten, den wechselnden Windrichtungen gehorchend, kreisend vor Anker oder an Bojen festgemacht, drehen.

Das Gebäude gehört dem 1867 gegründeten *Verein Seglerhaus am Wannsee (VSaW)*. Es ist eines der größten und schönsten Vereinshäuser des Kaiserreiches und seit August 1910 Heimat des zweitältesten deutschen Segelclubs, nach dem 1855 in Königsberg aus der Taufe gehobenen *Segelclub RHE*.

Die beherrschende Figur des Vereins ist 1913 der 65 Jahre alte Otto Protzen, eigentlich ein an der Berliner Kunstakademie ausgebildeter Maler und Grafiker, der sich aber ganz dem Wassersport, dem Rudern und Segeln, verschrieben hat. Seit 1904 ist er Herausgeber der Zeitschrift *Yacht* und gilt reichsweit als Autorität, als Großmeister des Segelns, zumal er sich rühmen kann, in der besonderen Gunst des Kaisers zu stehen und die Jachten des Vereins auf der Kieler Förde zu einer fantastischen Serie von Siegen geführt zu haben. Im Jahr 1906 durfte er die Vereinsfarben sogar in den USA bei einer von Wilhelm II. maßgeblich geförderten Wettfahrt bei Marblehead, im Segelrevier vor der Atlantikküste von Massachusetts, vertreten und zur Krönung mit dem amerikanischen Präsidenten Theodore Roosevelt an einem zu Ehren der deutschen Segler gegebenen Frühstück teilnehmen.

Das neue Clubhaus des Vereins Seglerhaus am Wannsee am Westufer 1910, Holzschnitt von Otto Protzen

Protzen hat aber nicht nur als Herrensegler – bei den Regatten sind nur Teilnehmer zugelassen, »die ihren Lebensunterhalt nicht durch ihrer Hände Arbeit verdienen« – Karriere gemacht, sondern auch als Autor von Büchern über die *Kunst des Segelns*. Ihm ist zudem die umfangreiche Vereins-Chronik zu verdanken, die er ein Jahr vor seinem Tod im Jahr 1924 unter dem Titel *Die Geschichte unseres Seglerhauses* veröffentlichen wird.

Selbst Bewohner der Wannseeinsel, kann Protzen die Bedeutung des Segelns für die Gründung und das Erblühen der *Colonie Alsen* überzeugend schildern: Wie in den 1870er-Jahren die Keimzelle entstand, aus der sich alles Weitere entwickeln sollte, jener, die »Lustigen Sieben« genannte Freundeskreis, der sich in einem Gärtnerhaus auf dem Guthmann-Grundstück traf, gemeinsam tafelte und gegeneinander segelte. Zu diesem Kreis stießen Oscar Begas und Wilhelm Conrad, der weitsichtig drängte: »Auch wir müssen uns gemeinsam Grundbesitz schaffen, der unsere Mitglieder zusammenhält.«

1881 konnte der entscheidende Schritt erfolgen. Zu Ostern traf sich eine Gruppe vermögender Kolonisten im *Kaiserpavillon* und beschloss für 2000 Taler ein Ufergrundstück neben dem *Schwedenpavillon* zu erwerben. Dort wurde eine alte, ursprünglich am Griebnitzsee stehende Scheune neu aufgebaut, die als das eigentliche Herzstück der *Colonie Alsen* gelten kann.

Vor den Toren Berlins – das Seglerparadies Wannsee, Holzstich von Ewald Thiel, um 1890

Zur Scheune kam bald noch ein kleines Fachwerkgebäude mit Ziegelmauerwerk, das für die zu Beginn auf 30 Mitglieder begrenzte Herrenrunde zum Mittelpunkt ihres privaten Daseins wurde. Eine rote Laterne an der Spitze eines Signalmastes zeigte der Kolonie zu abendlicher Stunde an, dass der handverlesene Zirkel in geselliger Runde beisammen saß.

Otto Protzen beschreibt das Miteinander ausführlich, die Qualität des Weinkellers, der Küche, die Freude an der Kegelbahn: »Wenn's weht, segelt – ist's windstill kegelt.« Er informiert aber vor allem über das wassersportliche Treiben, die Art der Segelfahrzeuge jener Zeit, die Renn- und Kreuzerjachten, Schwertflundern und Kutter mit ihren Gaffeltakelagen und riesigen Segelflächen. Dazu die breite Palette der Freizeittouren mit und ohne Damen: Geschwader-, Picknick-, Mondschein- und buntbeflaggte, musikbegleitete Frühlingsfahrten. Im Mittelpunkt stehen die Vereinsregatten, »erbitterte, heiße Kämpfe« bei Starkwind oder »trostloser Flautenschieberei« im Heimatrevier auf den vertrauten Dreieckskursen zwischen Wannsee, Kälberwerder und Lindwerder. Gewichtiger sind die großen Wettfahrten, die *Berliner* oder die *Kieler Woche*, bei denen es um begehrte Preise und Pokale geht. Der *Kaiserpreis*, *Kronprinzenpokal* oder *Friedrich-Karl-Preis*, dessen Stifter, selbst Besitzer einer kleinen Segeljacht, die ständig vor Glienicke ankert, und der dem Verein besonders zugetan, von Protzen so gewürdigt wird: »Der Grundherr von Düppel und unser Nachbar von Dreilinden, Glienicke und der rings um den Wannsee grenzenden Waldungen war nicht nur ein glänzender Feldmarschall und verwegener Husarengeneral, sondern auch ein leidenschaftlicher Freund der See.«

Die Hohenzollern spielen auf den Havelgewässern ihre Rolle. Sie stiften aufwendig gestaltete Siegestrophäen und erscheinen regelmäßig bei gewichtigen Segelwettfahrten. Kronprinz Wilhelm an Bord der ALEXANDRIA, Bruder Eitel Friedrich mit Onkel Heinrich an Deck der ROYAL LOUISE, die immer wieder aus Anlass einer Regatta aufkreuzt und dem Geschehen die nötige maritim-monarchistische Weihe gibt.

Als einen Höhepunkt der Vereinsgeschichte empfindet Otto Protzen den Besuch des jungen Kaisers am 31. Mai 1891, als dieser im dritten Jahr seiner Regierungszeit der Vorführung eines Raketenapparates und neuartigen Rettungsbootes beiwohnt, die von der *Gesellschaft zur Rettung Schiffbrüchiger* vor dem Vereinsgelände durchgeführt werden soll. Die kaiserliche Familie erscheint auf dem Großen Wannsee im Flottenverband: Die Kaiserin mit ihren drei ältesten Söhnen auf dem Dampfer ALEXANDRIA, Wilhelm II. dagegen mit einem Torpedoboot, das vor dem Seglerhaus-Landungssteg vor Anker geht. Es ist ein unbeschreibliches Spektakel. Die Berliner Wassersportwelt, ob rudernd, mit Motorkraft oder unter Segeln, hat sich fast vollzählig zu einer Huldigungsparade eingefunden. Hunderte mit Wimpeln und Flaggen geschmückte, bunt herausgeputzte Boote treiben flächendeckend auf dem Wannsee. An den Ufern Tausende von Zuschauern. Vor dem Seglerhaus ist ein mit Tannengrün, Flaggen und Reichsadler gezierter Landungspavillon nebst Ehrenpforte aufgebaut. Die Damen dürfen auf extra gebauten Tribünen sitzen, während die festlich gekleideten Herren erwartungsfroh stehen müssen. Protzen verrät mit keinem Wort, ob der Kaiser an Land gegangen ist.

Ein Jahr später wird im kleinen Rahmen gefeiert. Anlass: Der 70. Geburtstag des »Seniors« und allgemein geschätzten Gründers der Kolonie, Geheimrat Wilhelm Conrad. Ihm zu Ehren findet ein Korso unter Segeln mit Musikkapelle statt, bei dem sich die Boote im Schmuck ihrer Flaggengala vor der *Villa Conrad* sammeln und dort für die lautstarke Ansprache des Vereinsvorsitzenden vor Anker gehen.

Bei der Lektüre der knapp 250 Seiten umfassenden Chronik des Seglerhauses fällt auf, dass sich bis zum Beginn des Ersten Weltkriegs begeisterte Berichte über die vielfältigen und einfallsreichen Vergnügungen der Vereinsmitglieder wie ein bunter Leuchtfaden durch die Jahrzehnte ziehen.

Als verlässlicher Augenzeuge beschreibt Otto Protzen eben nicht nur die sportlichen Erfolge des Vereins, sondern auch die schier endlose Kette der Lustbarkeiten: Blumenschlachten zu Wasser mit freiwilligen oder unfreiwilligen Schiffszusammenstößen, Lampionumzüge, Sommernachtstänze, bengalische Lichtinstallationen, Feuerwerke, Theateraufführungen, Kinderwasserfeste, Kostümbälle, Dichterwettbewerbe. Und im Winter, wenn die Eisdecke des Wannsees endlich dick genug war, wurde mit selbstgebauten Schlitten gesegelt. Abends konnten sich die Schlittschuhläufer in einem extra aus Eisblöcken aufgebauten, von innen magisch beleuchteten »Eispalast« am Grogkessel bei Leierkastenmusik und Fackelschein wärmen.

Es ist der Blick in eine versunkene Welt, eine Zeit, als Boote aus Holz, Bronze und Messing waren und das Segeln, Kegeln und Feiern einer exklusiven, kleinen Gruppe gesellschaftliche Gemeinsamkeit vor den Toren Berlins stiftete, einem Kreis von millionenschweren Unternehmern, Kunstsammlern, Künstlern und einflussreichen Verlegern wie Ferdinand Springer, dessen von Alfred Messel erbaute Villa in Nachbarschaft des Seglerhauses auf der anderen Seite der Großen Seestraße lag.

Neben dem Seglerhaus steht die kleine Urzelle, das alte Herz der Kolonie, das erste Clubhaus, von Vereinsmitglied Geheimrat Professor Hermann Ende entworfen, dem am Kleinen Wannsee lebenden Präsidenten der *Akademie der Künste.* Weitere große Gebäude kommen ins Bild. Zuerst das hohe Walmdach des 1910 von einem reichen Berliner Gastwirt als Hotel neu erbauten *Schwedischen Pavillons* mit einer auf Fernwirkung bedachten Schauseite ansehnlicher Giebel und ziegeldachbekrönter Türme. So wie früher der alte schwedische Holzpavillon von der *Wiener Weltausstellung* mit dazugehöriger Gartenhalle über Jahre ein beliebtes Ausflugsziel war, ist 1913 der neue Pavillon als *Restaurant Seehaus* im Sommer eine Attraktion. Unter dichten Laubkronen sitzen die Gäste im großen Biergarten und genießen den Ausblick auf den See direkt am Dampfer-Landungssteg, von dem man zurück zum Bahnhof oder nach Potsdam und Spandau fahren kann.

Wenige Hundert Meter weiter stehen zwei direkt benachbarte Landhausvillen, die gewisse Ähnlichkeiten im Stil aufweisen und im Abstand von zwei Jahren vom selben Architekten gebaut wurden. Paul Baumgarten, Meisterschüler des berühmten Alfred Messel, entwarf zuerst 1906 für den bereits 66-jährigen ehemaligen Politiker und Mitgründer der *Union-Electricitäts-Gesellschaft,* Johannes Hamspohn, einen zweigeschossigen, kompak-

Birken am Wannseeufer, Gemälde von Max Liebermann, ohne Jahr

ten Walmdachbau in neoklassizistischen Formen und erhielt dann von dem vier Jahre jüngeren Max Liebermann den Auftrag, ihm eine Sommerresidenz am See auf dem letzten noch freien, sehr schmalen, etwa 7000 Quadratmeter großen Wassergrundstück zu errichten. Entstanden ist ein repräsentatives, dabei doch schlichtes Landhaus, das leicht erhöht oberhalb einer Terrasse am Ende eines gründlich geplanten Gartens steht. Liebermann hat an der Gestaltung seines selbstironisch »Klein-Versailles« genannten Domizils entscheidend mitgewirkt, beeinflusst von Aufenthalten an der Hamburger Elbchaussee und Reisen in die Niederlande. Im Sommer 1913 ist er noch einmal zur Erholung und zum Malen nach Holland gereist, nachdem er im Vorjahr, aus Anlass des 65. Geburtstages, als Künstler und Wegbereiter der Moderne gefeiert und mit nationalen und internationalen Ehrungen überhäuft wurde.

Von Bäumen halb verdeckt, sind neben der Liebermann-Villa zwei hintereinanderstehende Gebäude zu sehen, die sich deutlich von der üblichen historisierenden Villenbebauung der Kolonie unterscheiden. Nach den Plänen des auf Restaurierung von Burgen spezialisierten und vom Kaiser hochgeschätzten Architekten Bodo Ebhardt wurden hier zwischen 1899 und 1901 ein ungewöhnlich großes, mehrgeschossiges Stallgebäude mit Kutscher- und Bediensteten-Wohnungen und davor ein kleineres Landhaus gebaut, das mit dem tief heruntergezogenen Krüppelwalmdach und schönem Fachwerk mittelalterlich verwunschen wirkt. Auch dieses Anwesen an der Colomierstraße 1 bis 2 gehört einem Segler und VSaW-Mitglied, dem Verleger von Sprachführern und Wörterbüchern Carl Langenscheidt, von dem der Satz überliefert ist: »Das gute Deutsch drucken wir, das schlechte sprechen wir selber.«

Die nördliche Grenze der Colonie Alsen markieren die schiefergedeckten Türme der burgartig-neoromanischen, aus gelbem Backstein 1891 erbauten *Villa Herz*, zu der Pferdestall und Palmenhaus gehören. In unmittelbarer Nachbarschaft gibt es baureife Planungen für ein hochfliegendes Projekt. Auf einem der größten und schönsten Ufergrundstücke soll Paul Baumgarten für Kommerzienrat Ernst Marlier, einen neureichen Fabrikanten zweifelhafter pharmazeutisch-medizinischer Produkte, eine pompöse neobarocke Villa bauen.

1943 – Zweiter Weltkrieg, Sonderdienst Seehaus und Wannsee-Konferenz

Sommer 1943. Auf den Terrassen des Strandbades wehen Hakenkreuzfahnen. Im Vorjahr hat die Verwaltung in einem abgegrenzten Bereich das Nacktbaden erlaubt und 834 000 Besucher gezählt. Die Schilder »Badeverbot für Juden« sind bedeutungslos – offiziell gibt es in Berlin keine Juden mehr. Auf dem Gelände haben sich Luftwaffenhelferkompanien einquartiert. Das beliebte Volksliedsingen mit Wehrmachts- und SA-Kapellen ist längst eingestellt, der Badebetrieb läuft aber auf vollen Touren. Man fühlt sich sicher vor den Toren der Stadt, obwohl Goebbels im Februar, kurz nach der Kapitulation von Stalingrad, im vollbesetzten *Sportpalast* die totale Mobilmachung für den Endsieg ausgerufen hat und zwei Wochen danach die *Royal Air Force* den bisher schwersten Angriff auf die Reichshauptstadt flog, mit dem die »Battle of Berlin« eröffnet wurde. Am Wannseestrand sonnen sich die Gäste, unter ihnen Verwundete mit Verbänden und Krücken, einige von Rotkreuzschwestern betreut. Wehrmachts- und SS-Uniformen hängen in den Terrassenspinden.

Beim Blick über das Seeufer ist keine Veränderung zu erkennen. Nirgendwo Bombenschäden. Nur nachts hören die Einwohner der beiden Wannsee-Kolonien die anfliegenden alliierten Bombergeschwader, sehen die abgeworfenen Markierungszeichen, die Flakscheinwerferstrahlen am Himmel und den roten Widerschein der Flächenbrände in anderen Stadtteilen. Tagsüber scheint die Sommersonne. Das Restaurant *Schloss Wannsee* ist geschlossen, Gartentische und Stühle sind weggeräumt, der Dampfersteg liegt verwaist in der Mittagshitze.

In der *Villa Huldschinsky* hat die Reichsforstverwaltung Büros eingerichtet. Der 1931 mit 85 Jahren verstorbene Oscar Huldschinsky musste noch den Verlust seines Vermögens erleben, als 1922 durch die Volksabstimmung zur Teilung Oberschlesiens die gesamten Besitzungen im Osten verloren gingen. Die kostbare private Kunstsammlung wurde versteigert, der Wohnsitz am Wannsee an einen jüdischen Bankier verkauft, der aber bald danach vor den Nazis nach London floh, sodass Grundstück und Villen in den Besitz der Reichforstverwaltung übergingen.

Die *Villa Oppenheim*, Am Sandwerder 17 bis 19 – der alte Name Friedrich-Karl-Straße wurde 1933 gelöscht –, ist seit vier Jahren Dienstwohngebäude des Reichswirtschaftsministers Walther Funk, eines promovierten Juristen und gelernten Journalisten, der als Nachfolger Hjalmar Schachts maßgeblich Verantwortung für die Entrechtung, Enteignung und Verfolgung der Juden trägt. Funk hat die Villa nach Übernahme nur unwesentlich verändert, einige Nazi-Embleme anbringen und als Hauptmaßnahme eine bombensichere Bunkeranlage mit direkter Verbindung zum Haus bauen lassen. Vom letzten Eigentümer, dem aus Dresden stammenden Bankier Hans Arnhold, einem Neffen Eduard Arnholds, wurde die Villa nach Kauf im Jahr 1926 im Stil der »großbürgerlichen Moderne« neu gestaltet. Spitzgiebel, Gauben, Turmaufbauten, sämtliche neugotischen Elemente und Verzierungen verschwanden zugunsten einer schlichten Sachlichkeit. 1936 verließ Hans Arnhold mit seiner Familie Berlin, emigrierte über Paris in die USA und gründete dort das *Bankhaus Arnhold & S. Bleichroeder.* Um den Besitz am Wannsee vor der »Arisierung« zu schützen, hatte er die Immobilie noch in eine Vermögensverwaltung überführt, ein Schritt, durch den die Zwangsenteignung nicht verhindert werden konnte.

Brückenschlag: Colonie Alsen und Kolonie Wannsee mit Großem und Kleinem Wannsee um 1930

Die *Villa Guthmann*, Am Sandwerder Nummer 5, ist seit 1938 von der Kriegsmarine besetzt, die hier in einem Forschungslabor »Ein-Mann-Torpedos« entwickelt. Auch dieses Haus hat eine zeittypische Geschichte. 1934 verkauften die Guthmann-Erben den Besitz an einen jüdischen Professor für Ingenieurwissenschaften, der ein Jahr später nach England gehen musste. Grundstück und Gebäude fielen an den nationalsozialistischen Staat. Noch zehn Jahre zuvor hatte hier der 39-jährige Carl Zuckmayer, zu Besuch bei seinem Onkel, die Komödie *Der fröhliche Weinberg* geschrieben, die, 1925 im *Theater am Schiffbauerdamm* uraufgeführt, zum literarischen Durchbruch führte. In seinen Memoiren *Als wär's ein Stück von mir* schreibt Zuckmayer über das Haus: »Es war ein gräßlicher Kasten im Stil einer imitierten Ritterburg, aber es hatte einen Park mit Seegrund und ein großes achteckiges Turmzimmer, von dem man einen prächtigen Blick über die Landschaft hatte«. Im Sommer 1943 lässt sich nur ahnen, was sich hinter den Mauern der »Ritterburg« abspielt, welche geheimen Forschungsprojekte die Kriegsmarine dort wirklich verfolgt. Am Ufer fällt auf, dass der Platz leer ist, an dem die Bronzeskulptur *Herkules mit dem Stier* gestanden hat. Nur wenige wissen, dass sie seit 1939 im Garten der *Neuen Reichskanzlei* aufgestellt ist.

Auf der Brücke zur Wannseeinsel vereinzelter Verkehr: Militärlastwagen, Omnibusse, Droschken. An den Dampfer-Landungsbrücken fehlen die Ausflugsschiffe, dafür liegen am Steg des *Potsdamer Yacht Clubs* einige Schärenkreuzer und Jollen der Marine-Hitlerjugend. Es ist still geworden auf dem Vereinsgelände. Bei der letzten Kriegswettfahrt vor drei Jahren haben sich noch die 20qm-Jollenkreuzer miteinander messen können, aber schon das 50-Jahr-Jubiläum am 10. April 1941 fand ohne große Feierlichkeiten statt. Inzwischen sind alle kriegsverwendungsfähigen Vereinsmitglieder an der Front, andere sind ausgetreten oder wurden zum Austritt gezwungen. Die Beschlagnahme des Gebäudes durch die SS steht drohend im Raum.

Die *Villa Arnhold* mit ihrem einzigartigen Garten, der efeuumrankten Grotte und dem Reiterstandbild *Der Sieger* existiert nicht mehr. Der »Kohlebaron« und Multimillionär Eduard Arnhold starb 1925. Sieben Jahre später wurde sein Haus, Schauplatz so vieler Begegnungen von Industriellen, Künstlern und Bankiers, abgerissen, das Grundstück von den Erben geteilt und ein zweigeschossiges Wohnhaus mit Flachdach gebaut.

Unversehrt strahlend und noch immer bildbeherrschend dagegen das Seglerhaus am Westufer. Doch der Eindruck täuscht. Alle Räume stehen leer. Sie mussten im Frühjahr für die geplante Einrichtung eines Lazaretts geräumt werden. Die Vereinsführung hat deshalb das stillgelegte Fahrgastschiff TEMPELHOF gechartert, an den Südsteg gelegt und dort ein provisorisches Clubhaus eingerichtet. Auch im *VSaW* ist das Segeln, das jetzt satzungsgemäß »Kampfsport« genannt werden muss, bis auf einige vereinsinterne Wettfahrten auf dem Wannsee, fast zum Erliegen gekommen. Die Regatta um den *Otto-Protzen-Preis* ist abgesagt und der *Prinz-Karl-Pokal* ein letztes Mal ausgesegelt. Bei den wenigen Vereinstreffen der älteren, nicht kriegstauglichen Mitglieder werden Meldungen über an der Front gefallene oder bei U-Boot-Feindfahrten vermisste Kameraden verlesen. Häufig fehlen bei abendlichen Versammlungen die Mitglieder der sich *Wannseaten* nennenden Jugendgruppe, weil sie als Schüler zu Flakhelfer-Einsätzen der nahegelegenen Flugabwehrbatterien abkommandiert sind.

Von Weitem macht der benachbarte *Schwedenpavillon* einen merkwürdig abweisenden Eindruck. Die Anlegebrücke für Ausflugsdampfer ist gesperrt, der runde Fahrkarten-Kiosk geschlossen, unter den halbhohen Bäumen fehlt die Restaurantbestuhlung. Das Ganze wirkt durch eine seltsame Antennenanlage geheimnisvoll. Offiziell befindet sich dort seit Sommer 1940 eine *Rundfunktechnische Versuchsanstalt* und nur Eingeweihten ist bekannt, dass sich hinter den Hotelmauern der sogenannte *Sonderdienst Seehaus* verbirgt, der vom Auswärtigen Amt und vom Propagandaministerium gemeinsam betriebene größte und wichtigste Abhördienst des Reiches. In den 70 Räumen arbeiten fast 700 Mitarbeiter, die im 24-Stunden-Schichtdienst etwa 400 ausländische Radiosendungen in 37 verschiedenen Sprachen schriftlich erfassen, übersetzen und auswerten. Täglich wird einem ausgewählten kleinen Kreis wichtiger Personen und Dienststellen ein zehnseitiger geheimer *Funkspiegel* zugeschickt, der über die Meinung des Auslands und die Meldungslage bei den Kriegsgegnern informiert.

Etwas weiter landeinwärts, vom See aus nicht zu sehen, arbeitet in der zuerst konfiszierten, dann »arisierten« *Villa Oppenheim,* Am Großen Wannsee 43 bis 45, das zum Sicherheitsdienst des Reichsführers SS gehörende *Wannsee-Institut,* das vor fünf Jahren unter dem Tarnnamen *Institut für Altertumsforschung* den Auftrag erhielt, mit der universitären Osteuropa-Forschung »die künftige Eroberung, Beherrschung und Ausbeutung Ostmitteleuropas und der Sowjetunion wissenschaftlich vorzubereiten«.

Äußerlich sehen die beiden auf Ufergrundstücken stehenden, von Paul Baumgarten gebauten Villen wie vor 30 Jahren aus. Doch beide Bauherrn sind bereits vor Jahren verstorben, Johannes Hamspohn 1926, Max Liebermann 1935. Das *Haus Hamspohn* wurde 1940 von der in der Schweiz lebenden Tochter an die *Deutsche Reichspost* verkauft, die hier eine Schule für Postinspektor-Anwärterinnen betreibt.

In der Liebermann-Villa wird gerade ein Lazarett eingerichtet, nachdem das Haus 1938 von Liebermanns Witwe Martha der Reichspost überlassen werden musste, die ein »Erholungslager für die weibliche Gefolgschaft« einrichtete. Im Juni 1940 ging das Anwesen durch Zwangsverkauf in Staatsbesitz über. Von den 160 000 Reichsmark, die mit dem gesamten Liebermann-Vermögen an die *Preußische Staatsbank* übertragen wurden, bekam Martha Liebermann keinen Pfennig. Als ihr am 4. März 1943 der Abtransport in das Konzentrationslager Theresienstadt droht, nimmt die 86-Jährige Gift. Schon vorher waren die Gärten der zusammengelegten Grundstücke planiert worden und damit das Naturparadies am See zerstört, in dem Max Liebermann so viele seiner berühmten Gartenbilder malte.

Die benachbarte *Villa Langenscheidt* ist eine der wenigen, die der NS-Staat nicht requiriert hat. In fast allen repräsentativen Gebäuden der *Colonie Alsen* sind entweder NS-Dienststellen untergebracht, oder SS-Führer und Parteifunktionäre genießen den Luxus komfortablen Wohnens in fremdem

Eigentum, dazu die Sicherheit vor alliierten Luftangriffen und bequeme Erreichbarkeit der Berliner Innenstadt.

Auch die *Villa Herz* am Großen Wannsee 52 bis 54 gehört inzwischen als *Führerschule Haveleck* zum Komplex der NS-Staats- und Parteieinrichtungen. 1926 hatte die Witwe des Fabrikanten Paul Herz das Haus mit dem ebenso großzügig wie gekonnt von einem Lenné-Schüler entworfenen, zum See sanft abfallenden, parkartigen Garten an den Pralinenhersteller Nelson Faßbender verkauft. Der ließ schon Anfang der 1930er-Jahre, noch vor Machtübernahme der Nazis, zu Ehren Hitlers eine Eiche pflanzen und verkaufte Besitz und Baum 1936 an die *Deutsche Arbeitsfront.*

Wie 1913/14 geplant, ist neben der Herz-Villa, unmittelbar an der Außengrenze der *Colonie Alsen*, ein breit ausladendes, dreigeschossiges, moderne Bauformen mit neobarocken Elementen verbindendes Gebäude entstanden, das durch Säulen, Steinfiguren, Terrassenanlagen und Freitreppen einen feudalen Eindruck macht, der durch die 30 000-Quadratmeter-Parklandschaft mit Kastanien- und Birkenalleen, Skulpturen und Pavillons noch verstärkt wird. Bauherr Ernst Marlier sah sich aber schon 1921 gezwungen, die Wannsee-Residenz mit ihren 30 Zimmern zu verkaufen, als er nach Verbot der in seinen Firmen hergestellten, völlig wirkungslosen Arzneimittel in Schwierigkeiten geriet. Auch der neue Eigentümer, Friedrich Minoux, zum Zeitpunkt der Übernahme Generaldirektor der Berliner Niederlassung des Stinnes-Konzerns, war eine schillernde Figur mit zweifelhaften Talenten. Minoux hatte enge Kontakte zum rechtsradikalen Lager und stellte die Villa sofort für politische Zusammenkünfte zur Verfügung. Nach dem Ausscheiden bei Stinnes baute er ein eigenes, verschachteltes Firmenimperium im Bereich Kohle, Heizöl und Kunstharz auf und profitierte erheblich von der »Arisierung« eines hessischen Zellstoffwerkes. Er operierte mit Tarnkonten und Scheingeschäften, wurde in Strafverfahren wegen Bilanzfälschung und Unterschlagung angeklagt, im Mai 1940 verhaftet und verurteilt.

Um Schulden zu tilgen, verkaufte Friedrich Minoux seine Wannseevilla Ende November 1940 für 1,9 Millionen Reichsmark an die *Stiftung Nordhav*, hinter der SS-Obergruppenführer Reinhard Heydrich, der Chef der Sicherheitspolizei und des Sicherheitsdienstes, stand. Der wollte das repräsentative Objekt, an dem auch Goebbels Interesse zeigte, für Tagungen und als Gästehaus für verdiente SS-Offiziere nutzen, die wegen ihrer häufigen Alkoholexzesse in der Abgeschiedenheit der Wannseeinsel sicherer aufgehoben waren als in Berliner Hotels.

Am 20. Januar 1942 trafen sich in der Villa Am Großen Wannsee 56 bis 58 um 12 Uhr »zu einer Besprechung mit anschließendem Frühstück« 15 Männer, Vertreter von SS, Polizei, Partei und Ministerien, sieben promovierte Akademiker, vier von ihnen Staatsekretäre, alle katholisch oder evangelisch getaufte Christen. Die eineinhalbstündige Konferenz unter Vorsitz von Reinhard Heydrich und Protokollführung Adolf Eichmanns sollte »Klarheit über grundsätzliche Fragen zur Endlösung bringen und das reibungslose Zusammenarbeiten der Instanzen sichern«, nachdem seit 1939 »das Aufgabenziel war, auf legale Weise den deutschen Lebensraum von Juden zu säubern.«

In der »Besprechung« am 20. Januar 1942 ging es darum, juristisch-organisatorisch verbindliche Regeln und Verfahrensweisen für die »Endlösung der europäischen Judenfrage« festzulegen, für die »rund 11 Millionen Juden in Betracht« kamen.

Die Entscheidung zur Ermordung der europäischen Juden wurde nicht an diesem Wintertag am Wannsee gefällt. Der Vernichtungsbeschluss galt schon im Sommer 1941 als Befehlslage. Die Deportationen und der Massenmord von Hunderttausenden durch Erschießen oder Vergasen waren bereits in vollem Gange. Aber das 1947 zufällig entdeckte 15 Seiten umfassende Protokoll der Wannsee-Konferenz ist das einzige Dokument, mit dem die Vernichtungsabsicht, die verwaltungsjuristische Planung des Unvorstellbaren und Ungeheuerlichen schriftlich belegt wird – und das diesen Ort zu einem Tatort macht.

Im Sommer 1943 wirkt der Große Wannsee ohne Warnung vor Luftangriffen wie im Frieden. Hinter dem Gästehaus der SS liegt landeinwärts am Heckeshorn im hohen Kiefernwald eine umsichtig in die Landschaft eingefügte Siedlung zweistöckiger Einzelhäuser. Es ist die im Mai 1939 von Reichsmarschall Göring mit großem Pomp eingeweihte *Reichluftschutzschule*, in der Luftschutzwarte aus ganz Deutschland ausgebildet werden. Auf dem fast 500000 Quadratmeter großen Gelände entsteht gerade mit Hochdruck zwischen Unterkünften und Hörsaalgebäuden ein Hochbunker mit 4 Meter dicken Betonwänden, in den ab Februar 1944 Kommandostäbe der *Luftflotte Reich* einziehen sollen. Es wird das Lage- und Einsatzzentrum für die Luftverteidigung Berlins mit einem Radius von 250 Kilometern. Auf einer Galerie sollen Offiziere mit Blick auf die große Lagekarte anfliegende feindliche Bombergeschwader erfassen, die Abwehraktionen deutscher Jagdverbände und Flakstellungen koordinieren und Luftschutzsirenen zentral auslösen.

Am westlichen Rand der *Colonie Alsen* steht an der Lindenstraße die von Wilhelm Conrad 1896 zum Dank für eine 50-jährige glückliche Ehe gestiftete, aus rotem Backstein errichtete Wannsee-Kirche. Direkt anschließend, der trapezförmig angelegte, von einer Mauer eingefasste *Neue Friedhof* mit seinen zum Teil aufwendig gestalteten Grabmählern. Hier ruhen Eduard Arnhold, Hermann von Helmholtz, Robert Guthmann, Oscar Huldschinky, Hermann Ende, Johann Hamspohn, Franz Oppenheim, Johannes Otzen und Chemie-Nobelpreisträger Emil Fischer.

Die Gräber Wilhelm Conrads und seiner Frau Emmy liegen in der südwestlichen Ecke des Friedhofs, zwei nebeneinander auf Bruchsteinsockeln stehende Stelen. Der Kolonie-Gründer hat auf die Platte seines Grabes Johannes 9 Vers 4 setzen lassen: »Ich muss wirken die Werke des, der mich gesandt hat, solange es Tag ist; es kommt die Nacht, da niemand wirken kann.«

Im Kriegsjahr 1943 liegen auf einem Friedhof der von den Nazis und der SS total beherrschten Wannseeinsel evangelische und katholische Christen, getaufte und gläubige Juden ungestört nebeneinander. Vor mehr als 40 Jahren hatte Oscar Huldschinsky bei der Gemeinde um Erlaubnis gebeten, Juden und Christen gemeinsam bestatten zu dürfen, ein Antrag, der sofort genehmigt wurde. Als Symbol dieser Eintracht steht auf der Friedhofsmauer ein 60 Zentimeter hohes Steinkreuz mit einem Davidstern in der Mitte. Das christliche Kreuz und das Glaubenssymbol der Juden vereint als Zeichen für den Traum einer deutsch-jüdischen Zukunft.

2013 – Leuchttürme am Ostufer: American Academy und das Literarische Colloquium

Sommer 2013. Es ist eine ungewöhnlich schöne Szenerie – Villen und Clubhäuser, Mastenwälder in kleinen Häfen, Segelboote auf der windbewegten Wasserfläche, Möwenschwärme als Meeresboten und über allem ein sonniger, mit dicken Kumuluswolken behängter Himmel. Die SEEHASE nimmt nach dem Positionshalten in der Seemitte langsam wieder Fahrt auf, um das Ufer des Großen Wannsees noch einmal im Uhrzeigersinn entlangzufahren. Zu Beginn hält sie wenige Minuten Kurs auf das Strandbad, fährt dann im Bogen nach Steuerbord, um die Bebauung zur Linken zu haben. Die Liegenschaften des Sandwerder-Abschnitts am Ostufer, so der Eindruck, haben all die Jahrzehnte so gut wie unbeschadet überstanden. Hier gab es keine Kriegsschäden, hier wurde kein Raubbau mit Abrissen unter Spekulationsdruck betrieben.

Die Atlantikbrücke am Binnensee: American Academy

Die Parkanlage der ehemaligen Huldschinsky-Villa macht einen gepflegten Eindruck. In den ansehnlichen Gebäuden im Hintergrund residiert seit einigen Jahren standesgemäß und gut bewacht der Botschafter des Königreichs von Saudi-Arabien. 1944 hatte der italienische Botschafter hier Zuflucht gefunden, als sein Haus in Tiergarten ausgebombt war. Nach kurzer amerikanischer Besetzung durfte die *Gesellschaft der Freunde der Natur- und Geisteswissenschaften* einziehen, bei der sich im Juni 1948 ein Kreis von Politikern mit Professoren und Studenten der *Universität Berlin* (Unter den Linden) versammelte und durch die »Wannseer Beschlüsse« die sechs Monate später erfolgte Gründung der *Freien Universität Berlin* ermöglichte.

Gemächlich ziehen Häuser und Gärten vorbei. Vor allem fällt ein großes, erhöht auf der ansteigenden Rasenfläche stehendes Gebäude mit dunklem Schieferdach und heller Fassade ins Auge, das wieder so aussieht, wie es Hans Arnhold 1928 gewollt hat. Es ist die ursprünglich für Franz Oppenheim gebaute Villa mit der Adresse Am Sandwerder 17 bis 19, in der seit 1998 die *American Academy*, das *Hans Arnhold Center* als »Leuchtfeuer der amerikanischen Geisteswelt« die selbst gestellte Aufgabe erfüllt, »die Spitze der US-amerikanischen Kultur nach Berlin zu bringen: Wissenschaftler, Schriftsteller, Dichter, Regisseure – gefeierte Größen aus Kunst und Wissenschaft.« Für drei bis neun Monate kommen die in den Staaten gezielt ausgewählten Fellows an den Wannsee, forschen, halten Vorträge und nehmen an Seminaren teil. Treibende Kraft dieser Idee war der US-Botschafter Richard Holbrooke, der beim Start von Henry Kissinger, Fritz Stern, Richard von Weizsäcker und Otto Graf Lambsdorff, aber auch durch die in den USA lebenden Erben Arnholds unterstützt wurde, die ihren

Besitz 1953 zurückerhielten und fünf Jahre später an das Land Berlin verkauften. Nach Gründung der *American Academy* finanzierten sie großzügig den Umbau von Villa, Gärtner- und Chauffeurhaus; wie überhaupt die gesamten Betriebskosten von amerikanischen und deutschen Unternehmen, von Stiftungen und Einzelpersonen getragen werden, die sich das Ziel gesetzt haben, durch ihre Spenden ein ungewöhnliches Projekt zu erhalten, das sich selbst so sieht: »Es ist ein ›elitärer‹ Ort, doch keiner für die Elite.« Die Villa Arnhold war bis zum Abzug der amerikanischen Truppen aus Berlin im Jahr 1994 über Jahrzehnte Offiziersclub und Erholungsheim für Armeeangehörige, die hier auch Wassersport betrieben. Am Ufer zeugt davon ein quadratischer, japanisch aussehender Pavillon, zu dem eine kleine Hafenanlage gehört, an deren Stegen etliche Segelboote liegen. Es ist der in den 1960er-Jahren gegründete *American International Yacht Club*, der heute etwa 220 Mitglieder zählt, unter ihnen inzwischen auch zahlreiche Deutsche, die aber die Clubsprache beherrschen sollten: Englisch.

Treffpunkt LCB – Literarisches Colloquium Berlin

Der weiße Turmaufbau der *Villa Guthmann* ist der nächste Ansteuerungspunkt. Aus dem von Zuckmayer geschmähten »gräßlichen Kasten« ist nach einigen Zwischenstationen – Besetzung durch die Amerikaner, Rückgabe an den durch die Nazis enteigneten Eigentümer in England, Rückverkauf, Nutzung als Casino-Hotel, und, nach Schließung, Verkauf an das Land Berlin – ein »Palast des Geistes« geworden.

Im Mai 1963 konnte der an der *Technischen Universität Berlin* als Professor für Literaturwissenschaft lehrende Schriftsteller Walter Höllerer hier seine Vision verwirklichen, in der von der Mauer eingeschlossenen Stadt Berlin ein Veranstaltungsforum zu schaffen, einen Ort der Begegnung von Ost und West in Zeiten des Kalten Krieges. Mit Unterstützung der *Ford Foundation* und des Landes Berlin entstand das *Literarische Colloquium Berlin* und wurde im Laufe der Jahre zu einer Institution mit internationaler Ausstrahlung. Das LCB ist alles zugleich: Talentschmiede für Autoren und Übersetzer, Vermittler deutschsprachiger Gegenwartsliteratur, Veranstalter von Schriftsteller-Werkstattgesprächen, von Colloquien und Lesungen, zu denen alljährlich 10 000 Zuhörer den Weg an den Wannsee finden. Und es ist ein Gästehaus mit elf Zimmern, in denen Stipendiaten aus allen Ländern mit Blick auf den See an eigenen Werken oder ersten Übersetzungen arbeiten können. Am 24. Mai 2013 hat das LCB mit einem Festakt seinen 50. Geburtstag gefeiert. Das treffendste Kompliment stammt von dem Schweizer Schriftsteller Paul Nizon: »Das Colloquium, vom Ausland aus gesehen, ist ein unersetzliches Beispiel, eine leuchtende Insel.«

Ganz langsam fährt die SEEHASE weiter. Beim Blick nach oben erscheinen zwischen ausladenden Bäumen die Fassaden der beiden letzten, an der Hangkante mit Beginn der Straße Am Sandwerder stehenden Häuser. Zuerst die gerade frisch renovierte *Villa Wessel*, bei der nur am Fuß des Abhangs ein leer stehendes, kastenförmig-kompaktes Betongebäude stört, das langsam verfällt. Gleich danach schieben sich die klassischen Konturen des Treppenturms der weiß getünchten *Villa Wild* ins Bild, die glücklicherweise Mitte der 1970er-Jahre von einem kunstsinnigen Architekten vor dem Abriss bewahrt und denkmalgerecht instand gesetzt wurde. Teile des großen, hügelartigen Gartens der Villa hatte man schon vor Jahrzehnten abgetrennt und als öffentliche Grünfläche gestaltet, hinter der ein kurzer Weg zum *S-Bahnhof Wannsee* hinabführt. Vom Boot nur schwer zwischen Platanen und Eichen auszumachen ist die vor wenigen Jahren auf einem Treppenpodest mit Aussichtsplattform wieder aufgestellte schlanke Figur der *Borussia*, dem Symbol Preußens. Im Hintergrund wird gerade an einem mannshohen, kreisrunden Bruchsteinfundament gearbeitet, auf dem die überlebensgroße Büste des mit Pickelhaube behelmten Reichskanzlers Bismarck stehen soll.

Die SEEHASE hat die alte Dampferanlegestelle erreicht, deren Anziehungskraft nun schon über 100 Jahre andauert. Täglich, vor allem an Ferienwochenenden, strömen Ausflügler und Pendler zu den sechs Anlegebrücken, an denen die Fahrgastschiffe des *Reederverbandes Berlin*, einer seit 1949 bestehenden Vereinigung von 31 Berliner Reedereien der Personenschifffahrt, und der *Stern und Kreisschiffahrt* festmachen. Die Promenade mit dem kleinen Platz, um den sich die Mitte der 1980er-Jahre errichteten Kassenhäuschen und Pavillons mit Holzverkleidungen und Kupferblechdächern gruppieren, ist vom Boot gut zu sehen. Hier werden die Tickets für die Fähre rüber nach Kladow und die »Große-Sieben-Seen-Rundfahrt« verkauft.

Diese Strecke ist fest in der Hand der *Stern und Kreisschiffahrt*, die jedes Jahr in der von April bis Mitte Oktober dauernden Saison abwechselnd mit den Motorschiffen LICHTENBERG, TEMPELHOF und SPERBER im Stundentakt ablegt. Die *Stern und Kreis*, mit Sitz im Treptower Hafen, ist ein traditionsreiches Unternehmen, das 1888 als *Spree-Havel-Dampfschiffahrt Gesellschaft* gegründet wurde und 1907, zum Zeitpunkt der Eröffnung der neuen Kanalroute Richtung Potsdam, bereits über 61 Dampfer und 9 Motorboote verfügte. Heute gehören der *Stern und Kreisschiffahrt,* dem Marktführer unter den Berliner Reedereien, 39 Fahrgastschiffe, mit denen jährlich über 1,2 Millionen Passagiere über die Flüsse, Kanäle und Seen der Hauptstadt befördert werden.

Gerade fährt das älteste Schiff der Reederei, die 1907 gebaute MS SPERBER, auf den Anleger zu. Am Bug flattert die Gösch, ein dreieckiger Wimpel mit dem Berliner Bären, darunter eine senkrecht blau-weiß gestreifte kleine Fahne, scherzhaft »Raser-Flagge« genannt, weil sie auf die Erlaubnis zur Übertretung von Geschwindigkeitsbegrenzungen hinweist. Am Heck der *Sperber* hängt ein nutzloses, aber dekoratives Ruderboot.

Das südöstliche Ende des Großen Wannsees verläuft in einem halbkreisförmigen Bogen vom Wassergrundstück der ehemaligen Villa Wessel bis zur Wannseebrücke. Als Ronnebypromenade ist diese zur Parkanlage ausgebaute, etwa 400 Meter lange Uferstrecke der einzige öffentliche Zugang zum Wasser. Fußgänger kommen erst am Westufer bei Heckeshorn, nach einer zwei Kilometer langen Wanderung, wieder an den See.

Beim Abstand haltenden Ausfahren der Uferlinie passiert die SEEHASE die 1950 neu gebaute schmucklose Brücke, die seit der »Wende« mit dem tagsüber nicht abreißenden Fahrzeugstrom über die vierspurige, baumlose Königstraße Berlin und Potsdam verbindet.

Direkt vor dem Bug des Bootes: Der halbrunde, wie eine Hafenmauer wirkende Oststeg des *Potsdamer Yacht Clubs,* der 1981 gebaut wurde, weil die traditionellen Bojenfelder wegen des zunehmenden Schiffsverkehrs verschwinden mussten. Hinter dem Wald von Masten und Wanten taucht das schöne alte Clubhaus auf, das alles überstanden hat, die Beschlagnahme durch die SS im Jahr 1944, bei Kriegsende die Plünderung durch Rotarmisten und auch die Zeit als Lazarett und Erholungsheim der US-Army. Seit 1956 wieder Herr im Haus, hat sich der PYC über die Jahrzehnte mit heute 1100 Mitgliedern zum siebtgrößten Segelclub der Bundesrepublik entwickelt, stolz auf sieben Weltumsegler in den eigenen Reihen und auf Siege bei Europa- und Weltmeisterschaften.

Unmittelbar neben dem villenähnlichen PYC-Vereinshaus erschreckt der Anblick einer Ruine, ein schmutzig-weißes Gebäude mit terrassenförmigen

Etagen, auf denen Bäume wachsen. Seit zehn Jahren steht das ehemalige Hotel *Wannseeblick* leer, das schon bei Errichtung gegen die geltenden Bauvorschriften verstieß. Damals wurde zudem auf historischem Grund gebaut, nämlich da, wo einst *Stimmings Krug* und später die *Villa Conrad* stand, bevor sie 1970 rücksichtslos abgerissen wurde, obwohl sie Krieg und Kampfhandlungen an der Brücke so gut wie unbeschädigt überstanden hatte. Das wertvolle 7000-Quadratmeter-Grundstück, auf dem heute nur eine Marina mit Bootsstegen floriert, hat in den letzten Jahren mehrfach den Eigentümer gewechselt. Jetzt will ein Investor ein neues Objekt bauen, das acht bis zehn Meter höher sein soll als das Gebäude des *Potsdamer Yacht Clubs*. Wieder hat das Bezirksamt Steglitz-Zehlendorf eine Ausnahmegenehmigung erteilt, die jedoch in erster Instanz gestoppt ist, seitdem im August 2013 ein Richter am Verwaltungsgericht befand: »Die Planung verletzt das landschaftlich reizvolle Gesamtbild.«

Leider ist das Hotel nicht das einzige Gebilde, das die Harmonie der schönen Naturkulisse trübt. Auch am Westufer gibt es Bausünden. Das Anfang der 1970er-Jahre bezogene Hochhaus der *Lungenklinik Heckeshorn* ragt störend über die Höhenlinie des Waldes. Auch dieses Objekt steht seit Jahren leer, wird aber hin und wieder als Drehort für Krankenhausfilme genutzt.

Am Südwestufer des Sees, zwischen Wannseebrücke und VSaW-Clubhaus, haben sich kleine Werften, Segelmacher, Servicestationen und Bootsverleiher angesiedelt, eine durchgehende Kette von Häfen und Anlegern, die Hunderten von Freizeitbooten in der Saison einen Liegeplatz und im Spätherbst das Winterlager anbieten.

Während der Vorbeifahrt beschleunigt die SEEHASE ihr Tempo, lässt den *VSaW* an Backbord liegen, ebenso die am Kopf eines Steges längsseits festgemachte ROYAL LOUISE, die ihre Ausfahrt beendet hat und mit an den Rahen angeschlagenen Segeln ganz anders aussieht als bei der ersten Begegnung. Der benachbarte *Schwedenpavillon* lohnt keine Reduzierung der Motordrehzahl oder neugieriges Kreisen. Das nach wie vor uferprägende Bauwerk wirkt gut saniert, aber unbewohnt. Nach Kriegsende war es erneut Ausflugsgaststätte, stand einige Zeit leer, wurde dann vom *Arbeiter-Samariter-Bund* als Fachklinik genutzt und schließlich im Einvernehmen mit dem Denkmalamt für Eigentumswohnungen umgebaut. Die breite Rasenfläche zum See ist menschenleer, der alte Dampferanleger abgebaut.

Erinnerungsorte am Westufer: Liebermann-Villa und das Haus der Wannsee-Konferenz

Als Erste kommt die denkmalgeschützte *Villa Hamspohn* mit ihrem langen Steg und Festmacherpfählen in Sicht. Als nach dem Krieg die Lazarett- und Krankenhausverwendung endete, wurde sie einige Jahrzehnte vom Post-Ruderverein genutzt und stand dann, vom Verfall bedroht, längere Zeit leer. 2004 verkaufte die Telekom das 6000-Quadratmeter-Grundstück mit Villa und Gärtnerhaus an Jörg Thiede, einen Berliner Unternehmer aus der Computerbranche mit Faible für die Sanierung alter Baudenkmale und die Kunst. Der neue Eigentümer, selbst Sammler, träumte von einem Kulturforum in Verbindung mit der Liebermann-Villa, von der Einrichtung einer Alt-Berliner Kneipe und Wiederbelebung der alten Fährverbindung zum Ostufer. Jörg Thiede investierte in Kauf und Restaurierung einige Millionen Euro und eröffnete im Frühjahr 2006 den privaten *Kunstsalon Berliner Secession* mit der ständigen Ausstellung von Gemälden, Zeichnungen und Skulpturen aus der Zeit, als die *Colonie Alsen* blühte und Maler wie Liebermann und Leistikow den Ton angaben. Während Interessierte die Räume im ersten Stock der Villa über einige Jahre an vier Tagen besichtigen konnten, war dies ab 2011 nur noch an Sonntagen nach Absprache möglich. Inzwischen ist es still geworden um die Villa Thiede. Die großen Träume sind zerplatzt. Das Haus steht zum Verkauf. Zukunft ungewiss.

Nur wenige Meter weiter, nach kurzem Motorschub, ist die SEEHASE in Position für den Anblick eines beglückenden Bildes: die *Villa Liebermann*. In der Tiefe des langgestreckten Gartens das Haus mit dem markanten Mittelgiebel. Davor sitzen auf der erhöhten Terrasse hinter niedrigen Buchsbaumhecken und Blumenrabatten an kleinen Cafétischen Besucher, die über die Wiesenschneise einen herrlichen Blick auf den Wannsee haben und denen möglichweise das still liegende kleine Fahrzeug auffällt, das so nah an die Ufermauer herangefahren ist. Nur vom Boot ist die »Postkartenansicht« zu genießen: Zur Linken der kleine Birkenhain mit weiß lackierten Holzbänken, im Zentrum vorn auf der Wiese vereinzelte Gartenstühle, rechts ein strohgedeckter weißer Teepavillon, hinter dem die schönen Heckengärten mit ihren Stauden und Rosenstöcken beginnen.

Dieses Gesamtkunstwerk von Haus und Garten in voller sommerlicher Pracht sehen zu können, ist angesichts der Vorgeschichte ein Wunder.

Seit 1945 arbeitete in der Villa die Chirurgische Abteilung des *Städtischen Krankenhauses Wannsee* und nutzte das Atelier im ersten Stock als Operationssaal. 1951 wurde das Haus der in den USA lebenden Tochter Liebermanns zurückgegeben, deren Erbin es sieben Jahre später an das Land Berlin verkaufte. Nach Auszug des Krankenhauses im Jahr 1969 stand das Gebäude zwei Jahre leer. Als das *Bezirksamt Zehlendorf* Pläne aufgab, die Villa abzureißen, um auf dem 7000 Quadratmeter großen Grundstück eine Wohnsiedlung zu bauen, verpachtete das Amt das Anwesen an den *Deutschen Unterwasser-Club*. Zeitgleiche Versuche, das Sommerhaus als Museum einzurichten, scheiterten am Widerstand der Behörden: »Kein Interesse an Liebermann«.

Die Liebermann-Villa im neuen Glanz

Ein erster Schritt zur Bewahrung des fast Verlorenen war 1987 die von Klaus-Henning von Krosigk, dem Leiter der Berliner Gartendenkmalpflege, durchgesetzte Unterschutzstellung des weitgehend vernichteten Gartens. Auf seine Initiative erfolgten 1994 fachliche Bodenuntersuchungen, die den Originalzustand der Anlage dokumentieren sollten. Ein Jahr später gründete ein Freundeskreis von einem Dutzend Personen die *Max-Liebermann-Gesellschaft Berlin e.V.* mit dem Ziel, im Wohnhaus ein Museum einzurichten und den berühmten Garten wiederherzustellen.

Über zwölf Jahre sollte der Hürdenlauf dauern, bei dem sich vor allem das *Bezirksamt Zehlendorf* unrühmlich hervortat, indem es ein Jahr nach Entstehung der *Liebermann-Gesellschaft* den Pachtvertrag mit dem Tauchclub um 20 Jahre verlängerte. 1997 gelang jedoch der Durchbruch, als der Berliner Senat dem Antrag des Fördervereins auf museale Nutzung des Hauses zustimmte, allerdings mit der Auflage: »Keine Mark aus öffentlichen Kassen«. Trotzdem war im Frühjahr 2006 die privat finanzierte Rettungstat vollbracht. Das Museum *Liebermann-Villa am Wannsee* öffnete die Tore und ist seitdem zu einer Attraktion, zu einem der Hauptanziehungspunkte auf der Wannseeinsel geworden. Alljährlich kommen 80000 bis 90000 Besucher aus aller Welt, um sich die Ausstellungen zum Lebenswerk Liebermanns anzusehen und Freude am kleinen See-Paradies zu haben, an dieser einmaligen

Gedenkstätte Haus der Wannsee-Konferenz

Verbindung von Atelier-Wohnhaus und künstlerisch gestaltetem Garten.

Bei langsamer Rückwärtsfahrt weitet sich das Bild zur Totalen. Neben dem Liebermann-Grundstück erscheint, von mächtigen Blutbuchen, Goldeschen-Ahorn und Tannen fast verdeckt, die *Villa Langenscheidt* mit ihrem dunkelgrün gestrichenem Fachwerk. Sie ist nicht nur optisch als Mischung aus Jugendstil, Mittelalter und Wikingerzeit etwas Besonderes, sondern auch ein Ausnahmeobjekt, weil dies die einzige Villa am Wasser ist, in der noch ein direkter Nachfahre des Bauherrn aus den Anfangszeiten der *Colonie Alsen* wohnt. Der legt jedoch Wert auf ungestörte Privatsphäre.

Nach weiteren 600 Metern, an einigen Jachthäfen vorbei, dem Bogen einer Landzunge folgend, beginnt an Backbord die geschwungene Ufermauer eines großen Parkgrundstücks mit Erlen, Kiefern, Gold-Ulmen, Birken und Sumpfzypressen. Gleich darauf wird am Ende einer Wiese, von hohen Bäumen eingerahmt, der Mittelteil eines seltsam abweisend aussehenden, schlossartigen Gebäudes sichtbar, das einmal zwei zwielichtigen Unternehmern – Marlier und Minoux – gehörte. Gemeint ist die im Januar 1992 eröffnete Gedenk- und Bildungsstätte *Haus der Wannsee-Konferenz* mit der Dauerausstellung »Die Wannsee-Konferenz und der Völkermord an den europäischen Juden«.

Die Idee, an diesem Ort eine Dokumentationsstelle einzurichten, hatte Mitte der 1960er-Jahre der Historiker Joseph Wulf, selbst Auschwitz-Häftling und Überlebender des Holocaust, stieß aber mit seinem Plan auf Gegenwehr. Denn nach Freigabe der *Villa Marlier* durch die Amerikaner betrieb zuerst die *August-Bebel-Stiftung* eine Schule, dann der *Bezirk Neukölln* ein Schullandheim. Bei Bekanntwerden der Überlegungen Wulfs kam es sofort zu energischen Protesten. Kompromissvorschläge, auf dem Gelände rund um die Villa für die Neuköllner Kinder ein modernes Bungalow-Dorf zu bauen, wurden verworfen. Der *Berliner Senat* verweigerte jede Unterstützung. Wulf warb für sein Projekt: »Es gibt in ganz Berlin kein Haus, das diesem Gebäude gleichkäme. In der Umwandlung der Wannsee-Villa in ein

Forschungszentrum liegt für die internationale Welt eine einmalige Symbolik.« Zur Ablehnung durch die Behörden kam politischer Widerstand. Ausgerechnet bei einer Israel-Reise im Herbst 1966 erklärte Bundestagspräsident Eugen Gerstenmaier: »Da kommt nur eines in Frage, nämlich das Haus abzureißen, so daß keine Spur von dieser Schreckensstätte übrigbleibt. Ich werde meinen Einfluß geltend machen, um einen baldmöglichen Abbruch zu erreichen.«

Dem trat aber der *Berliner Senat* mit dem Beschluss entgegen, das Haus im Wert von einer Million Mark stehen zu lassen; und der Regierende Bürgermeister Heinrich Albertz erklärte: »Man müßte viele Häuser abreißen, wenn man alle Gebäude beseitigen wollte, in denen Schreckliches geschah. Man sollte sich mehr um die Menschen kümmern, die das Schreckliche in diesen Häusern taten.«

Besonders enttäuschend war für Wulf, dass sein Projekt selbst bei ehemaligen Gegnern des NS-Regimes umstritten war. Als Wortführer der Widersacher tat sich der bekannte Berliner Propst Heinrich Grüber hervor, der mit antisemitischen Vorurteilen operierte und dem um Spenden werbenden Wulf Geschäftstüchtigkeit vorwarf. Vom Streit zermürbt und an seiner Außenseiterrolle verzweifelnd, nahm sich der 62-Jährige im Oktober 1974 das Leben.

Heute ist das *Haus der Wannsee-Konferenz* eine Institution. Alljährlich kommen über 100 000 Besucher, viele aus dem Ausland, vor allem aus Großbritannien, Israel, den USA und Frankreich. Unter den Gruppen zahlreiche Schulklassen, die im Zentrum der Ausstellung in einer langgestreckten Tischvitrine unter Glas die 15 Seiten des Konferenzprotokolls sehen und lesen können, eines Dokuments, das den Namen »Wannsee« für immer verdunkelt.

Landgänge

Flensburger Löwe, Galerie Mutter Fourage und die Wannseemaler

Flensburger Löwe – das Wahrzeichen der Colonie Alsen

Mit kurzem Motorschub kommt die SEEHASE wieder in Fahrt, muss aber sofort abgebremst werden, um an einem freien Platz des Gastanlegers *Restaurant Seehaase* festzumachen. Der Hafen mit etwa 50 meist kleineren Booten, ist voll belegt, die Tische im Biergarten der Uferterrasse sind bis auf den letzten Platz besetzt. Hinter dem Holzpavillon der Gaststätte steigt das aus grauen Granitsteinen gemauerte Halbrund der Aussichtsbastion am Heckeshorn etwa zehn Meter in die Höhe. Vom Steg ist über den Mastspitzen der Segelboote der auf seinem Sockel sitzende, überlebensgroße *Flensburger Löwe* zu sehen, der mit mächtiger Mähne Eindruck heischend in die Weite blickt. Es ist das erst im September 2005 am alten Platz von 1938 wieder aufgestellte, vorher sorgfältig restaurierte Exemplar der von Wilhelm Conrad 1874 in Auftrag gegebenen Zink-Kopie. Das Bronze-Original kam nach dem Krieg nach Kopenhagen, ist aber seit 2011 wieder in Flensburg aufgestellt.

Oben, am Ende der zur Aussichtsterrasse führenden Treppe, ein uriger Kiosk mit einigen Stehtischen. Gäste haben über die Steinbalustrade hinweg einen erhöhten Blick auf den See: Direkt gegenüber das Strandbad, weiter rechts das gesamte Ostufer mit Häfen und Häusern, dazu auf dem Wasser das Gewimmel der Freizeitboote und Fahrgastschiffe.

In der halbdunklen Tiefe des Kiosks sitzt der 63-jährige Hans-Joachim Haase, gelernter Koch und Pächter der Gesamtanlage. Er erzählt bereitwillig, wie 1951 die Eltern mit dem Kiosk anfingen und er selbst vor gut 30 Jahren die Chance bekam, unten am Wasser das Clubhaus des *Seglervereins Wannsee* zu übernehmen, weil die Stadt dem Verein den Mietvertrag gekündigt hatte, um Platz für den geplanten Uferweg zu schaffen. Der sollte vom S-Bahnhof Wannsee über die Brücke bis zum Löwen nach Heckeshorn gehen. Im Frühjahr 1976 hatte der umtriebige SPD-Linke Harry Ristock als

Senator für Bau- und Wohnungswesen nämlich einen kühnen Plan: das Raumordnungskonzept für eine 157 Kilometer lange Gewässerkante, die Havelseenkette entlang vom Nieder-Neuendorfer See im Norden bis zum Griebnitzsee im Süden. Dabei sollten 17 Kilometer zusätzliche Uferwanderwege entstehen und bis 1988 etwa 320 Millionen DM investiert werden. Im September 1977 erschien sogar, um die Lage vor Ort zu sondieren, der Bauausschuss an Bord des Motorschiffs FROHSINN auf dem Wannsee. Doch an diesem Tag gab es wenig Grund zur Fröhlichkeit. Empörung und Proteste von Anliegern, Villenbesitzern, Wassersportvereinen, Werften und Bootsvermietern brodelten heftig, eine Klagewelle drohte. Nur das Echo in der Bevölkerung war positiv. Nachdem die SPD 1981 die Wahl verloren hatte, verschwanden die Pläne in den Archiven.

Inzwischen sind die städtischen Wassergrundstücke am Wannsee fast alle an die Vereine verkauft. Nur Hans-Joachim Haase hat sich bisher, zu seinem Unmut, vergeblich bemüht. Er möchte die kleine Marina und das Restaurant behalten, das er mit seinem Bruder vor Jahren so liebevoll maritim eingerichtet hat, mit Steuerrad, Anker, Bullaugen, Nebelhorn und Kompass-Säule neben dem offenen Kamin. »Das war immer unser Traum, ne richtige Seemannsgaststätte. Wir hatten hier früher einen Akkordeonspieler, der Seemannslieder spielte. ›La Paloma‹ haben wir da gesungen wie die Ochsen. Waren schöne Zeiten. Hat leider alles nachgelassen. Es ist vorbei. Wenn du heute mal etwas lauter bist, rufen alle Nachbarn die Polizei. Wir haben hier am Kiosk Frühkonzerte gemacht. Aber da brauchst du Genehmigungen über Genehmigungen. Monate vorher und du zahlst dafür viel, viel Geld. Das lohnt sich nicht mehr. Und so stirbt auf diese Art und Weise langsam alles ab.«

Achim Haase ist als ein in Wannsee Geborener auch mit der Entwicklung der Kolonie unzufrieden: »Diese neuen hässlichen Bauten. Jeder baut wie er will. Überall, wo freie Ecken sind, wird gebaut. Ich sage immer: moderne Ostbauten, Schachteln mit Schießscharten drin. Was mich aber richtig erschüttert, dass das Krankenhaus Heckeshorn so vergammelt. Ein Riesenreich, was jeden Monat viel Geld kostet.«

Es gibt für Achim Haase aber auch Erfreuliches: Die bis zu 200 Fahrradfahrer, die an Sommerwochenenden durstig anhalten, und die Busse mit ausländischen Touristen, auf deren Programmen die Liebermann-Villa oder das direkt benachbarte *Haus der Wannsee-Konferenz* stehen. Nur im Winter ist am *Flensburger Löwen* kein richtiger Umsatz zu machen, »da ist hier richtig tote Hose.«

Wegen der unangenehmen Wellenbildung durch vorbeifahrende schnelle Motorboote liegt die SEEHASE, mit mehreren Fendern gesichert, an der Innenseite des Kopfsteges. An Bord wird ein Gast erwartet, der seit Jahren auf der Wannseeinsel eine besondere Rolle spielt: Wolfgang Immenhausen. Er hat mit der Eröffnung eines Hofcafés ein Zentrum, einen Insel-Mittelpunkt geschaffen, wo »man hingeht und sich trifft«, und ist nach Überzeugung vieler ein »großartiger Mann, der alles über die ›Colonie Alsen‹ weiß und jedes Detail kennt«.

Dieses Hofcafé mit dem seltsamen Namen *Mutter Fourage* gibt es seit Ende der 1970er-Jahre in der Chausseestraße 15. Es ist ein origineller Ort, mitten im einst dörflichen Teil der Wannseeinsel und überrascht als kleine, lauschige Oase mit fast mediterranem Flair. Um einen kopfsteingepflasterten Hof gruppieren sich alte Gebäude, die früheren Stallungen und Lager einer im Jahr 1900 gegründeten Futtermittelhandlung, bei der sich die Köchinnen und Kutscher der nahen Villen mit Kartoffeln und Hafer versorgten.

Heute gibt es hier das hübsche Café und einen Feinkost-Laden mit biologischen Produkten. Ein Handel mit Pflanzen, Erden und Keramik-Töpfen setzt bunte Akzente, und zusätzlich tragen eine Bildhauerin und eine Bilderrahmenmacherin zur Atmosphäre bei. Das Ganze wirkt mit dem alten, blassblauen Taubenhaus in der Mitte wie ein ländlicher Marktplatz. Hauptattraktion des Hofes ist die wegen ihrer Rautenfachwerk-Dachkonstruktion im Jahr 2013 unter Denkmalschutz gestellte große Scheune. Als »Kulturscheune« ist sie das Herzstück, ein Raum für Konzerte, Lesungen und Feste, während in den angrenzenden Bereichen die wechselnden Ausstellungen der seit 1985 bestehenden *Galerie Mutter Fourage* stattfinden, die Wolfgang Immenhausen mit Erfolg betreibt.

Der heute 70-Jährige hat die von seinem Großvater aufgebaute Fourage-Handlung geerbt, sich aber nach einer abgebrochenen Landhandelskaufmannslehre dem Theater zugewandt, mit Schauspielschule in Berlin, Engagements in Hamburg und Köln, um nach einer 15-jährigen Zeit am Grips-Theater die eigentliche Bestimmung zu entdecken: die Liebe zur Malerei und zur Wannsee-Heimat.

Kaum an Bord, spricht Wolfgang Immenhausen ohne Umschweife von seiner Leidenschaft: »Ich bin fasziniert von den Malern, die sich hier in Wannsee seit Ende des 19. Jahrhunderts zur Sommerfrische angesiedelt haben. Das war ein Schlüsselerlebnis, die Begegnung mit den Bildern des Malers Philipp Franck, dabei zu begreifen, hier gibt es einen Maler, von dem ich noch nie etwas

gehört hatte, der aber Mitbegründer der ›Berliner Secession‹ war, der ein riesiges Œuvre hinterlassen hat. Die Begeisterung für diese spätimpressionistisch gemalten Bilder und die Recherche nach der Person Philipp Franck führten zu dem Wunsch, diesen vergessenen Maler hier wieder ans Tageslicht zu bringen und eine Ausstellung zu organisieren. Das war der erste Schritt zur Hinwendung und Beschäftigung mit der Malerei, die hier in der Umgebung entstanden ist, und den Biografien dieser Leute«.

Bootssteg mit Segelbooten, Gemälde von Philipp Franck, 1932

Aus dem Wunsch wurde Wirklichkeit. 1984 veranstaltete Immenhausen die erste große Einzelausstellung von Philipp Franck nach dem Zweiten Weltkrieg mit über 100 Exponaten. Aus der Wiederentdeckung Francks und dem Erfolg der Ausstellung entwickelte sich die kleine Galerie, deren Kern die Wannseemaler geblieben sind: Anton von Werner, Oscar Begas, Karl Becker und Hugo Vogel. In der Galerie gibt es aber auch Ausstellungen von zeitgenössischen Künstlern, von Malern, Bildhauern und Fotografen, die diese eigenständig organisieren.

Wolfgang Immenhausens Passion bleiben die Maler der *Colonie Alsen* und so ist die Frage naheliegend: Was ist mit Max Liebermann?

»Bei Vorbereitung der Philipp-Franck-Ausstellung wurde mir bewusst, dass Franck und Liebermann zusammengehören, dass beide bedeutende Mitglieder der Secession und zudem noch Freunde waren. Und dann habe ich als Einzelkämpfer angefangen. Wir müssen was für Liebermann tun. Ich habe mich gefragt: Was ist eigentlich mit dem Liebermann-Haus, das der Stadt gehört und in dem ein Tauchclub ist. Ist das denn so gut? Kann man das nicht ändern?«

Immenhausen machte als Erstes den Vorschlag, in West-Berlin eine Straße nach Liebermann zu benennen und sammelte Unterschriften. Doch die Behörde lehnte mit der Begründung ab, in Ost-Berlin, in Weißensee, gebe es bereits eine Liebermann-Straße und »das sei genug für einen Liebermann«. Ende der 1980er-, Anfang der 1990er-Jahre kam Bewegung in die Sache, nachdem der Garten unter Denkmalschutz gestellt wurde. Zehlendorfer Bürgerinitiativen nahmen sich des Themas an und fragten: Was ist nun mit dem Haus? Gibt es nicht die Möglichkeit, dort ein Museum für Liebermann einzurichten?

Einige Jahre später fand im Rathaus Zehlendorf die entscheidende Versammlung statt, die Martin Sperlich als Vorsitzender der *Pückler Gesellschaft* zusammen mit der *Wählergemeinschaft Unabhängiger Bürger* organisiert hatte. Es sollte endlich eine öffentliche Diskussion über die Liebermann-Villa in Gang gebracht und Druck auf die Politiker ausgeübt werden, die eisern an der Position festhielten: »Nur Sportnutzung – kein Interesse an Kultur, und schon gar nicht an der Wiederherstellung des Gartens.«

Der eigentliche Impuls kam dann aus Berlin-Mitte, erzählt Wolfgang Immenhausen, als es dort um das *Max Liebermann Haus* am Pariser Platz ging. Nachdem das auf gutem Weg war, beschloss eine kleine Gruppe, sich ein neues, höchst ehrgeiziges Ziel auf die Fahnen zu schreiben: Die Zurückeroberung des Sommerhauses am Wannsee. »Ich bin einer, der am längsten dran ist. Sagen wir mal, meine Hartnäckigkeit und Widerborstigkeit hat sicher geholfen, ich kann so schön empört sein und die Rolle des wütenden Bürgers spielen. Ich habe das mit unglaublich viel Herzblut und kämpferischem Elan gemacht und dann 1997 durch Liebermanns 150. Geburtstag noch einmal einen großen Schub gekriegt.«

Als die Mitglieder der zwei Jahre zuvor gegründeten *Max-Liebermann-Gesellschaft* feststellten, dass keines der Berliner Museen die Absicht hatte, aus diesem Anlass an den großen Maler und Ehrenbürger der Stadt zu erinnern, wurde Wolfgang Immenhausen aktiv. Unter dem Titel »Max Liebermann in Wannsee – Glanz und Untergang einer Lebenswelt« präsentierte die *Galerie Mutter Fourage* eine bemerkenswerte Sonderausstellung, in der Bilder und Texte die Geschichte der Liebermann-Villa von 1909 bis 1937 mit hochkarätigen Exponaten erzählten. Zeitgleich zeigten die *Nationalgalerie* und das *Centrum Judaicum* dann doch noch zu Ehren Liebermanns ihre Schätze. Diese drei überaus unterschiedlichen Ausstellungen entfalteten dann eine derart starke öffentliche Wirkung, dass die Stadt Berlin den in der Liebermann-Gesellschaft organisierten Privatleuten schließlich grünes Licht für den Plan gab, die Villa in ein Museum zu verwandeln.

Über den jahrelangen Kampf spricht Wolfgang Immenhausen mit innerer Bewegung. Die Rückschläge und heftigen Widerstände sind nicht vergessen. Noch immer empört ihn, dass sich damals sogar ein Stadtrat für

Kultur vor den Tauchclub stellte und befand: »Was brauchen wir in Berlin ein Liebermann-Museum, wir haben genug Bilder in der Nationalgalerie.« Und es ärgert ihn, dass die Liebermann-Gesellschaft verpflichtet wurde, dem Sportverein nicht nur ein Ersatzgrundstück zu stellen, sondern auch die Kosten des Umzugs und der Infrastruktur am neuen Standort zu bezahlen, der glücklicherweise mithilfe des Innensenators am gegenüberliegenden Ufer auf einem ehemaligen Feuerwehrgrundstück gefunden wurde. Trotz aller Hindernisse, im Jahr 2002 konnte die *Max-Liebermann-Gesellschaft* die Villa beziehen und als erste sichtbare Aktivität, noch auf der Baustelle, die in entscheidenden Teilen aufbewahrte Jubiläums-Ausstellung aus der *Galerie Mutter Fourage* zeigen. Heute – mehr als ein Dutzend Jahre später – gedeiht und blüht das Museum ebenso wie die Förder-Gesellschaft mit dem Musikverleger Rolf Budde an der Spitze und Wolfgang Immenhausen als zweitem Vorsitzenden. Mit über 1 500 Mitgliedern ist sie einer der größten Vereine in Berlin.

Der Galerist Immenhausen interessiert sich aber nicht nur für die Wannseemaler, sondern ebenso für die *Colonie Alsen*. Er liebt die Wasserlandschaft mit ihrer historischen Bedeutung und dem Spannungsfeld zwischen dörflichem Charakter und großbürgerlichem Auftritt. Doch die Entwicklung der letzten drei, vier Jahrzehnte und der Blick in die Zukunft bekümmern und beunruhigen ihn: »Bis die Nazis kamen und bis in die 70er-Jahre war von der Gebäudesubstanz und der Grundstücksstruktur mit den Remisen, den Gewächshäusern und kleinen Nebengebäuden fast noch alles vorhanden. Dann wurde Stück für Stück herausgeschlagen. Mitte der 80er-Jahre hat Herr von Krosigk dieses Gutachten machen lassen, das dafür gedacht war, dass die Politiker in Zehlendorf ein bisschen in den Kopf kriegen, was das hier für eine städtebauliche Qualität hat. Es wurde genau aufgezeichnet, was noch schützenswert ist, was noch steht. Der Erfolg war, dass kein Mensch dieses Buch gelesen hat und munter weiter abgerissen wurde. Und wenn man sich das anguckt, was 1985 noch an Bestand da war, was aber heute fehlt, was da in den letzten 35 Jahren noch vernichtet wurde, dann ist das verheerend.«

Klaus-Henning von Krosigk gab 1984 als Gartendenkmalpfleger den Auftrag, eine umfassende Dokumentation zu erarbeiten, die vier Jahre später mit dem Titel *Colonie Alsen. Ein Platz zwischen Berlin und Potsdam* erschien. Fast 30 Jahre später stellt er resigniert fest: »Alsen – das ist eine ganz einzigartige Villen- und Landhauskolonie im gesamten deutschsprachigen

Raum. Nach dem Zweiten Weltkrieg hat dieses Erbe nicht mehr interessiert. Es gab leider keinen flächendeckenden Denkmalschutz. Es hat auch in den Villengärten extreme Verluste gegeben. Die Zerstörung hält ungebrochen an, man muss das leider so krass sagen. Historische, noch erhaltene Gebäude, die nicht unter Denkmalschutz stehen, werden abgerissen und weichen dann in der Regel modernen Eigentumswohnhäusern. Natürlich ist das nach wie vor attraktiv für Investoren, aber zum Vorteil der *Colonie Alsen* ist das sicher nicht. Wir sind machtlos, wir können da gar nichts machen. Es ist nach dem Zweiten Weltkrieg eine Entfremdung eingetreten, die sehr, sehr bedauerlich ist, weil eines der glanzvollsten Areale unserer Stadt Berlin auf immer verloren ist.«

Immerhin hat von Krosigk die Genugtuung, in der eigenen Amtszeit einige Landhausgärten am Kleinen wie am Großen Wannsee gerettet zu haben. Und Wolfgang Immenhausen tröstet sich, dass es doch noch kleine Inseln gibt, wie im Bereich der Liebermann-Villa, wo Reste die einstige Schönheit der *Colonie Alsen* erahnen lassen.

Besuch im Seglerhaus und auf der Royal Louise

Galerist Wolfgang Immenhausen ist von Bord gegangen. Hoch oben auf der Bastion, im Gegenlicht der tiefstehenden Nachmittagssonne, das imposante Standbild des *Flensburger Löwen*. Von der noch immer gut besetzten, schon im Schatten liegenden Terrasse des vor einigen Jahren zum zweitschönsten Gartenlokal Berlins gekürten *Restaurants Seehaase* dringt das Stimmengewirr der Gäste herüber. Es wird Zeit, abzulegen und die letzte Etappe der Wannseeinsel-Umrundung in Angriff zu nehmen. Nach Loswerfen der Vor- und Achterleine kommt die SEEHASE nach einer engen Rechtskurve auf Kurs. Den Bug nach Süden gerichtet, fährt das Boot mit sprudelndem Schraubenwasser am Westufer zwischen Seglern und Paddlern hindurch in Gegenrichtung zurück.

Dabei wird auf einer Strecke von 1000 Metern eine in Deutschland einmalige Kette dicht nebeneinanderliegender Marinas und Vereinsanleger passiert. Als erster der *Zeuthener Segler-Verein* auf einem abgeteilten Grundstück der *Villa Marlier*, daneben der *Segler-Verein Alsen Berlin* mit Clubhaus im früheren Kutschenstall der *Villa Herz*, in Fahrtrichtung folgen

Unter Denkmalschutz: das Clubhaus des Vereins Seglerhaus am Wannsee

der *Segel-Club »Ahoi«* und der *Motor-Boot-Club Berlin*, dann der *Wasserski-Club Berlin* und der *Berliner Ruderclub »Welle Poseidon«*, an dessen Eingang auf einem Schild zu lesen ist: »Im Gedenken an die jüdischen Mitglieder, die durch den nationalsozialistischen Terror umgebracht oder zur Auswanderung gezwungen wurden. Der Verein fand damals seinen Weg des Widerstandes. Verpflichtung zur Toleranz heute.« Nach dem *Potsdamer Ruder Club-Germania 1883* und dem *Frauen-Ruder-Club Wannsee* liegt Steuerbord querab der Parkgarten der *Villa Langenscheidt*, in deren ehemaligem, von der Stadt Berlin gekauftem, prächtigem Stallgebäude seit über 40 Jahren der *Wassersportclub Klare Lanke 1950* Quartier gefunden hat. Mitglieder des Paddelvereins haben das sehenswerte Fachwerkhaus mit eigenen Kräften »1971 aus baufälligem Zustand unter Beachtung des Denkmalschutzes wieder hergerichtet« und die Fassaden im Jahr 2000 erneut vorbildlich renoviert.

Für diesen Tag ein letzter Blick auf die *Villa Liebermann*. Danach rauscht die SEEHASE an den von der Wasserseite schwer zu unterscheidenden Clubanlagen des *Anglervereins Sonntagsfreunde*, des *SV Fischweid* und des *Vereins Fahrten-Segler Wannsee* entlang, bis voraus hinter dem *Schwedenpavillon* das Ziel auftaucht, die Hafenanlage des *Seglerhauses am Wannsee* mit den hohen Masten der ROYAL LOUISE. Hier leuchtet, im Gegensatz zu anderen Vereins-Marinas, an der Einfahrt keine Tafel »Gelbe Welle«, ein Zeichen, das signalisiert: Gäste sind willkommen.

Der *VSaW* mit seinen 1 050 Mitgliedern ist nicht nur der älteste und sportlich erfolgreichste, sondern auch der exklusivste Seglerverein Berlins. Doch die SEEHASE ist telefonisch angemeldet, sie darf direkt neben der ROYAL LOUISE in einer freien Box festmachen. Zum Anlegen gehört die Erlaubnis zum Betreten des Clubgeländes und damit des Terrains, das einmal Mittelpunkt der alten *Colonie Alsen* war.

Auch beim Näherkommen wirkt das Gebäude auf den Besucher. Weitgereiste VSaW-Mitglieder halten es für eines der schönsten Clubhäuser Europas. Im Inneren beindruckt das durch sorgfältige Pflege und Restaurierung über die Jahrzehnte bewahrte historische Flair. Im Erdgeschoss-Eingang führt von einem Vorraum mit Kamin und holländischen Wandfliesen eine breite Treppe zum repräsentativen Hauptgeschoss, zur *Großen Halle*, deren Anblick das Herz eines jeden maritim bewegten Zeitgenossen erwärmen dürfte.

Der lang gestreckte Raum mit dunklen Deckenbalken und Parkettfußboden ist holzgetäfelt. An den Wänden hängen Ölgemälde erstklassiger Marinemaler, davor Segelschiffmodelle in Glasvitrinen. In der Treppennische eine rotlederne Sitzgruppe, und, im Raum verteilt, Gruppen von Stühlen mit Tischen, unter deren Glasplatten Seekarten liegen. An einem Hallenende steht die halbrunde Theke, über der in Messingbuchstaben »Raubritter Bar« steht, am anderen Ende ein hohes, zweigeteiltes, mit Bildern bunter Segelclub-Wimpel geschmücktes Fenster, das die in den ersten Stock führende Treppe belichtet. Die eigentliche Attraktion des Hauses ist aber der am Wannsee einmalige, 150 Quadratmeter große und über zwei Geschosse reichende, dunkel-holzgetäfelte Saal mit Musikerempore. Auf dem Sims eines mächtigen Kamins: Das Original des schwarzen Preußenadlers, einst Galionsfigur der historischen ROYAL LOUISE und jetzt von zwei kleinen Bronzekanonen flankiert, mit denen preußische Könige, Kaiser und Hohenzollernprinzen Salutschüsse abgaben oder zum Spaß auf Enten zielten. Mit diesen Kanonen wurde am Ende eines Tages vor der Matrosenstation vom Schiffsdeck vorschriftsmäßig der »Abendschuss« abgefeuert.

Zu der 1832 an den preußischen Hof gekommenen englischen Miniaturfregatte hat der *VSaW* seit mehr als 90 Jahren eine besondere Beziehung. Nach Abdankung des Kaisers wurde das Schiff, wahrscheinlich auf seinen ausdrücklichen Wunsch, 1921 mit Billigung des noch existierenden Oberhofmarschall-Amtes dem *VSaW* leihweise überlassen, der es fünf Jahre zur Segelausbildung seiner Jugendgruppe, der *Wannseaten*, einsetzte, bevor es wegen schwerer Schäden an Rumpf und Takelage zur Abwrackwerft kam.

Beim Heraustreten auf die breite Terrasse des 1995 unter Denkmalschutz gestellten Hauses ist die wiederauferstandene ROYAL LOUISE am Ende des Nordsteges sofort zu entdecken. Dem Besucher bietet sich ein großartiges Bild: der Große Wannsee, im Sommersonnenlicht ausgebreitet, mit dem farbenfrohen, geschäftig wirkenden Treiben der verschiedenartigsten schwimmenden Gefährte. Im Vordergrund, an fünf weit ins Wasser vorgeschobenen Stegen, liegen etwa 200 Segelboote, unter ihnen beachtliche Hochseejachten, aber auch Rennboote für die Regatten, Drachen- und H-Boote, während Dutzende von Jollen, Starbooten und Solings an Land stehen.

Am Ende der erhöhten Terrasse mit dem wunderbaren Ausblick sitzt Andreas Pochhammer, Anwalt für Steuerrecht, seit elf Jahren Vorsitzender und seit 55 Jahren Mitglied im *VSaW*. Wannsee-Erfahrungen machte er schon als Sechsjähriger auf dem Boot seines Vaters, Kurt Pochhammer, der viele Jahre Vereinsvorsitzender und zugleich Präsident des *Deutschen Segler-Verbandes* war.

Auf die Frage, was, abgesehen von den sportlichen Erfolgen, das Besondere am *VSaW*, was das »Alleinstellungmerkmal« sei, erwähnt Andreas Pochhammer als Erstes die traditionelle Zusammenarbeit mit dem *Kieler Yacht Club* und zwei weiteren norddeutschen Vereinen bei Ausrichtung der alljährlichen *Kieler Woche* und die Mitgliedschaft im *International Council of Yacht Clubs*.

»Das ist im Vergleich zu den großen Vereinen dieser Welt, die alle am Meer liegen, schon etwas Einmaliges. Das ICOYC ist eine Vereinigung von 25 bis 30 der wichtigsten Segelvereine der Welt und wir sind da als ›the club at the lake‹ bekannt. Unser Verein hat im nationalen, aber auch im internationalen Bereich, also in der Segelwelt, einen hohen Bekanntheitsgrad und eine Bedeutung, die über die eines normalen deutschen Vereins weit hinausgeht«.

Etwas Besonderes ist es auch, Heimathafen der ROYAL LOUISE zu sein, die ständiges Liege- und Bleiberecht hat, so lange, bis sie einmal nach Vollendung des Wiederaufbaus von *Kongsnaes* an dem dann neu gebauten Anleger vor historischer Kulisse festmachen kann. Im *VSaW* wird die Fregatte hoch geschätzt und bei Regatten als Zuschauerschiff eingesetzt, das die Sieger mit Salutschuss begrüßt und auch mal am Ende der jährlichen Segelsaison eine Platzpatronen-Breitseite feuert.

Die ROYAL LOUISE am Liegeplatz

Der Weg von der Terrasse zum Liegeplatz des Schiffes führt an dem mit rotem Backstein gemauerten Fachwerkgebäude vorbei, das einmal erste Heimstatt des Vereins war und heute Quartier der Nachwuchssegler ist. Am Ende des schmalen, mit Betonplatten belegten Steges erwartet Lothar Voß, der Erste Kapitän der ROYAL LOUISE, den Besucher und lädt ein, an Bord zu kommen. Schon der erste Eindruck beim Blick über das Deck und in das Gewirr der Rahen, Spieren, Leinen und Wanten begeistert. Auch der Laie erkennt, dass hier klassische Bootsbaukunst am Werk war. Perfekt verlegtes Oregon Pine, sorgsam verarbeitetes Mahagoni, dazu Bronzebeschläge und schönes Tauwerk. Es sieht aus und fühlt sich an wie eine echte Fregatte der Royal Navy aus dem frühen 19. Jahrhundert, auch wenn sie natürlich um einiges kleiner ist, so wie die historische ROYAL LOUISE, die mit größter Genauigkeit nachgebaut wurde.

Ein steiler Niedergang führt in den durch pyramidenförmige Glaskuppeln belichteten Salon, in dem auf einem umlaufenden dunkelgrünen Ledersofa zwölf Personen Platz haben. Die Seitenwände sind mit neu gewebten Rosenmuster-Gobelins im englischen Stil bespannt und an der Steuerbordseite überrascht eine kleine Glasvitrine mit der Büste der Königin Luise, ein Original-Abguss der von Gottfried Schadow geschaffenen Skulptur. Auf diese Weise fährt die Namenspatronin des Schiffes und populärste Frau der preußischen Geschichte auch heute noch unter Rahsegeln über die heimatlichen Havelgewässer.

Für Fragen, wie die Fregatte entstanden ist und wer sie wann gebaut hat, ist Lothar Voß der richtige Mann, da dieses Schiff seit 17 Jahren Teil seines Lebens ist. Zu DDR-Zeiten war der gelernte Bootsbaumeister 20 Jahre als Technischer Leiter des »Seesportverbandes« für die Instandhaltung einer Flotte

von 1000 Booten und Schiffen verantwortlich, zu der auch das Segelschulschiff WILHELM PIECK gehörte. Durch die Wiedervereinigung wurde Voß arbeitslos und erfuhr 1996, dass in Köpenick, im Rahmen einer Arbeitsförderungsmaßnahme, die ROYAL LOUISE nachgebaut werden sollte. Er meldete sich, war als Fachmann hochwillkommen, übernahm die Gesamtkonzeption und technische Bauleitung für die Holzarbeiten und Takelage, während andere für Stahlbau und Mechanik zuständig waren. Dem 50-köpfigen Bau-Team gelang es, das ungewöhnliche Projekt zu vollenden. Im Herbst 1998 war Stapellauf, im Jahr danach ging die neue ROYAL LOUISE in Fahrt. Doch schon bald begannen die Probleme. Der private Träger der Arbeitsförderungsmaßnahme wollte die Fregatte auf der Havel als Ausflugsschiff betreiben, machte aber Bankrott. Als ein Insolvenzverwalter das Schiff zum Kauf anbot, versuchte Lothar Voß, der die Miniatur-Fregatte nach dem Stapellauf weiter betreut hatte, sie im angestammten Revier zu halten und suchte Mitstreiter. 2004 kam es zur Gründung des gemeinnützigen *Royal Louise Yacht- und Schifffahrtsvereins zu Potsdam e.V.* Gemeinsam versuchte man, Sponsoren zu gewinnen. Im letzten Moment erklärte sich eine Bank bereit, die volle Kaufsumme mit einem Kredit zu finanzieren.
Seitdem befährt die ROYAL LOUISE als »bewegliches Kulturgut« das Havelrevier zwischen Spandau und Glienicker Brücke. Es ist weltweit das einzige Rahsegelschiff dieser Größe, das auf Binnengewässern unterwegs ist.

»Wir sind tatsächlich ein Stück Kultur«, erklärt Lothar Voß, »so wie die Schlösser und Gärten in dieser Gegend erhalten werden, so wollen auch wir das Schiff erhalten. Damit sind fünf Generationen der preußischen Könige und Kaiser gefahren, das gehört einfach zur Landschaft. Wir wollen kein kaisertreuer, sondern ein moderner Verein sein, der aber auch die Geschichte bewahrt«.

Die Erhaltung der Fregatte ist nicht leicht. Sie erfordert einigen Aufwand und verlangt von der etwa 20 bis 25 Mann starken aktiven Kerntruppe des Vereins erhebliche ehrenamtliche Anstrengungen. Alle naturlackierten Teile bedürfen intensiver Pflege; Aufbauten, Masten und Spieren müssen jährlich angeschliffen und lackiert werden. Vor Einfahrt in das Winterlager im Fregattenschuppen auf der Pfaueninsel werden die Segel, Rahen und das Tauwerk abgenommen und jedes zweite Jahr wird die LOUISE an Land gezogen, um den Rumpf aus österreichischer Lärche neu zu streichen. Auch in Fahrt verlangt das Rahsegelschiff einiges an Kraft und Geschicklichkeit. Abwechselnd gehören sieben Mann zur Besatzung, die auch gebraucht werden, um Leinen zu holen und zu fieren und beim Segelsetzen in die Takelage zu klettern.

Die ROYAL LOUISE muss zu ihrem Unterhalt beitragen. Und so werden in der Saison von Mai bis Anfang Oktober Gästefahrten mit Gruppen von 20 bis 25 Personen gemacht, bei denen die Frauen der Vereinsmitglieder für Kaffee und Kuchen sorgen. »Wir haben richtig Freude daran, wenn wir mit Gästen fahren«, versichert Lothar Voß, »denn es sind sehr unterschiedliche und manchmal hochinteressante Leute dabei, die es toll finden mit einem alten Rahschiff zu segeln und dankbar sind, auf diesem schönen Revier ein solches Erlebnis zu haben«.

Der Erste Kapitän ist so vom Thema ROYAL LOUISE fasziniert, dass er zum Hobby-Historiker geworden ist und die Geschichte des Originals erforscht hat. Dabei kam heraus, dass man die alte Fregatte zwar im Juni 1926 vom Seglerhaus zum Abwracken brachte, der übriggebliebene Rumpf aber 1934 vom Oberkommando der Reichsmarine angekauft und über die Kanäle nach Kiel geschleppt wurde. Dort wieder aufgetakelt und in KÖNIGIN LUISE umbenannt, diente das Schiff auf dem Flandernplatz ab 1935 als »Ehrenmal der preußischen Marine« den Propagandazwecken des Nazi-Regimes.

1947 wurde das heruntergekommene, teilzerstörte Schiffsdenkmal von der örtlichen britischen Militärbehörde, ohne Kenntnis von Herkunft und Geschichte, zum Abbruch freigegeben. Die einst an der Themse gebogenen Planken der stolzen Hohenzollernjacht wärmten so kurzzeitig einige Kieler Küchen.

Eine Verbindung der ROYAL LOUISE zu Großbritannien gab es erst wieder am 4. November 2004 beim Staatsbesuch Königin Elisabeths II. in Berlin und Potsdam, als nach umfangreichen Sicherheitsüberprüfungen durch Spürhunde und Taucher Prinz Philip die Zeit fand, an Bord zu kommen und damit dem Schiff die royale Ehre zu erweisen. Der Herzog von Edinburgh kannte die Fregatte von einem Porzellangemälde auf einer im *White Drawing Room* auf Schloss Windsor stehenden, etwa 90 Zentimeter hohen Kratervase mit Bronzehandgriffen, die im September 1836 nach London kam, als sich Friedrich Wilhelm III. bei William IV. für die ROYAL LOUISE mit einem kostbaren Gegengeschenk bedanken wollte und der Königlichen Porzellanmanufaktur den Auftrag erteilt hatte, ein Prunkstück zu schaffen. Heute steht die Kratervase unübersehbar auf einer halbhohen Säule im Zentrum eines Fenstererkers in den Privatgemächern der Königin, in denen sie auf Schloss Windsor hohe Staatsgäste empfängt.

Der Potsdamer Yacht Club an der Wannseebrücke

Am Südufer im Potsdamer Yacht Club

Es ist nur ein kurzer Sprung, etwa einen halben Kilometer, vom VSaW zum PYC. Dicht am Südufer läuft die SEEHASE auf das letzte Ziel zu, während an ihrem Heck die kleine Nationale im Fahrtwind weht. Der Abstand zur ROYAL LOUISE vergrößert sich schnell, die Fregatte wird kleiner, Lothar Voß, der zum Abschied auf dem Achterdeck steht, ist kaum noch zu erkennen. An Steuerbord rückt die Clubanlage neben der Ruine des *Hotels Wannseeblick* näher. Am Kopf des ersten Steges sitzen auf einer Bank zwei Männer. Einer von ihnen ist Hartmut Waldow, im Februar 2013 gewählter Vorsitzender des *Potsdamer Yacht Clubs*. Auch er ein Pensionär, der sein Berufsleben in der Automobilbranche verbracht hat. Direkt vom Partnerclub und Konkurrenten kommend, liegt es nahe, ihn nach Unterschieden und Gemeinsamkeiten zu fragen. Hartmut Waldow erklärt, dass sich der PYC etwas bürgerlich-bodenständiger sehe, dass das Verhältnis zum VSaW aber sehr positiv sei und beide Clubs ähnliche Probleme hätten, nämlich der zu geringe Anteil an Frauen und die Überalterung der Mitgliedschaft. Dem würden beide Vereine mit einer aktiven Jugendarbeit entgegensteuern.

Wie ernst diese selbst gestellte Aufgabe genommen wird, beweisen zwei fest angestellte Segellehrer und die fast 100 kleinen, an Land liegenden Opti-Jollen, auf denen die Jüngsten lernen, mit Pinne und Schot umzugehen. »Wir haben zum Glück durch diese Jugendarbeit und das Segeln mit 470ern, Laser und Skiffs eine Menge Kinder als Jugendmitglieder«, sagt Hartmut Waldow, »aber das ist nicht so, dass die sich mit ihrem Auftritt im Club bemerkbar machen. Die kommen zum Segeln her, dann hauen sie wieder ab«.

Trotzdem ist dieser Bereich der Clubarbeit der fruchtbarste Teil, weil es hier um die Zukunft geht, während dem Vorsitzenden in der Gegenwart zwei Punkte Sorge machen. Da ist die gerichtliche Auseinandersetzung wegen der überdimensionierten Baupläne des Nachbarn, gegen die der Verein klagt, und da gibt es eine zusammen mit dem VSaW angestrengte Klage gegen die *Bundesrepublik Deutschland*, bei der es um eine Erhöhung der Wasserpacht für die vereinseigenen Hafenanlagen um 600 Prozent geht, eine staatliche Maßnahme, die Hartmut Waldow als völlig unangemessen empfindet, aber fürchtet, dass man sich dem »Diktat der Behörde beugen muss«. Wesentlich erfreulicher ist dagegen der Blick auf das Regattageschehen, bei denen zwei Wettfahrten herausragen.

Zuerst die »Mittwoch-Abend-Regatta«, die Hartmut Waldow so beschreibt: »Es gibt in Berlin keine so berühmte und berüchtigte Clubregatta, wie die, zu der sich am Mittwoch-Abend die Segler des PYC treffen. Dann sind ab 18 Uhr, je nach Wetter und Windverhältnissen, zwischen 25 und 50 Schiffe auf dem Großen Wannsee unterwegs und die großen Fahrgastschiffe fahren drum herum oder hupend mitten durch. Für den Zusammenhalt der Segler im Club sind Regatten besonders wichtig.«

Noch bedeutender sind die »60 Seemeilen«, eine PYC-Regatta, die ursprünglich auf der Ostsee ausgetragen wurde und jetzt ein Mal im Jahr Mitte Juni auf Wannsee und Unterhavel stattfindet. Das Besondere: Es ist in Berlin die älteste Nachtregatta. Gestartet wird um 17 Uhr. Dann muss der festgelegte Kurs mehrfach abgesegelt werden, um die 110 Kilometer zu schaffen. Mit gesetzten Lichtern geht es durch die Dunkelheit. Wenn der Wind durchsteht, sind die Ersten morgens um sieben, die Letzten um elf Uhr zu Hause und 18 Stunden unterwegs gewesen.

Der *Potsdamer Yacht Club* hat noch eine Besonderheit zu bieten: Als einer von zwei Segelclubs in Deutschland, der andere ist der *Kieler Yacht Club,*

pflegt er eine Patenschaft mit der GORCH FOCK, dem Segelschulschiff der Bundesmarine. Diese 1966 besiegelte Verbindung wurde von zwei befreundeten, ehemaligen U-Boot-Kommandanten angeregt, dem damaligen Kapitän der GORCH FOCK und einem Vereinsmitglied. Über fast 50 Jahre hat die Patenschaft Bestand. Immer wieder gehen Clubmitglieder für einen Tagestörn an Bord oder die Jugendlichen dürfen auf Einladung des Kommandanten Mehrtages-Etappen mitsegeln. Ein Höhepunkt der Partnerschaft ist alljährlich der winterliche »Potsdamer Abend«, zu dem jedes Mal eine Gorch Fock-Abordnung aus Kiel an den Wannsee kommt, um an der Festveranstaltung zur Ehrung verdienter Segler teilzunehmen. Ältere Mitglieder erinnern sich noch an DDR-Zeiten, als die Bundesmarine in West-Berlin nur in Zivil anreisen durfte und erst zu später Stunde, bei verschlossenen Türen und verhängten Fenstern, die Uniformen aus den Koffern geholt wurden.

Die SEEHASE verlässt den Großen Wannsee

Vom Steg des PYC geht der Blick über die gesamte Länge des Großen Wannsees, am Horizont das Ufer von Kladow. Es ist fast windstill. Letzte Segelboote schleichen zu ihren Heimathäfen. In der beginnenden Abendstimmung glänzt die Wasserfläche hellgrau. Vorn am Steg, zu Füßen der kleinen Männergruppe, liegt wartend die SEEHASE, deren Achterschiff und Deckshaus späte Sonnenstrahlen treffen.

Leinen los, Abschied vom PYC. Hartmut Waldow winkt, und das Boot umfährt den sogenannten »Rundsteg« des Clubs, hinter dem die »dicken Pötte« liegen, Boote, die mal sechsstellige Beträge gekostet haben. Ein letzter Blick nach achtern über den See, zum Anleger der Fahrgastschiffe am Ostufer und auf die weiße Turmspitze des Literarischen Colloquiums, auf den Ort, an dem Literatur-Nobelpreisträger aus ihren Werken lesen und sich junge Talente als Stipendiaten über Manuskripte beugen. Dort oben, am Rand der Haveldüne, hat vor über 150 Jahren Theodor Fontane gesessen, über die noch unberührte Wannensee-Landschaft geblickt und sich Gedanken über künftige Besiedelungschancen gemacht.

Sekunden später ist die SEEHASE im kurzen, schmalen Kanal unter der Brücke, dann läuft sie in den Kleinen Wannsee ein. An quer zur Fahrtrichtung gestellten Reusenstangen vorbei, schiebt sich das Boot direkt zwischen das Pfahlpaar des Heimatliegeplatzes. Nach Belegen aller Festmacher und Abstellen des Motors ist die Umrundung der Wannseeinsel vollbracht.

Noch ist Zeit für ein kurzes Innehalten vor dem Von-Bord-Gehen. Auf dem gegenüberliegenden Ufer mit dem Kleistgrab und den Bootshäusern der Ruderclubs liegt warmes, gelb-goldenes Abendlicht.

Am Ende der Fahrt: Freude und Dankbarkeit. Freude darüber, dass trotz aller Verluste durch Krieg, Geschichtsvergessenheit, Unverstand und Geldgier doch noch so viel Schönheit bewahrt werden konnte, und Dankbarkeit all jenen öffentlichen Institutionen, Stiftungen und Privatpersonen gegenüber, die sich um Bewahrung dieses einmaligen Kulturerbes bemühen.

Zur Freude kommt die Vorfreude. Die SEEHASE darf wieder auslaufen und durch die wundervolle, geschichtsträchtige Berlin-Potsdamer Wasserlandschaft kreuzen – so wie die Fahrgäste an Bord der Ausflugsschiffe, auch sie können bei der »Sieben-Seen-Rundfahrt« die unvergleichlichen Reize des »Preußischen Arkadiens« entdecken.

Anhang

Quellen und Literatur

Arndt, Jens: Glienicke. Vom Schweizerdorf zum Sperrgebiet, Berlin 2011

Aschenbeck, Nils: Villen in Berlin. Kleiner Wannsee, Petersberg 2011

Bappert, Theseus; Immenhausen, Wolfgang; Schneider, Sabine: Ein Wannsee-Bilderbuch, Berlin 1992

Behrend, Horst: St. Peter und Paul auf Nikolskoe, Berlin 1976

Blees, Thomas: Glienicker Brücke, Berlin-Brandenburg 2010

Brasch, Georg (Hrsg.): Das Wannseebuch, Berlin 1925

Churchill, Winston S.: Der Zweite Weltkrieg, Bern/München/Wien 1985

Döpfner, Mathias; Maculan, Lena (Hrsg.): Villa Schöningen an der Glienicker Brücke, Berlin 2009

Dorrmann, Michael: Eduard Arnhold, Berlin 2002

Drews, Berta: Wohin des Wegs, München/Wien 1986

Feustel, Jan: Lebensader durch Sumpf und Sand – 100 Jahre Teltowkanal, Berlin 2006

Fontane, Theodor: Havelland. Wanderungen durch die Mark Brandenburg, Berlin 2009

Fontane, Theodor: Fünf Schlösser. Wanderungen durch die Mark Brandenburg, Berlin 2011

Fröhlich, Elke (Hrsg.): Die Tagebücher von Joseph Goebbels München/London/Paris 1996

Groggert, Kurt: Personenschiffahrt auf Spree und Havel, Berlin 1988

Hagemann, Alfred P.: Wilhelmine von Lichtenau (1753–1820), Weimar/Wien 2007

Hahn, Peter; Stich, Jürgen: Teltowkanal. Stationen, Wege, Geschichten, Badenweiler 2006

Haspel, Jörg; Krosigk, Klaus-Henning von: Gartendenkmale in Berlin – Privatgärten (Beiträge zur Denkmalpflege in Berlin 33), Petersberg 2009

Havestadt, Christian: Festschrift zur Einweihung des Teltowkanals, Berlin 1906

Kampe, Norbert (Hrsg.): Villenkolonie in Wannsee 1870–1945, Gedenk- und Bildungsstätte der Wannseekonferenz, Band 8, Berlin 2000

Kindler, Matthias: St. Peter und Paul auf Nikolskoe, Festschrift zum 175-jährigen Jubiläum, 2012

Kloos, Rudolf: Landseen, Teiche, Parkgewässer, Senator für Stadtentwicklung und Umwelt 1985

Kopisch, August: Die Königlichen Schlösser und Gärten zu Potsdam von der Zeit ihrer Gründung bis zum Jahr 1852, Berlin 1852

Krosigk, Klaus von;Wiegand, Heinz: Glienicke, Berlin 1992

Krosigk, Klaus von: Ein Ort zwischen Berlin und Potsdam. Die Kulturlandschaft des Berliner Südwestens, Zehlendorfer Chronik, Heft 14, 2001/2007

Krüger, Ingo: Landhäuser und Villen in Berlin & Potsdam, Nr. 2, Kleiner Wannsee, Berlin 2006

Krüger, Ingo: Landhäuser und Villen in Berlin & Potsdam, Nr. 3, Grosser Wannsee, Colonie Alsen Villa Liebermann, Berlin 2000

Krüger, Ingo: Landhäuser und Villen in Berlin & Potsdam, Nr. 5, Dorf Klein Glienicke, Glienicker Schlösser, Bremen o. J.

Luther, Helmut: Friedrich Karl von Preußen. Das Leben des »roten« Prinzen, Berlin 1995

Nedelykov, Nina; Moreira, Pedro: Max Liebermann. Das Paradies am Wannsee, Berlin 2006

Ohff, Heinz: Der grüne Fürst. Das abenteuerliche Leben des Hermann Pückler-Muskau, München 1991

Ohff, Heinz: Theodor Fontane. Leben und Werk, München 1995

Ohff, Heinz: Karl Friedrich Schinkel oder die Schönheit in Preußen, München 1997

Ohff, Heinz: Preußens Könige, München 1999

Ohff, Heinz: Peter Joseph Lenné, Berlin 2003

Protzen, Otto: Herrensegler, Verein Seglerhaus am Wannsee 1924, 2010
Reichardt, Hans J.: Zwischen Oberspree und Unterhavel, Kat. Ausstellung Landesarchiv Berlin 1985
Reif, Janin; Schumacher, Horst; Uebel, Lothar: Schwanenwerder. Ein Inselparadies in Berlin, Berlin 2000
Rochow, Caroline von und Marie de la Motte-Fouqué: Vom Leben am preußischen Hofe 1815–1852, Berlin 1908
Rook, Hans-Joachim (Hrsg.): Segler und Dampfer zwischen Havel und Spree, Berlin 1993
Rost, Alexander: Das Seglerhaus. 125 Jahre VSaW, Bielefeld 1992
Rothkirch, Malve Gräfin: Prinz Carl von Preußen. Kenner und Beschützer des Schönen 1801–1883, Osnabrück 1981
Rühmann, Heinz: Das war's, Berlin/Frankfurt a. M./Wien 1982
Seiler, Michael: Das Palmenhaus auf der Pfaueninsel, Berlin 1989
Seiler, Michael: Pfaueninsel, Berlin, Tübingen/Berlin 1993
Schmidlin, Eduard: Schmidlins Gartenbuch, 1883
Schumacher, Heinrich; Heinisch, Tilmann Johannes: Colonie Alsen. Ein Platz zwischen Berlin und Potsdam, Berlin 1988
Siedler, Wolf Jobst: Auf der Pfaueninsel. Spaziergänge in Preußens Arkadien, München 2007
Speer, Albert: Erinnerungen, Frankfurt a. M./Berlin/Wien 1969
Speer, Albert: Spandauer Tagebücher, Frankfurt a. M./Berlin/Wien 1975
Truman, Harry S.: Memoiren. Band I. Das Jahr der Entscheidungen (1945), Stuttgart 1955
Voigt, Christoph: Die ehemalige Matrosenstation zu Potsdam, Mitteilungen des Vereins für die Geschichte Potsdams, Bd. VI, Potsdam 1929
Voß, Lothar: Wo ist die Royal Louise?, hrsg. v. Royal Louise Yacht- und Schifffahrtsverein zu Potsdam, 2011
Werner, Anton von: Erlebnisse und Eindrücke 1870–1890, Berlin 1913
Wilhelm II.: Aus meinem Leben 1859–1888, Berlin/Leipzig 1927
Wolff, Karl: Wannsee und Umgebung, Berlin 1977

Hörfunk-Manuskript: Prozeß um Glienicke, Autor: Johannes Ludwig, Sender Freies Berlin, Reihe: Im Gespräch, Sendetag: 12.5.1989, Zeit: 9.25–9.50 Uhr III
Hörfunk-Manuskript: Gebt mir Sand, Wasser und Gold. Die lange Nacht von der Insel, Wannsee Sendung am 3./4. August 2013 Autorin: Katharina Palm, Redaktion: Dr. Monika Künzel, Deutschlandradio Kultur
Mitteilungen des Vereins für Kultur und Geschichte in Wannsee e.V.
Jahrbücher Zehlendorf – Altes und Neues von Menschen, Landschaften und Bauwerken, hrsg. vom Heimatverein Zehlendorf (1886) e.V.
Zehlendorfer Chronik – Heimatverein Zehlendorf e.V.

Aufgezeichnete Interviewgespräche

Ursula Buchwitz-Wiebach, Enkelin des Eisernen Gustavs (November 2012)
Frank Butzmann, Geschäftsführer des Vereins Seglerhaus am Wannsee (September 2013)
Jan George, Fotograf und Schauspieler (Dezember 2012)
Hans Joachim Haase, Pächter am Flensburger Löwen (Oktober 2013)
Wolfgang Henze, Berliner Ruder-Club (April 2013)
Wolfgang Immenhausen, Galerist und Konzertveranstalter (Juli und August 2013)
Udo Korgitzsch, Berliner Ruder-Club (November 2012)
Dr. Klaus-Henning von Krosigk, Gartenbaudirektor a.D. (November 2012)
Dr. Andreas Pochhammer, Vorsitzender des Vereins Seglerhaus am Wannsee (Oktober 2013)
Georg Schertz, Berliner Polizeipräsident a. D. (Januar 2013)
Prof. Dr. Michael Seiler, Gartendirektor a. D. (Juli 2013)
Lutz M. Schneider, Sprecher der Eigentümergemeinschaft Stölpchensee (Januar 2013)
Lothar Voß, 2. Vorsitzender des Royal Louise Yacht- und Schiffahrtsvereins (Mai 2013)
Hartmut Waldow, Vorsitzender des Potsdamer Yacht-Clubs (September 2013)
Mario Weber, Binnenfischer in Potsdam (April 2013)
Hans-Jürgen Wilczoch, Berliner Ruder-Club (Januar 2013)

Abbildungsnachweis

Archiv Heimatverein Zehlendorf: S. 22, 23, 34, 47, 58, 144, 149, 200, 207, 218
bpk: S. 84, 171
bpk/Hermann Buresch: S. 169
bpk/Kupferstichkabinett, SMB/Dietmar Katz: S. 119
bpk/Nationalgalerie, SMB/Jörg P. Anders: S. 215
bpk/Nationalgalerie, SMB/Klaus Göken: S. 145
Galerie Mutter Fourage: S. 204, 205, 237
Hans Glave: S. 247
Klaus Kramer Bildarchiv für Yacht- und Schifffahrtsgeschichte: S. 124, 212
Landesarchiv Berlin/Foto: Waldemar Titzenthaler: S. 210
Royal Louise Yacht- und Schifffahrtsverein zu Potsdam: S. 108, 125, 157
Herbert Schlemmer (www.schlemmer-berlinfoto.de): Umschlag
Stiftung Preußische Schlösser und Gärten Berlin-Brandenburg/Jörg P. Anders: S. 116, 123
Stiftung Preußische Schlösser und Gärten Berlin-Brandenburg/Daniel Lindner: S. 114, 121
Stiftung Stadtmuseum Berlin/Reproduktion: Stiftung Stadtmuseum: S. 113
Hilke Stoffregen: S. 13, 33, 50, 55, 59, 63, 65, 102, 137, 140, 143, 160, 182, 199, 224, 225, 230, 231, 234, 244, 249, 263
Verein Seglerhaus am Wannsee: S. 211, 241
www.dein-plan.de: S. 26
Karten in den Umschlagklappen: © Pharus-Plan, Berlin

Personenregister

Danksagung

Dieses Buch ist aus Freude an den Fahrten rund um die Wannseeinsel geschrieben worden und erhebt nicht den Anspruch, alle Fakten und Aspekte mit wissenschaftlicher Genauigkeit darzustellen. Für Fehler, Auslassungen und Unzulänglichkeiten sind also nicht die zu tadeln, denen ich zu danken habe. Zunächst den Autorinnen und Autoren der im Quellenverzeichnis angegebenen Werke, dann Hannelore Bolte, der Vorsitzenden des Vereins für Kultur und Geschichte in Wannsee e.V., die mich als Erste ermutigt hat, es mit dem Thema zu versuchen. Ebenso zu danken ist den hilfsbereiten ehrenamtlichen Mitarbeitern des Heimatvereins Zehlendorf e.V. und Wolfgang Kumpfe, der als Mitarbeiter der Abteilung Recherche/Dokumentation des Tagesspiegels von der Chefredaktion die Erlaubnis erhielt, mir die Archivbestände des Hauses zugänglich zu machen. Besonderer Dank gilt allen Interviewpartnern, die als Zeit- und Augenzeugen wichtige Informationen beigesteuert und den Text mit ihren Antworten bereichert haben. Das gilt besonders für Wolfgang Immenhausen, Dr. Klaus-Henning von Krosigk, Prof. Dr. Michael Seiler und Lothar Voß, deren Fachwissen und Engagement ich bewundere. Zu danken ist aber auch meiner in Zehlendorf geborenen Frau Hilke, ohne die ich nicht das Privileg hätte, von Zeit zu Zeit am Kleinen Wannsee leben zu dürfen und die mit ihren Fotos zum optischen Erscheinungsbild dieses Buches beigetragen hat.

M.S.-B

Der Autor

Michael Stoffregen-Büller, 1939 in Göttingen geboren, war viele Jahre bei der ARD tätig, als Reporter und Redakteur für die Informationsmagazine Monitor und Weltspiegel in Köln, als Chefredakteur Fernsehen in Frankfurt am Main und als Landesstudioleiter in Münster. Er hat zahlreiche Filme und Bücher publiziert, unter anderem über die Anfänge der Aeronautik, Rundfunkgeschichte und die kulturelle Bedeutung des Pferdes für Westfalen und Europa. Er lebt in Münster und am Kleinen Wannsee.